AF343824

CHOIX DE MÉMOIRES ET ÉCRITS
DES FEMMES FRANÇAISES
AUX XVIIe, XVIIIe ET XIXe SIÈCLES
AVEC LEUR BIOGRAPHIE PAR
Mme CARETTE, Née BOUVET

MÉMOIRES

DE

Mme LA COMTESSE

DE GENLIS

PARIS — LIBRAIRIE HACHETTE ET Cie

MÉMOIRES

DE

MME LA COMTESSE DE GENLIS

COLLECTION POUR LES JEUNES FILLES
COURONNÉE PAR L'ACADÉMIE FRANÇAISE

CHOIX DE MÉMOIRES ET ÉCRITS
DES FEMMES FRANÇAISES
AUX XVIIᵉ, XVIIIᵉ ET XIXᵉ SIÈCLES
AVEC LEURS BIOGRAPHIES PAR
Mᵐᵉ CARETTE, Née BOUVET

MÉMOIRES
DE
Mᵐᵉ LA COMTESSE DÉ GENLIS

ALBIN MICHEL, ÉDITEUR
PARIS — 22, RUE HUYGHENS, 22 — PARIS

NOTICE BIOGRAPHIQUE

Aucune femme, peut-être, et bien peu d'écrivains ont produit une œuvre aussi considérable que madame la comtesse de Genlis. Abordant tous les genres, avec une aisance singulière, sinon avec un égal bonheur, le roman, la poésie, la critique, l'histoire, la pédagogie, le théâtre ont tour à tour tenté cette imagination brillante qui, pendant plus d'un demi-siècle, avec une fécondité inépuisable, a tout à la fois intéressé et passionné ses contemporains. Avec des dons heureux, le goût de l'étude et de réels talents, on a lieu de s'étonner que la comtesse de Genlis, parmi tant d'ouvrages, n'ait pas produit une de ces œuvres dont l'éclat consacre une renommée. Madame de Sévigné, par ses lettres, madame de Lafayette, avec un petit roman, madame de Staël, dans ses grands écrits, ont illustré leur époque. Les œuvres de madame de Genlis furent accueillies avec faveur. Elle eut les sourires du succès ; et pourtant la critique la plus amère, la plus violente, s'est exercée aux dépens de la femme et de l'écrivain. Ambitieuse et frivole sous des dehors austères, madame de Genlis est bien la personnification d'une époque où l'affectation des grands principes et de la vertu abritaient trop souvent certaines défaillances morales. Avec un esprit plus affiné, plus de délicatesse dans les goûts, plus de fermeté dans les principes, elle aurait pu être une personne tout à fait remarquable. Mais on ne trouve pas chez elle cette véritable élévation du caractère qui domine dans la bonne comme dans la mauvaise fortune, et c'est là peut-être qu'il faut chercher la cause de ce qu'il y a eu d'incomplet dans la vie et dans les ouvrages de cette femme distinguée dont la figure restera au second plan.

Néanmoins, par ces défaillances même, elle offre un attrait caractéristique aux esprits curieux de remonter aux sources du passé. Pour nous servir d'une expression toute moderne dont on use beaucoup depuis quelque temps, madame la comtesse de Genlis est bien « fin de siècle ».

Mais son siècle retarde sur le nôtre et l'on retrouve fidèlement en elle les grâces, les illusions, les faiblesses de ce XVIIIᵉ siècle dont la brillante aurore devait s'éteindre dans les flots de sang de la Terreur. Elle est bien la fille d'une société qui s'agite sur les débris d'un monde expirant, où tout est faussé, où chacun cherche à se créer une originalité personnelle pour échapper à la caducité dont le siècle est atteint. On se passionne pour les idées philosophiques et humanitaires par lesquelles on préludait, depuis la mort du grand roi, au renversement de l'édifice chancelant. Les sentiments, les modes, les usages ont un éclat factice.

Tandis que les vieillards montrent un front rajeuni par les artifices de la toilette, on sème la neige sur des chevelures de vingt ans. L'ennui s'est appesanti sur cette société si noble, si aristocratique qui n'a conservé de son antique splendeur que la frivolité. La pompe des cours, les lois de l'étiquette pesaient comme un fléau à des cerveaux légers et provoquaient une réaction violente. Si quelques personnages respectaient encore les préjugés d'antan, la plupart en riaient, et les gens de cour, acceptant moralement la fusion des classes, admettaient des gens de roture à leur intimité. Les princesses allaient d'elles-mêmes au devant de l'abdication. Affectant des goûts champêtres et louant les mœurs simples des bonnes gens, on les voyait en habit de basin traire des vaches enrubannées dans des chaumières pomponnées comme des boudoirs. Les grandes dames rejetaient leur parure et sous le casaquin des servantes elles couraient les bals de barrière pour y danser le rigodon avec des laquais et chanter des refrains grivois devant un saladier de vin chaud.

Jolie, fine et gracieuse, madame de Genlis, dont la physionomie devait prêter un charme piquant à de tels travestissements, nous raconte un trait de ce genre comme un des agréables souvenirs de sa vie de jeune femme. Après avoir quintessencié sur les délicatesses du sentiment et promené de mélancoliques rêveries à travers les méandres de la carte du tendre, on était descendu à la curiosité des jouissances grossières.

Était-ce un sentiment semblable qui faisait accourir la comtesse à Paris le 14 juillet 1789 pour assister, en compagnie des jeunes princes, ses élèves, à la prise de la Bastille.

Tandis que l'aristocratie faisait ainsi bon marché de ses privilèges, les classes inférieures aspiraient à les détruire.

L'inconséquence et une inconcevable légèreté semblent avoir préludé aux événements qui allaient amener le renversement de l'ancienne monarchie, et tout paraît n'avoir été dans le principe qu'un entraînement de la mode. Au fond chacun tenait à ses prérogatives. On peut se demander, en lisant l'histoire, si les grands abandons aristocratiques qui s'immolèrent sur l'autel de la patrie furent tous sincères. Les préjugés de la naissance et de l'éducation, affermis par d'antiques coutumes, étaient si fortement enracinés dans les cœurs que les idées égalitaires ne devaient pas avoir un sens très net pour une partie de la nation dont la supériorité s'appuyait sur des usages séculaires. Les déchirements qui suivirent ne furent-ils pas encore plutôt une lutte de race, qu'une lutte de caste.

Un des grands reproches faits à madame de Genlis est d'avoir embrassé les idées nouvelles. A Versailles on lui tenait rigueur, et la reine Marie-Antoinette la traita toujours avec une certaine hauteur.

Au moment où éclatait la Révolution, la confiance intime du duc d'Orléans lui avait offert le moyen de se distinguer d'une façon bien particulière en lui confiant l'éducation des trois princes ses fils.

— Vous serez leur gouverneur, avait dit le prince.

— Je vis là, nous dit-elle, le moyen de faire une chose grande et singulière, et j'acceptai.

En effet, madame de Genlis dirigea seule, et à travers les événements les plus tragiques, l'éducation du jeune duc de Chartres, celui qui devint plus tard le roi Louis-Philippe, de ses deux frères et de la princesse leur sœur, madame Adélaïde. Avec un dévouement que rien n'altère, une persévérance et une fermeté très remarquables, madame de Genlis montra dans ces fonctions les rares qualités d'éducatrice qui, dès l'enfance, s'étaient révélées en elle.

Lorsqu'à l'âge de sept ans, elle faisait réciter, de la terrasse du vieux château de Saint-Aubin, les pièces de vers que sa gouvernante lui enseignait, aux enfants du village venus pour couper des joncs, elle préludait à l'éducation des princes du sang.

Elle inaugura un système tout nouveau dans lequel on trouve la trace des théories de Jean-Jacques Rousseau, si fort en vogue à cette époque. Avec une prodigieuse activité ses élèves menaient de front l'étude des langues vivantes, l'histoire, la géographie, les mathématiques, les sciences naturelles et les divers métiers que peut exercer un homme.

Les jeunes princes menuisaient, tournaient, faisaient des treillages et des chapeaux. Le jardinage leur était familier et, outre tous les exercices du corps, ils cultivaient divers talents. « Et jamais enfants, dit-elle, ne se trouvèrent aussi heureux pendant que dura leur éducation. »

Quand vinrent les épreuves de l'émigration, madame de Genlis put se féliciter, à bon droit, de leur avoir appris « à se servir seuls, à mépriser toute espèce de mollesse, à coucher habituellement sur un « lit de bois recouvert d'une simple natte de sparterie, à braver le soleil, la pluie et le froid, à s'accoutumer à la fatigue en faisant journellement de « violents exercices et quatre ou cinq lieues avec des « semelles de plomb. »

Il est curieux de lire, dans ses notes, ses observations sur le jeune duc de Chartres alors âgé de huit ans : « Il avait un bon sens naturel qui, dès les « premiers jours, me frappa, dit madame de Genlis. « Il aimait la raison comme tous les autres enfants

« aiment les contes frivoles. Ajoutez à cela l'esprit
« d'ordre, une mémoire excellente et beaucoup de
« bon sens. »

On retrouve dans ce léger croquis les principaux
traits de caractère d'un souverain dont la jeunesse
acheva de se former à l'école du malheur.

L'adversité ne détacha pas madame de Genlis de
ses élèves. Son attachement pour mademoiselle d'Orléans, la princesse Adélaïde, apparaît au milieu des
rigueurs de l'exil, doublement cruelles pour les enfants de Philippe Égalité, que la haine des émigrés
poursuivait dans leur retraite. Madame de Genlis se
montre pleine de présence d'esprit et de fermeté pour
soustraire la jeune princesse aux dangers qui la mena-
cent de toute part et qu'elle veut partager. Elle l'entoure de sollicitude et continue son éducation à travers les vicissitudes de ses voyages en Angleterre, en
Belgique, en Suisse. Après la fuite de Tournai, madame de Genlis, il est vrai, pressée par la gêne et se
voyant poursuivie, prend la résolution de partir seule
en laissant mademoiselle d'Orléans aux soins de son
frère. Mais au moment d'accomplir ce dessein le courage lui manque ; et elle efface cette heure de dé-
faillance par les plus tendres soins, ne se croyant
libre de disposer d'elle-même qu'après avoir remis
la princesse entre les mains de sa tante, madame
la princesse de Conti. Après avoir joui durant de
longues années des privilèges d'une étroite intimité
avec la duchesse d'Orléans, la mère des jeunes princes
qui lui étaient confiés, madame de Genlis eut des dé-
mêlés pénibles avec cette vertueuse princesse qui élevait des griefs trop réels contre la gouvernante de ses
fils.

Madame de Genlis ne craignit pas alors de braver

l'autorité maternelle en usant de l'extraordinaire ascendant qu'elle avait sur l'esprit du duc d'Orléans et de ses élèves. C'est là un des épisodes les plus regrettables de sa vie. Après la période révolutionnaire elle revint en France où ses biens ayant été confisqués comme ceux de la plupart des émigrés, elle dut continuer à tirer parti de ses talents d'écrivain qui l'avaient fait vivre à l'étranger.

Elle publia d'abord un petit roman, Mademoiselle de Clermont. Puis les Souvenirs de Félicie, celui de ses ouvrages qui eut le plus de vogue, parut en 1804. C'est en quelque sorte la primeur de ses Mémoires. Sous une forme agréable et facile, madame de Genlis y retrace les traits principaux de sa vie, les événements auxquels elle fut mêlée, bon nombre d'anecdotes curieuses sur les personnages de son temps ! Mais ce n'est pas le groupement complet de son existence tel qu'on peut le suivre dans les Mémoires.

La première partie est d'un vif intérêt, pleine de fraîcheur et de vivacité. Elle nous fait connaître mille traits singuliers sur les habitudes, les goûts de son temps. La période de l'Empire et de la Restauration n'est pas toute à l'honneur du caractère de la comtesse, et la forme alourdie, des redites fastidieuses font tort à l'écrivain. Ce n'est qu'une critique fatigante des événements, des personnages de l'époque, que madame de Genlis divise pour nous les peindre en amis et en ennemis personnels, sans aucun souci de la vérité. On peut donc regretter pour la réputation littéraire de la comtesse de Genlis que ses Mémoires ne se soient pas arrêtés à la période de l'émigration. Madame de Genlis écrivit jusqu'à la fin de sa vie, mais les années ne lui prêtèrent pas les charmes solides que l'expérience communique à un écrivain sincère et convaincu. Ayant rapporté de l'émigration ces grâces mondaines qui étaient le privilège des femmes de cour, elle avait su grouper autour d'elle un cercle choisi. Bien qu'entachée de la manie de critiquer et de régenter qu'elle conserva toujours, sa conversation était animée et fort agréablement semée d'anecdotes piquantes. Le naturel et la simplicité avaient été altérés dès l'enfance par une éducation plus brillante que solide, et c'est l'excuse que l'on peut donner à une extraordinaire vanité et à la prétention universelle de tout redresser, le langage aussi bien que la taille et les principes des enfants qu'elle affectait de chérir, comme tous ceux qui l'approchaient.

Ses relations avec ses anciens élèves, les princes d'Orléans, avaient conservé les apparences d'une courtoisie mêlée de respect, bien que depuis la Révolution toute intimité parût avoir cessé. Cependant madame de Genlis dut éprouver les sentiments d'un légitime orgueil en voyant Louis-Philippe monter sur le trône et de si hautes destinées s'ouvrir pour un prince dont elle avait presque exclusivement formé l'esprit et le cœur pendant ses jeunes années.

Madame de Genlis fut cruellement éprouvée dans ses affections de famille. Sa fille aînée, madame de Lavœstine, était morte à vingt-deux ans, dans tout l'éclat de la jeunesse et de la beauté. Le comte de Genlis, son mari, qui prit le titre de marquis de Sillery en héritant de la terre de ce nom, et qui était resté attaché à la fortune du duc d'Orléans, périt en même temps que ce prince sur l'échafaud. Il avait refusé de voter la mort du roi. C'est de lui que madame Roland parle dans ses Mémoires, en racontant qu'il obtint certains adoucissements dans sa prison en envoyant à ses juges « deux cents bouteilles de son excellent vin mousseux ». Madame de Genlis, qui aurait dû s'appeler la marquise de Sillery, préféra conserver le nom sous lequel elle avait obtenu ses premiers succès littéraires. Ses romans, Adèle et Théodore, Mademoiselle de Clermont, bien que très démodés, ne manquent pas d'agrément.

Mais ses volumineuses productions, ses innombrables traités sur la religion, les arts, la philosophie, l'histoire, les voyages, la morale, sa correspondance politique restent enfouis dans l'oubli.

Dans les questions intéressant l'éducation, madame de Genlis s'est révélée avec un réel mérite. C'est là que se montre sa véritable supériorité. A part certains volumes, la partie de ses œuvres qui s'adresse à la jeunesse est de beaucoup meilleure. Son Théâtre enfantin, les Veillées du château, les Contes à ma fille sont bien faits pour l'enfance et plairont toujours à de jeunes esprits.

Madame de Genlis mourut en 1834, sous le gouvernement de Juillet, à l'âge de 84 ans. Ses dernières années avaient été fort tourmentées par des embarras de fortune ; cependant elle conserva jusqu'à la fin de sa vie beaucoup de grâce et d'enjouement, et, survivant à la plupart de ses contemporaines, elle fut une des dernières femmes de cour que notre siècle a pu connaître.

CARETTE, née BOUVET.

MÉMOIRES

DE

MME LA COMTESSE DE GENLIS

Presque tous mes contemporains ont laissé des mémoires contenant l'histoire de leur vie entière, ou du moins celle d'une longue suite d'années. J'ai lu tous ces mémoires ; ils parlent du temps où j'ai vécu, des choses qui se sont passées sous mes yeux, et dont j'avais moi-même recueilli les détails dans un journal particulier auquel j'ai travaillé, sans interruption, tous les soirs, pendant quinze ans.

J'ai dû croire, ayant passé une grande partie de ma vie à la cour et dans le plus grand monde, que je pourrais donner un tableau fidèle d'une société éteinte ou dispersée, et d'un siècle non seulement écoulé, mais effacé du souvenir de ceux qui existent aujourd'hui. Enfin, j'ai pensé que ma vie littéraire n'était pas dénuée de tout intérêt, et qu'il serait assez curieux d'y voir comment une personne qui a tant aimé la solitude, la paix et les beaux arts, et dont le caractère était naturellement doux, timide et ré-servé, a pu se résoudre à faire tant de bruit, à se mettre si souvent en scène et à s'engager dans des guerres interminables.

Je naquis le vingt-cinq janvier de l'année mil sept

cent quarante-six, dans une petite terre en Bourgogne, près d'Autun, et qu'on appelle Champcéri, par corruption, dit-on, de Champ de Cérès, nom primitif de cette terre. Je vins au monde si petite et si faible, qu'il ne fut pas possible de m'emmailloter ; et peu d'instants après ma naissance, je fus au moment de perdre la vie. On m'avait mise dans un oreiller de plumes dont, pour me tenir chaud, on avait attaché avec une épingle les deux côtés repliés sur moi : on me posa, arrangée ainsi, dans le salon, sur un fauteuil. Le bailli du lieu, qui était presque aveugle, vint pour faire son compliment à mon père ; et comme, suivant l'usage de province, il écartait avec soin les grands pans de son habit pour s'asseoir, on s'aperçut qu'il allait s'établir sur le fauteuil où j'étais ; on se jeta sur lui pour le faire changer de place ; et l'on m'empêcha ainsi d'être écrasée. On me donna une nourrice qui me nourrit au château ; elle me nourrit avec du vin mêlé d'eau et d'un peu de mie de pain de seigle, passée dans un tamis, sans me donner jamais une seule goutte d'aucun lait. Cette singulière nourriture, qu'on appelle, en Bourgogne, de la miaulée, réussit parfaitement : avec l'apparence de la délicatesse, je pris une très bonne santé. J'éprouvai dans mon enfance une suite d'accidents fâcheux. A dix-huit mois je me jetai dans un étang, on eut beaucoup de peine à me repêcher ; à cinq ans je fis une chute, j'eus une grande blessure à la tête : comme elle rendit plus d'une palette de sang, on ne me fit pas saigner ; un dépôt se forma dans la tête, il perça par l'oreille au bout de quarante jours ; et, contre toute espérance, je fus sauvée. Peu de temps après, je tombai dans le brasier d'une cheminée ; mon visage ne porta point, mais j'ai conservé toute ma vie deux marques de brûlures sur le corps. Ainsi fut en danger tant de fois, dès ses premières années, cette vie qui devait être si orageuse !

Mon éducation a été si extraordinaire, que je ne puis m'empêcher d'en rendre compte ici. Mon père vendit la terre de Champcéri. Il possédait une maison à Cosne, il alla s'y établir, et y passa trois ans. Le souvenir de cette maison, de son superbe jardin et de sa belle terrasse sur la Loire est resté ineffaçablement gravé dans ma mémoire. Plus tard, mon père acheta le marquisat de Saint-Aubin, terre charmante par sa situation, son étendue et ses droits honorifiques et seigneuriaux. Je n'ai jamais pensé sans attendrissement à ce lieu, qui m'a été si cher. Combien, à l'instant où j'écris, il m'est plus doux de me retracer les promenades et les jeux de mon heureuse enfance, que la pompe et l'éclat des palais où j'ai vécu depuis !... Toutes ces cours si florissantes alors sont anéanties ! tous les projets qu'on y formait avec tant d'assurance n'étaient que des chimères. Versailles tombe en ruines, les délicieux jardins de Chantilly, de Villers-Cotterets, de Sceaux, de l'Ile-Adam, sont détruits ; j'y chercherais en vain les traces de cette fragile grandeur que j'y admirais jadis ; mais je retrouverais les rivages de la Loire aussi riants, les prairies de Saint-Aubin aussi remplies de violettes et de muguets, et ses bois plus élevés et plus beaux. Tandis que, dans les révolutions sanglantes, les palais, les colonnes de marbre, les statues de bronze, les villes même disparaissent en un instant, la simple fleur des champs, bravant tous ces orages, croît, brille et se multiplie toujours.

Le château de Saint-Aubin ressemblait à ceux qu'a dépeints depuis madame Radcliff. Il était antique et délabré, il avait de vieilles tours, des cours immenses.

En sortant du château, on se trouvait sur le bord de la Loire ; et sur l'autre rive, vis-à-vis le château, était située la fameuse abbaye de Sept-Fonts, dont mon père était aussi seigneur, ce qui établissait de grandes relations entre lui et les religieux de cet ordre. Nous allions quelquefois dîner dans cette abbaye. Je savais que dans l'intérieur de leur maison les religieux gardaient un silence éternel.

J'étais élevée avec mon frère, plus jeune que moi de quinze mois ; je l'aimais tendrement ; à l'exception d'une heure de lecture, nous pouvions jouer ensemble toute la journée. Nous passions une partie du jour dans les cours, le soir nous jouions dans le salon. Mon père, trouvant nos jeux trop bruyants, imagina de nous proposer de jouer aux pères de Sept-Fonts au lieu de jouer à madame. Cela nous parut charmant. Nous substituâmes à nos cris la plus paisible pantomime ; et le silence qu'on nous aurait vainement recommandé de toute autre manière, fut gardé avec autant de plaisir que d'exactitude.

J'avais six ans lorsqu'on envoya mon frère à Paris, pour le mettre dans la fameuse pension du Roule de M. Bertaud. C'est lui qui inventa la manière d'apprendre à lire en six semaines sans épeler, avec des boîtes de fiches. Deux ou trois mois après le départ de mon frère, ma mère fit un voyage à Paris et m'emmena avec elle. Je ne fus pas émerveillée de Paris, et dans les premiers jours surtout je regrettai amèrement Saint-Aubin. On me fit arracher deux dents ; on me donna un corps de baleine qui me serrait à l'excès ; on m'emprisonna les pieds dans des souliers étroits, avec lesquels je ne pouvais marcher ; on me mit trois ou quatre mille papillotes sur la tête ; on me fit porter, pour la première fois, un panier ; et, pour m'ôter mon air provincial, on me donna un collier de fer ; en outre, comme je louchais un peu de temps en temps, on m'attachait sur le visage tous les matins, dès mon réveil, des besicles que je gardais quatre heures. Enfin, je fus bien surprise quand on me dit qu'on allait me donner un maître pour m'apprendre (ce que je croyais savoir parfaitement) à marcher. On ajouta à tout cela de me défendre de courir, de sauter et de questionner. Tous ces supplices me firent une telle impression, que je ne les ai jamais oubliés.

Nous allâmes passer une partie de l'été dans une charmante maison à Etioles, chez M. Le Normand, fermier général des postes, mari de madame de Pompadour.

J'avais quitté mon panier en arrivant à Etioles, pour prendre ce qu'on appelait un habit de marmotte ou de Savoyarde ; c'était un petit juste de taffetas brun avec un jupon court de la même étoffe, garni de deux ou trois rangs de rubans couleur de rose cousus à plat, et pour coiffure un fichu de gaze noué sous le menton.

Sur la fin du voyage, on donna une grande fête au maître de la maison, et l'on m'y fit jouer le personnage allégorique de l'Amitié. J'avais un bel habit, je chantai avec beaucoup de succès un mauvais couplet, que je n'ai jamais oublié, tant cette journée me parut glorieuse. Après ce voyage, ma mère, ma tante, ma cousine et moi, nous partîmes ensemble dans une immense berline, et nous allâmes à Lyon, car on devait nous faire recevoir, ma cousine et moi, chanoinesses du chapitre noble d'Alix,

Ce chapitre formait, par ses immenses bâtiments,

un coup d'œil singulier. Il était composé d'une grande quantité de jolies petites maisons toutes pareilles, et toutes ayant un petit jardin.

Le jour de ma réception fut un grand jour pour moi. La veille ne fut pas si agréable, on me frisa, on essaya mes habits, on m'endoctrina, etc. Enfin le moment heureux arrivé, on nous vêtit de blanc ma cousine et moi, et l'on nous conduisit en pompe à l'église du Chapitre. Toutes les dames habillées comme dans le monde, mais avec des robes de soie noire sur des paniers, et de grands manteaux doublés d'hermine, étaient dans le chœur. Un prêtre, qu'on appelait le grand prieur, nous interrogea, nous fit réciter le *credo*, ensuite nous fit mettre à genoux sur des carreaux de velours. Alors il devait nous couper une petite mèche de cheveux. Cela fait, il mit à mon doigt un anneau d'or béni, m'attacha sur la tête un petit morceau d'étoffe blanc et noir, long comme le doigt, que les chanoinesses appelaient un mari. Il me passa les marques de l'ordre, un cordon rouge et une belle croix émaillée, et une ceinture d'un large ruban noir moiré. Dès ce moment, on m'appela madame la comtesse de Lancy. Le plaisir de m'entendre appeler madame surpassa pour moi tous les autres. Dans ce chapitre on était libre de faire ou non des vœux à l'âge prescrit ou plus tard ; quand on n'en faisait point on ne gagnait à cette réception que le titre de dame et de comtesse, et l'honneur de se parer des décorations de l'ordre. Les dames qui faisaient des vœux avaient avec le temps d'assez bonnes prébendes ; lorsqu'on avait fait des vœux, outre qu'on ne pouvait plus se marier, on était forcée de rester au chapitre deux ans sur trois ; on allait passer l'année de liberté où l'on voulait.

Après un séjour de dix semaines à Alix, nous partîmes ; je pleurai amèrement en quittant ces aimables chanoinesses.

J'étais dans ma septième année, j'avais une belle voix, j'annonçais beaucoup de goût pour la musique; ma mère avait pris des arrangements à Paris pour faire venir de la Basse-Bretagne une jeune personne, fille de l'organiste de Vannes, excellente musicienne et jouant parfaitement du clavecin. Nous trouvâmes à Saint-Aubin un bon clavecin, et nous attendîmes avec la plus vive impatience mademoiselle de Mars, c'était le nom de la jeune musicienne. Elle vint en effet. Elle avait de beaux yeux, des manières remplies de douceur, un air un peu grave, quoiqu'elle n'eût que seize ans. Je me passionnai pour elle dès les premiers jours.

Ma mère, distraite par ses occupations particulières et par les visites continuelles des voisins, ne s'était jamais occupée de moi. Je ne voyais ma mère et mon père qu'un moment à leur réveil, et aux heures des repas. Après le dîner, je restais une heure dans le salon ; je passais le reste de la journée dans ma chambre avec mademoiselle de Mars, ou à la promenade toujours seule avec elle.

Mon père avait pour moi la plus vive tendresse ; mais il ne se mêla de mon éducation que sur un seul point : il voulait absolument me rendre une femme forte ; j'avais horreur de tous les insectes, surtout des araignées et des crapauds ; je craignais aussi les souris, je fus obligée d'en élever une. J'aimais passionnément mon père. Il m'ordonnait sans cesse de prendre avec mes doigts des araignées, et de tenir des crapauds dans mes mains. A ces commandements terribles, je n'avais pas une goutte de sang dans les veines ; mais j'obéissais. A huit ans, je commençai à composer des romans et des comédies que je dictais à mademoiselle de Mars, car je ne savais pas former une lettre. Nous n'avions nulle idée de botanique et d'histoire naturelle ; mais nous admirions avec extase les cieux, les arbres, les fleurs, comme preuves de l'existence de Dieu et comme ses ouvrages. Ce n'était point une savante institutrice qui me donnait de graves leçons, c'était une jeune fille de dix-sept ans, remplie de candeur, d'innocence et de piété, qui me confiait ses pensées, et qui faisait passer dans mon âme tous les sentiments de la sienne.

Mademoiselle de Mars m'enseignait fort peu de chose ; mais sa conversation formait mon cœur et mon esprit, et elle me donnait en tout l'exemple de la modestie, de la douceur et d'une parfaite bonté. Dès ce temps j'avais le goût d'enseigner aux enfants et je m'étais faite maîtresse d'école d'une singulière manière. J'avais une petite chambre à côté de celle de mademoiselle de Mars ; ma fenêtre sur la belle façade du château n'avait pas tout à fait cinq pieds d'élévation : au bas de cette fenêtre était une grande terrasse sablée, avec un mur à hauteur d'appui de ce côté, très élevé extérieurement et s'étendant le long d'un étang qui n'était séparé du mur que par un petit sentier couvert de joncs et d'herbages.

Des petits garçons de village venaient là pour jouer et couper des joncs ; je m'amusais à les regarder, et bientôt j'imaginai de leur donner des leçons, c'est-à-dire de leur enseigner ce que je savais : le catéchisme, quelques vers des tragédies de mademoiselle Barbier, et ce qu'on m'avait appris par cœur des principes de musique. Appuyée sur le mur de la terrasse, je leur donnais ces belles leçons le plus gravement du monde. J'avais beaucoup de peine à leur faire dire des vers à cause du patois bourguignon ; mais j'étais patiente, et ils étaient dociles. Mes petits disciples, rangés au bas du mur au milieu des roseaux et des joncs, le nez en l'air pour me regarder, m'écoutaient avec la plus grande attention, car je leur promettais des récompenses, et je leur jetais en effet des fruits, des petites galettes et toutes sortes de bagatelles. Je me rendais presque tous les jours à mon école en passant par ma fenêtre ; j'y attachais une corde au moyen de laquelle je me laissais glisser sur la terrasse ; j'étais leste et légère et je ne suis jamais tombée. Après ma leçon je faisais le tour par une des cours, et je rentrais par le salon sans qu'on prît garde à moi. Je choisissais pour ces escapades les jours de poste où mademoiselle de Mars écrivait à ses parents. Enfin mademoiselle de Mars me surprit un jour au milieu de mon école, elle ne me fit aucune réprimande ; mais elle rit tant de la manière dont mes élèves déclamaient les vers de mademoiselle Barbier, qu'elle me dégoûta de ces doctes fonctions.

Le premier chagrin vif et profond que j'ai éprouvé fut causé par le départ de mon père, qui fit un voyage à Paris. Ma mère voulut préparer une fête pour son retour. Elle composa une espèce d'opéra-comique dans le genre champêtre, avec un prologue mythologique ; j'y jouais l'Amour. Je n'oublierai jamais que mon habit d'Amour était couleur de rose, recouvert de dentelle de point parsemée de petites fleurs artificielles de toutes couleurs ; il ne me venait que jusqu'aux genoux ; j'avais des petites bottines couleur de paille et argent, mes longs cheveux abattus et des ailes bleues. On voulut aussi jouer une tragédie et l'on choisit *Iphigénie en Aulide*. Mon habit d'Iphigénie, sur un grand panier, était de lampas, couleur de cerise et argent, garni de martre. Comme ma mère n'avait point de diamants, elle avait fait venir de Moulins une grande quantité de fausses pierreries qui complétaient notre magnifique parure.

On trouva que l'habit d'Amour m'allait si bien, qu'on me le fit porter d'habitude ; on m'en fit faire plusieurs. J'avais mon habit d'Amour pour les jours ouvriers, et mon habit d'Amour des dimanches. Ce jour-là, seulement pour aller à l'église, on ne me mettait pas d'ailes, et l'on jetait sur moi une espèce de mante de taffetas couleur de capucine, qui me couvrait de la tête aux pieds. Mais j'allais journellement me promener dans la campagne avec tout mon attirail d'Amour, un carquois sur l'épaule et mon arc à la main. Au château, ma mère et tous les voisins ses amis ne m'appelaient jamais que l'Amour, ce nom me resta. Tels furent régulièrement mon costume et mes occupations pendant plus de neuf mois.

Cependant nos fêtes continuaient toujours, et mon père absent depuis dix-huit mois ne revenait point. Ma mère, voulant joindre la danse à la musique et à la tragédie, fit venir d'Autun un danseur de cinquante ans, qui de plus était maître en fait d'armes ; il joignit à mon *entrée* une sarabande, et il me trouva si leste qu'il proposa de m'apprendre à faire des armes, ce qui m'amusa beaucoup. Alors je quittai mon costume d'Amour, parce qu'on me fit faire un charmant habit d'homme que j'ai constamment porté jusqu'à mon départ de la Bourgogne. Je menais une vie qui me charmait : les matins je jouais un peu du clavecin, et je chantais ; ensuite j'apprenais mes rôles, et puis je prenais ma leçon de danse, et je tirais des armes. Après cela je lisais jusqu'au dîner avec mademoiselle de Mars. En sortant de table, nous allions faire une lecture de piété, dirigée par le père Antoine ; c'était l'Évangile, l'*Imitation de Jésus-Christ* et des *Pensées de la Journée chrétienne*. Ensuite nous allions dans le salon quand il n'y avait pas de monde, et nous nous amusions à faire des guirlandes de fleurs artificielles pour nos fêtes, mais des fleurs très grossières faites avec du papier. Les femmes de chambre travaillaient avec nous ; et souvent le bon père Antoine nous aidait à les peindre. Après cela nous allions nous promener, mademoiselle de Mars et moi. Depuis nos fêtes, c'est-à-dire depuis que j'avais quitté les habits de femme, j'étais beaucoup moins raisonnable à la promenade : je ne causais plus, je ne me plaisais qu'à courir en avant, à sauter des petits fossés, et à faire mille folies, ce qui dura jusqu'à mon départ de la Bourgogne.

Sur la fin de l'hiver, j'éprouvai de grands chagrins. On me déclara la ruine entière de mon père, et la vente de Saint-Aubin ; toutes les dettes payées, il ne nous restait plus qu'une modique pension viagère de douze cents francs, sur les têtes de mon père et de ma mère ; et pas un asile sur la terre !... Ma mère m'annonça qu'il fallait me séparer de mademoiselle de Mars, que sa situation ne lui permettait plus de garder !... Je chérissais mademoiselle de Mars ; ma douleur fut extrême ; mademoiselle de Mars n'était pas moins affligée. Je n'oublierai jamais la veille de cette cruelle séparation ! Elle me permit de veiller avec elle jusqu'à une heure après minuit, elle me donna d'excellents conseils pour la suite de ma vie ; elle m'exhorta à conserver mes sentiments religieux.

Nous échangeâmes nos Heures ; j'ai conservé plus de vingt ans les siennes, qui étaient une *Journée chrétienne*, sur laquelle son nom était écrit. Nous nous engageâmes à prier Dieu l'une pour l'autre, nous versâmes des torrents de larmes, je pleurai dans mon lit presque toute la nuit. Mon réveil fut affreux ; on m'apprit qu'elle était partie à sept heures du matin. Nous allâmes à Paris avec ma mère loger rue Traversière, dans un petit appartement au rez-de-chaussée donnant sur un jardin humide ; cet appartement me parut bien triste et bien mesquin en le comparant à l'élégante maison que nous venions de quitter.

Mais au bout de quinze jours, nous allâmes à Passy chez M. de la Popelinière, fermier général, où nous passâmes tout l'été. M. de la Popelinière était un vieillard de soixante-six ans, d'une santé robuste, d'une figure douce, agréable et spirituelle ; il n'avait pas l'air d'avoir plus de cinquante ans. Il recevait beaucoup de monde et très bonne compagnie ; il faisait les honneurs de sa maison avec autant de grâce que de noblesse. On joua la comédie, et des pièces faites par M. de la Popelinière ; on m'y donna des rôles. Je dansai, à ces représentations, une danse, seule, qui eut le plus grand succès. J'avais pour la danse les plus grandes dispositions ; mais je ne les ai point cultivées par la suite, n'y mettant aucun amour-propre.

M. de la Popelinière était enchanté de mes petits talents ; il disait souvent en me regardant et en poussant un profond soupir : « Quel dommage qu'elle n'ait que treize ans ! » (1759) Je compris fort bien à la fin ce mot, si souvent répété, et je fus fâchée moi-même de n'avoir pas trois ou quatre ans de plus, car

Je l'admirais tant que j'aurais été charmée de l'épouser.

Nous retournâmes à Paris dans les premiers jours d'octobre. Je quittai M. de la Popelinière avec peine, j'avais pris pour lui un véritable attachement. Nous allâmes loger dans la rue Neuve-Saint-Paul. Nous avions là un fort joli voisinage, la famille de M. Le Fèvre, un créole très riche, qui demeurait sur le quai des Célestins ; il avait quatre filles charmantes dont la plus jeune était de mon âge. Elles étaient aimables, bonnes, jolies et remplies de talents : nous faisions de la musique tous les jours, et j'y employais une partie du temps à jouer de la harpe, à chanter, à jouer de la guitare et du clavecin. On me donna un maître de chant italien, nommé Pellegrini, qui venait à six heures du matin ; je prenais cette leçon à la lumière. Philidor me donna des leçons d'accompagnement. Au milieu de l'hiver, j'eus la fantaisie d'apprendre à jouer de la musette ; au lieu de souffler avec la bouche, on donnait le vent au moyen d'un soufflet posé sous le bras. J'avais tant de dispositions pour les instruments, qu'en moins de deux mois j'en jouai presque aussi bien que mon maître. Cependant j'aimais la harpe de préférence à tout, j'en jouais au moins cinq heures par jour, je faisais d'inconcevables progrès ; on venait m'entendre comme une merveille, tout le monde voulut apprendre à jouer de la harpe. Ma passion et mon ardeur pour cet instrument croissaient avec mes succès, j'étais réellement d'une force tout à fait inconnue jusqu'alors sur cet instrument.

Mon père partit pour Saint-Domingue, où il espérait rétablir sa fortune. Ce grand voyage m'affligea sensiblement ; je ne trouvai de consolation que dans

ma harpe ; j'avais quatorze ans et demi. Mais j'ai
oublié de parler d'un personnage très singulier que
j'ai vu presque tous les jours, pendant plus de six
mois, avant le départ de mon père ; c'était le fameux charlatan, comte de Saint-Germain. Il avait
l'air alors d'avoir tout au plus quarante-cinq ans, et
par le témoignage de gens qui l'avaient vu trente ou
trente-cinq ans auparavant, il paraît certain qu'il
était infiniment plus âgé, il était un peu au-dessous
de la taille moyenne, bien fait et marchant fort les-
tement ; ses cheveux étaient noirs, son teint fort
brun, sa physionomie très spirituelle, ses traits assez
réguliers. Il parlait parfaitement le français sans
aucun accent, et de même l'anglais, l'italien, l'espa-
gnol et le portugais. Il était excellent musicien, bon
physicien et très grand chimiste. Il peignait à l'huile
agréablement ; il avait trouvé un secret de couleurs
véritablement merveilleux, il peignait dans le grand
genre, des sujets historiques ; il ne manquait jamais
d'orner ses figures de femmes d'ajustements de pierreries ; il se servait de ses couleurs pour faire ces
ornements, et les émeraudes, les saphirs, les ru-
bis, etc., avaient réellement l'éclat, les reflets et le
brillant des pierres qu'ils imitaient. Latour, Vanloo,
et d'autres peintres, ont été voir ces tableaux, et ad-
miraient extrêmement l'artifice surprenant de ces
couleurs éblouissantes. M. de Saint-Germain avait
une conversation instructive et amusante : il avait
beaucoup voyagé, et il savait l'histoire moderne
avec un détail étonnant, ce qui a fait dire qu'il parlait des plus anciens personnages comme ayant vécu
avec eux. Cependant, cet homme si extraordinaire
par ses talents et par l'étendue de ses connaissances,
une conduite exemplaire, la richesse et la bienfai-

sance était un charlatan. Il me donna une boîte à bonbons très singulière, dont il avait fait le dessus. La boîte, d'écaille noire, était forte grande ; le dessus en était orné d'une agate de composition beaucoup moins grande que le couvercle ; on posait cette boîte devant le feu, et au bout d'un instant, en la reprenant, on ne voyait plus l'agate, et l'on trouvait à sa place une jolie miniature représentant une bergère tenant une corbeille remplie de fleurs ; cette figure restait jusqu'à ce qu'on fît réchauffer la boîte ; alors l'agate reparaissait et cachait la figure. J'ai depuis inventé une composition avec laquelle j'imite à s'y tromper toutes sortes de cailloux, et même des agates transparentes ; cette invention m'a fait deviner l'artifice de la boîte de M. de Saint-Germain.

Pour finir tout ce qui a rapport à cet homme singulier, je dois dire que quinze ou seize ans après, en passant à Sienne, en Italie, j'appris qu'il habitait cette ville et qu'on ne croyait pas qu'il eût plus de cinquante ans. Seize ou dix-sept ans plus tard, étant dans le Holstein, j'appris de M. le prince de Hesse que M. de Saint-Germain était mort chez ce prince six mois avant mon arrivée dans ce pays. Le prince me dit qu'il n'avait l'air ni vieux ni cassé à l'époque de sa mort, mais qu'il paraissait consumé par une insurmontable tristesse. M. de Saint-Germain était arrivé dans le Holstein, non avec l'apparence de la misère, mais sans suite et sans éclat. Il avait encore plusieurs beaux diamants. Il montra en mourant d'horribles terreurs, et même sa raison en fut altérée ; tout en lui annonçait le trouble affreux d'une conscience agitée. Ce récit me fit de la peine, j'avais conservé beaucoup d'intérêt pour ce personnage extraordinaire.

Aussitôt que mon père fut parti pour Saint-Domingue, ma mère s'occupa sérieusement de reprendre et de suivre la plus triste des affaires, un procès contre sa mère !... mais la mère la plus dénaturée !... Ma grand'mère avait épousé en premières noces M. de Mézières. Elle avait eu deux enfants, un garçon et une fille, qui était ma mère ; l'un âgé de huit ou neuf ans et l'autre de six. Elle mit la fille au couvent et le garçon au collège ; et elle se remaria avant que l'année de son veuvage fût tout à fait révolue. Elle épousa en secondes noces le marquis de La Haie, qu'on appelait le beau La Haie. Madame de La Haie prit en horreur les enfants de son premier mariage ; elle déclara à l'abbesse de Malnoue qu'elle destinait sa fille au cloître. Aussitôt que M. de Mézières son fils eut treize ans, elle l'envoya comme mauvais sujet en Amérique. Cet enfant était cependant l'homme le plus distingué, et même le plus étonnant par son esprit, son courage et ses vertus. Arrivé dans l'Amérique septentrionale, il se sauva et il alla se réfugier en Canada parmi les sauvages ; il n'avait pas quatorze ans. Il leur fit entendre qu'il était abandonné de ses parents et qu'il voulait vivre avec eux ; ils y consentirent à condition qu'il subirait l'opération du tatouage, c'est-à-dire, qu'il se laisserait peindre tout le corps à leur manière, avec des sucs d'herbes, opération très douloureuse qu'il supporta avec un courage qui charma les sauvages. Il avait une mémoire prodigieuse, la santé la plus robuste : bientôt il apprit leur langue, et il excella dans tous leurs exercices. Pour ne point oublier ce qu'il savait (il avait fait pour son âge d'excellentes études et remporté tous les prix de ses classes), il traçait tous les jours sur des écorces d'arbres des passages de poésie la-

tine et française et des figures de géométrie. Il se
fit de ses écorces un recueil prodigieux qu'il conserva
avec le plus grand soin ; il acquit parmi les sauvages
la plus haute considération, et avant l'âge de vingt
ans il devint leur chef par une proclamation unanime.
Les sauvages déclarèrent la guerre aux Espagnols.
Mon oncle remporta, en les commandant, des avantages qui surprirent les Espagnols, qui trouvèrent
que le jeune chef des sauvages avait des talents extraordinaires. Ils parlèrent de paix, mon oncle fut
envoyé pour la négocier ; et il mit le comble à l'étonnement des Espagnols, en ne leur parlant qu'en latin. Ils questionnèrent ce singulier sauvage ; et, tou-
chés du récit qu'il leur fit, charmés de l'esprit et
même du génie qu'il leur montra, ils lui offrirent de
l'attacher au service des Espagnols ; il y consentit à
condition qu'ils feraient la paix avec les sauvages.
Quand cette paix fut faite il se sauva, et passa chez
les Espagnols ; il s'y conduisit d'une manière si parfaite, qu'il y fit un riche mariage, et, au bout de dix
ou douze ans, il fut nommé gouverneur de la Loui-
siane. Il acquit de belles habitations, se forma une
superbe bibliothèque et vécut là parfaitement heureux. Par la suite, il fit un voyage en France ; sa
cruelle mère n'existait plus. J'étais alors au Palais-
Royal ; il venait dîner presque tous les jours chez
moi : il était grave et mélancolique, il avait un esprit
infini, sa conversation était du plus grand intérêt.
Outre les choses extraordinaires qu'il avait vues, il
avait prodigieusement lu et sa mémoire était admirable. On voyait à travers ses bas de soie, les ser-
pents peints par les sauvages, qu'il avait ineffaçablement gravés sur ses jambes. Il me montra sa
poitrine qui était couverte de grandes fleurs peintes

aussi, les couleurs en étaient très vives. J'éprouvais pour cet homme singulier et respectable une admiration et une tendresse extrêmes.

Ma mère fut mise au couvent dès l'âge de six ans, et élevée dans l'idée que sa mère la destinait à l'état monastique. On payait sa modique pension, mais sans maîtres. L'abbesse lui fit apprendre la musique, à chanter des motets et à jouer de l'orgue. Le jour où elle eut quatorze ans accomplis on lui fit prendre le voile. Sa mère ne venait la voir que tous les six mois tout au plus ; mademoiselle de Mézières, qui n'en avait jamais reçu une seule caresse, n'osait ni parler, ni lever les yeux en sa présence, et se contentait d'écouter en silence les lieux communs que débitait madame de La Haie sur les dangers du monde et les douceurs du cloître. Ma mère avait à peine atteint sa seizième année lorsque madame de La Haie lui déclara qu'il fallait faire ses vœux et s'engager irrévocablement ; ma mère pleura, on n'en tint compte, et l'on désigna un jour du mois suivant pour la cérémonie. Ce jour arrivé, ma mère déclara nettement qu'on aurait bien la puissance de la conduire à l'église, mais que là, au lieu de prononcer le oui irrévocable, elle dirait non. L'abbesse assura madame de La Haie qu'elle le ferait certainement, qu'elle l'avait annoncé depuis l'enfance, qu'elle avait un caractère très décidé, et que toute violence à cet égard ne servirait qu'à donner au public un scandale odieux. Madame de La Haie fut outrée, mais il fallut céder. Ma mère reprit ce jour même ses habits mondains qu'elle avait quittés deux ans auparavant : comme elle avait grandi durant son inutile noviciat, ses habits étaient ridiculement courts, mais elle ne les en reprit pas avec moins de joie. On la laissa au cou-

vent, sans jamais l'en faire sortir. Elle devint une
personne très agréable et très distinguée par sa figure, ses talents et son esprit. Elle était chérie de tous
ceux qui la connaissaient, à l'exception de sa mère,
qui montrait sans déguisement pour elle l'aversion
la plus injuste et la plus dénaturée. Ma mère resta
dans ce couvent jusqu'à l'âge de vingt-six ans et
demi ; à cette époque elle se lia intimement avec
la marquise de Fontenille, une veuve retirée dans
l'intérieur du couvent. La marquise était parente de
mon père, qui venait assez souvent la voir au parloir ; il y vit mademoiselle de Mézières, en devint
amoureux, et la demanda en mariage. Madame de
La Haie, par une animosité inconcevable, refusa pendant trois mois son consentement. Ma mère ne pouvait cependant pas espérer un meilleur mariage :
elle n'avait que quarante ou quarante-cinq mille
livres de légitime, et elle trouvait un très bon gen-
tilhomme, qui avait dix ou douze mille livres de
rentes, trente-sept ans, et qui était aimable, rempli
d'esprit et beau comme un ange. Madame de La
Haie ne donna ni légitime, ni trousseau, ni présents : la bonne abbesse fit les frais de noce. Ma
mère se maria dans l'église du couvent ; madame de
La Haie vint cependant à la messe nuptiale avec ses
deux enfants du second lit, son fils âgé de onze ans,
et sa fille de huit ans et demi, et qui a été depuis
madame de Montesson. Ma mère partit aussitôt pour
la Bourgogne, pour sa terre de Champcéry, où je
reçus le jour quinze mois après son mariage.

Ma mère, à diverses époques, avait vainement demandé sa légitime, enfin, après le départ de mon
père pour Saint-Domingue, elle se décida à plaider.
Elle écrivit elle-même un mémoire, et avant de com-

mencer la procédure, elle chargea son avocat de le communiquer à madame de La Haie. Ce mémoire, très respectueux par les expressions, était foudroyant par les faits. Madame de La Haie le sentit, elle envoya chez ma mère son fils, le marquis de La Haie, qui se fit médiateur entre sa mère et sa sœur. Le marquis de La Haie n'était ni beau, ni distingué par l'esprit, mais il était sensible et bon. Il nous proposa de nous mener sur-le-champ chez madame de La Haie, en ajoutant qu'en nous voyant tout s'arrangerait. Il pressa ma mère si vivement, qu'elle y consentit. Il nous mena dans sa voiture et nous conduisit d'abord chez madame de Montesson ; elle n'était point habillée et ne nous attendait point ; elle dit qu'elle approuvait l'idée de mon oncle, qu'elle allait s'habiller et qu'elle viendrait avec nous. Sa toilette me parut longue. Mon oncle voulait absolument qu'elle s'occupât de moi ; à toute minute, il lui disait en me regardant : « Comme elle est intéressante ! comme elle est jolie !... » Madame de Montesson ne répondait rien, elle se contentait de pencher la tête en faisant un soupir, et en prenant un air attendri. Enfin, lorsqu'elle fut habillée, elle donna le bras à ma mère, et passa devant nous ; mon oncle me prit affectueusement par la main. Nous montâmes en voiture et nous nous rendîmes dans la rue Cassette, où demeurait ma grand'mère. Arrivés dans la maison, mon oncle et ma tante nous laissèrent dans un cabinet et allèrent la prévenir ; au bout d'un demi-quart d'heure, ils revinrent avec ma grand'tante, mademoiselle Dessaleux, sœur de ma grand'mère. Mes deux tantes donnèrent le bras à ma mère en l'assurant qu'elle serait bien reçue ; mon oncle me conduisit. Je n'avais pas une goutte de sang dans

mes veines en entrant dans la chambre de ma grand'-
mère. Sa figure acheva de me glacer ; on m'avait dit
qu'elle était belle encore, elle ne me parut qu'effrayante. Elle était fort grande, fort droite, toute sa
personne avait quelque chose de hautain et d'impérieux que je n'avais vu qu'à elle ; il y avait encore
de la beauté dans ses traits, mais elle avait beaucoup
de rouge et de blanc, et une physionomie à la fois
immobile, froide et dure... Elle me fit peur, ma
mère courut se jeter à ses pieds. A ce spectacle je
fondis en larmes. Ma grand'mère releva sèchement
ma mère sans l'embrasser, ce qui m'indigna. Mon
oncle, qui me tenait toujours par la main, me pré-
senta à ma grand'mère en disant : « Maman, regardez cette charmante petite !... » et il ajouta plus
bas : « Maman, embrassez-la... » Elle jeta sur moi un
regard sombre et fixe, qui me fit baisser les yeux, mon
oncle me dit de lui baiser les mains ; j'obéis en tremblant. Elle me baisa au front ; alors je m'éloignai
promptement, et j'allai me jeter en sanglotant dans les
bras de ma mère. Madame de La Haie sonna et demanda avec emphase un verre d'eau. Madame de
Montesson s'empressa auprès de sa mère, avec cette
tête penchée et ces yeux à moitié fermés, enfin, toutes
les mines qu'elle prenait dans les occasions touchantes et qui lui donnaient l'air du monde le plus
hypocrite. Lorsque madame de La Haie eut bu, et fait
trois ou quatre soupirs, mon oncle avec une bonté
infinie, parla en faveur de ma mère. Madame de La
Haie répondit d'abord par des reproches, ensuite elle
s'adoucit ; elle dit quelques phrases maternelles ;
elle ajouta que ma mère devait se fier à elle, se désis-
ter de ses poursuites, et qu'elle ne perdrait rien à lui
donner cette preuve de respect. Ma mère s'attendrit

et promit tout ; alors elle fut embrassée, et presque caressée. On se quitta parfaitement réconciliées. Je voyais ma mère heureuse, charmée ; ma joie intérieure allait jusqu'au transport. Ma mère, avec une bonne foi et une générosité touchantes, envoya chercher sur-le-champ ses gens d'affaires et signa son désistement, qu'elle fit remettre le jour même à madame de La Haie. Mon oncle revint nous voir, et me témoigna plus de tendresse que jamais ; il était bon, honnête, et de la sincérité la plus parfaite ; mais il partit à cette époque pour l'armée, et il fut tué à la bataille de Minden.

Après son départ nous retournâmes plusieurs fois chez ma grand'mère sans être reçues. Enfin vint la nouvelle de la mort de mon oncle ; la juste douleur de madame de La Haie suspendit toute idée d'affaires; mais, lorsque les premiers moments furent passés et que ma mère renouvela ses demandes, elle ne reçut que des réponses sèches et vagues ; elle pressa, on ne répondit plus ; elle insista, elle écrivit sans relâche ; on finit par lui faire dire qu'elle n'avait rien à prétendre, qu'elle l'avait reconnu elle-même en donnant son désistement. Ce coup fut rude à supporter. Ma mère à ce sujet me dit ces belles paroles : — Ce qui me console, c'est que je vous ai donné un bon exemple, celui d'une confiance généreuse, et du respect filial le plus parfait. Je ne répondis à ma mère que par mes larmes ; depuis ce moment-là nous ne revîmes plus ma grand'mère et ma tante.

Mon père, en revenant de Saint-Domingue, fut pris par les Anglais avec tout ce qu'il rapportait ; on le conduisit à Lanceston, ville maritime d'Angleterre ; il trouva là beaucoup de prisonniers français, et, entre autres, un jeune homme dont la jolie figure, l'esprit et les grâces lui inspirèrent le plus vif intérêt ; c'était le comte de Genlis, qui, en revenant de Pondichéry, où il avait commandé un régiment pendant cinq ans, avait été conduit en Chine, à Kanton où il passa cinq mois, et ensuite à Lanceston.

Le comte de Genlis servait dans la marine depuis l'âge de quatorze ans ; il s'était couvert de gloire au fameux combat de M. d'Aché ; il était alors lieutenant de vaisseau, il avait à peine vingt ans.

Durant son séjour à Lanceston, il se lia intimement avec mon père, qui portait habituellement une boîte sur laquelle était mon portrait, me représentant jouant de la harpe ; cette peinture frappa le comte de Genlis ; il fit beaucoup de questions sur moi, et il crut tout ce que lui dit un père qui ne me voyait nul défaut. Les Anglais avaient laissé à mon père mon portrait, mes lettres et celles de ma mère, qui ne parlait que de mes succès et de mes talents. Le comte lut ces lettres, qui lui firent une profonde impression. Il avait un oncle ministre alors des affaires étrangères (le marquis de Puisieux), il obtint promptement sa liberté, et il promit à mon père de s'occuper de lui faire rendre la sienne. En effet, aussitôt qu'il fut à Paris, il vint chez ma mère lui apporter des lettres de mon père ; et en même temps il sollicita avec ardeur son échange, et trois semaines après mon père arriva à Paris.

Peu après, mon sort fut fixé sans retour ; j'épousai M. de Genlis, mais secrètement. M. de Genlis, âgé de vingt-sept ans, n'ayant ni père ni mère, pouvait disposer de lui-même ; mais M. le marquis de Puisieux, chef de sa famille, dès les premiers jours de son arrivée en France, lui avait parlé d'un mariage avec une jeune personne, orpheline, possédant actuellement quarante mille livres de rentes ; M. de Genlis y consentit. M. de Puisieux s'occupa vivement de cette affaire ; M. de Genlis ne s'en souciait déjà plus, mais il n'osa l'avouer. Au bout de quelque temps M. de Puisieux lui dit que la chose était sûre, et qu'il avait donné sa parole ; M. de Genlis n'eut pas le courage de lui déclarer ses sentiments, et ce fut dans ce moment que je me mariai.

Huit jours avant mon mariage, nous allâmes demeurer chez madame la comtesse de Sercey, ma tante, qui logeait dans le cul-de-sac de Rohan. Je me mariai là à sa paroisse à minuit. Le lendemain, on déclara mon mariage, qui fit beaucoup de bruit, car la colère de M. de Puisieux, qui se plaignait avec amertume, fit, pendant plusieurs jours, le sujet de toutes les conversations. M. de Genlis, cadet de Picardie, n'avait que douze mille livres de rentes, et pour toute espérance, sa part dans la succession de madame la marquise de Droménil, sa grand'mère, qui avait environ quarante mille livres de rentes. Elle habitait Reims, et elle avait quatre-vingts ans. M. de Genlis avait servi dans la marine avec le plus grand éclat de valeur et d'intelligence, ainsi que je l'ai déjà dit, à ce fameux combat sur mer, commandé par M. d'Aché ; de vingt-deux officiers, il ne resta que M. de Genlis ; pour ce combat, M. de Genlis eut la croix de Saint-Louis à vingt et un ans moins trois mois, grâce extraordinaire dont je n'ai vu qu'un seul exemple après celui-ci. Lorsqu'il fut à Paris, M. de Puisieux, qui était alors ministre des affaires étrangères, l'engagea à quitter la marine, il était capitaine de vaisseau, et à passer au service de terre, avec le grade de colonel ; il fut fait colonel des grenadiers de France,

Je ne passai que dix jours à Paris après mon mariage. M. de Genlis alla se présenter chez M. de Puisieux et chez madame la duchesse maréchale d'Étrée, fille de M. de Puisieux, et il ne fut pas reçu ; il leur écrivit et ne reçut point de réponse. Il me fit écrire à sa grand'mère, qui garda aussi un profond silence. De tous ses parents, le comte et la comtesse de Balincour furent les seuls qui, dans cette occasion, lui donnèrent des marques d'amitié. Ils vinrent me voir, et me comblèrent de caresses. Cette visite me fit un plaisir inexprimable.

Une visite qui me toucha beaucoup moins fut celle de madame de Montesson, qui vint voir ma mère ; ce mariage plaisait à sa vanité. Elle fut très aimable pour M. de Genlis, qui me mena le lendemain chez elle et chez madame de Balincour ; nous partîmes pour Genlis quatre ou cinq jours après. Mon beau-frère, qui nous y attendait, nous reçut avec beaucoup de grâce et d'amitié.

Le marquis de Genlis était âgé alors de trente et un ans, je n'ai jamais vu de tournure plus noble, plus leste et plus élégante. Cependant, jamais homme n'a moins profité des avantages les plus brillants de la nature et de la fortune. Avec une figure remarquable, de l'esprit, de la grâce, il se trouva, à quinze ans, possesseur de la terre de Genlis, l'une des plus belles du royaume, et libre de toute hypothèque, avec la certitude d'avoir un jour celle de Sillery, qui lui était substituée. M. de Puisieux, son tuteur, et très aimé du roi, le fit faire colonel à l'âge de quinze ans. Mais, à dix-sept ans, il montra déjà la passion du jeu et une extrême licence de mœurs. Il fit des dettes, des extravagances ; on le gronda, on paya, on pardonna. Il ne se corrigea nullement. Enfin, à vingt ans, il perdit au jeu, dans une nuit, cinq cent mille francs contre le baron de Vioménil ; il devait d'ailleurs environ cent mille francs. La colère de M. de Puisieux fut extrême, et l'emporta trop loin : il obtint une lettre de cachet, et fit enfermer, au château de Saumur, son pupille ; il l'y laissa cinq ans ; et, comme le disait mon beau-frère, une année pour chaque cent mille francs. Sa carrière militaire fut perdue par cette rigueur ; ayant été obligé de quitter le service, il n'y rentra plus. Quand il sortit de Saumur, on avait déjà payé la moitié de ses dettes ; M. de Puisieux alors le fit interdire, et exiler à Genlis. Cette terre valait à peu près soixante-quinze mille francs de revenu. On fit à mon beau-frère une pension de quinze mille francs, le surplus des revenus fut employé à payer le reste des dettes. Son exil dura deux ans, ensuite il eut la liberté d'aller à Paris, où il passait seulement trois mois d'hiver ; mais M. de Puisieux déclara qu'il ne lèverait l'interdiction que lorsqu'il ferait un bon mariage. Malgré ses disgrâces et ses malheurs, il était d'une extrême gaieté.

Je ne restai que quelques jours à Genlis ; on m'y donna le divertissement de la pêche des étangs. Pour mon malheur, j'y allai avec des petits souliers blancs brodés ; arrivée au bord des étangs, je m'y embourbai ; mon beau-frère vint à mon secours, remarqua mes souliers, se mit à rire, et m'appela une jolie dame de Paris, ce qui me choqua beaucoup ; car, ayant été élevée dans un château, j'avais annoncé toutes les prétentions d'une personne qui n'était étrangère à aucune occupation champêtre. En entendant répéter que j'étais une belle dame de Paris, mon dépit devint extrême ; alors je me penche, je ramasse un petit poisson, long comme le doigt et je l'avale tout entier, en disant : « Voyez comme je suis une belle dame de Paris. » J'ai fait d'autres folies dans ma vie ; mais certainement je n'ai jamais rien fait d'aussi bizarre. Tout le monde fut confondu. M. de Genlis me gronda beaucoup, et me fit peur en me disant que ce poisson pouvait vivre et grossir dans mon estomac, frayeur que je conservai pendant plusieurs mois.

Dans les derniers jours de novembre, M. de Genlis me conduisit à l'abbaye d'Origny-Sainte-Benoîte, à huit lieues de Genlis et à deux de Saint-Quentin. Je devais y passer quatre mois, c'est-à-dire tout le temps que mon mari resterait à Nancy, où se trouvait le régiment des grenadiers de France, dont il était l'un des vingt-quatre colonels. Me trouvant trop jeune pour m'emmener à Nancy, M. de Genlis pensa avec raison qu'il était plus convenable de me laisser dans un couvent où il avait des parentes. D'ailleurs dans ce temps il n'était pas d'usage que les jeunes femmes suivissent leurs maris dans leurs garnisons. Je pleurai beaucoup en me séparant de M. de Genlis, et ensuite je m'amusai infiniment à Origny. Cette abbaye était fort riche, elle avait toujours eu pour abbesse une personne d'une grande naissance ; l'abbesse actuelle s'appelait madame de Sabran ; avant elle, c'était madame de Soubise. Quoique les religieuses ne fissent point de preuves de noblesse, elles étaient presque toutes des filles de condition et portaient leurs noms de famille. Les bâtiments de l'abbaye étaient fort beaux et immenses. Il y avait plus de cent religieuses, sans compter les sœurs converses et deux classes de pensionnaires, l'une d'enfants, l'autre pour les jeunes personnes de douze à dix-huit ans. L'éducation y était fort bonne pour former des

femmes vertueuses, sédentaires et raisonnables, destinées à vivre en province.

J'avais un joli appartement dans l'intérieur du couvent, j'y étais avec une femme de chambre, j'avais
un domestique qui logeait avec les gens de l'abbesse
dans les logements extérieurs ; je mangeais à la
table de l'abbesse, qui faisait fort bonne chère. Nous
étions servies par deux sœurs converses. On m'apportait mon déjeuner dans ma chambre. L'abbesse
recevait à dîner et en visite des hommes dans son
appartement, mais ces hommes ne pouvaient aller
plus avant, et d'ailleurs le couvent était cloîtré. L'abbesse avait des domestiques, une voiture et des chevaux ; elle avait le droit de sortir en voiture, accom-
pagnée de sa chapeline et des religieuses qu'elle
nommait pour l'accompagner. Elle allait assez souvent
se promener dans les champs, visiter quelques parties de ses possessions, ou des malades auxquels elle
portait elle-même des secours ; je l'ai suivie deux fois
dans ces courses bienfaisantes, qui étaient plus fréquentes en été. Chaque religieuse avait une jolie cel-
lule, et un joli petit jardin à elle en propre, dans l'intérieur du vaste enclos du jardin général.

Une parente de M. de Genlis s'y trouvait. C'était
madame de Rochefort, fille du marquis de Saint-
Pouen, et sœur de madame de Balincour. Son père
l'avait forcée de se faire religieuse à dix-sept ans ; elle
aimait son cousin, le comte de Rochefort, et elle
fut très malheureuse pendant les deux premières années de sa profession, ensuite elle s'accoutuma parfaitement à son sort ; elle avait trente ans quand j'arrivai à Origny, et elle était une excellente religieuse.
Elle avait un visage agréable, une physionomie intéressante, des mains charmantes, et une très belle

taille. Elle me parla beaucoup de sa sœur, madame de Balincour, qu'elle aimait tendrement, et qui tous les ans lui envoyait ces petits présents qui charmaient les religieuses, du sucre, du café, de la laine et de la soie pour broder. Madame de Rochefort, de son côté, lui envoyait toutes sortes de petits ouvrages faits avec soin et cette perfection dont les religieuses semblaient seules avoir le secret. Madame de Rochefort me fit promettre que, lorsque j'irais à Paris, j'engagerais madame de Balincour à demander pour elle à l'archevêque la permission d'aller passer pour sa santé trois ou quatre mois dans sa famille ; c'est-à-dire, chez cette sœur chérie : permission qu'on ne refusait point à des personnes de l'âge et de la considération de madame de Balincour, et pour des religieuses qui avaient passé la première jeunesse. J'intéressai tellement par la suite monsieur et madame de Balincour en faveur de madame de Rochefort, qu'ils la firent venir. Elle passa quatre mois à Balincour, les trois premiers s'écoulèrent dans la paix et dans le bonheur ; mais M. de Balincour la mena chez une jeune paysanne nommée Nicole, qu'il avait mariée quatre ans auparavant. Le tableau champêtre d'une union et d'une félicité parfaite, Nicole au milieu de son heureuse famille, Nicole entourée de ses trois petits enfants, de son jeune mari, de son père et de sa mère, rappela à l'infortunée religieuse ses premières amours, et un bonheur perdu pour elle sans retour... ; et tandis que tout le monde contemplait avec plaisir cette scène intéressante, elle se trouva mal... Elle tomba promptement dans une consomption mortelle ; elle ne retourna point dans son couvent ; son père, qui sans doute pour sa punition vivait encore, vint la prendre mourante et l'emmena en

Auvergne, dans une terre où peu de temps après elle expira dans ses bras !

Mais revenons à Origny. Je m'y plaisais, on m'y aimait ; je jouais souvent de la harpe chez madame l'abbesse, je chantais des motets dans la tribune de l'église, et je faisais des espiégleries aux religieuses ; je courais les corridors la nuit, c'est-à-dire à minuit, avec des déguisements étranges, communément habillée en diable avec des cornes sur la tête, et le visage barbouillé ; j'allais ainsi réveiller les jeunes religieuses ; chez les vieilles que je savais être bien sourdes, j'entrais doucement, je leur mettais du rouge et des mouches sans les réveiller. Elles se relevaient toutes les nuits pour aller au chœur, et l'on peut juger de leur surprise lorsque, réunies à l'église, s'étant habillées à la hâte sans miroir, elles se voyaient ainsi enluminées et mouchetées. Pendant tout le carnaval, je donnai chez moi, avec la permission de l'abbesse, des bals deux fois la semaine. On me permit de faire entrer le ménétrier du village, qui était borgne, et qui avait soixante ans. Il se piquait de savoir toutes les figures et tous les pas, et je me souviens qu'il appelait les chassés, des flanqués. Mes danseuses étaient les religieuses et les pensionnaires ; les premières figuraient les hommes, et les autres les dames. Je donnais pour rafraîchissements du cidre, et d'excellentes pâtisseries faites dans le couvent. J'ai été depuis à de bien beaux bals, mais certainement je n'ai dansé à aucun d'aussi bon cœur, et avec autant de gaieté.

Ma mère me donna la preuve de tendresse et de bonté de venir me voir à Origny, et de passer avec moi six semaines dans ce couvent ; elle y logea, dans l'intérieur, dans un appartement qui était vacant tout à côté du mien. J'imaginai toutes sortes de choses pour l'amuser. Madame l'abbesse avait une femme de chambre qui la servait depuis dix ans, et qui s'appelait mademoiselle Beaufort ; c'était la meilleure fille du monde, et qui faisait des flans à la crème délicieux, ce qui produisit entre elle et moi une liaison très intime. Elle me parla d'une noce de village qui devait se faire chez des fermiers de sa connaissance à une lieue d'Origny ; elle avait obtenu de madame l'abbesse la permission d'y aller ; je voulus être de la partie, mais mystérieusement, et déguisée en paysanne, avec mademoiselle Victoire, et je déterminai ma mère à venir avec nous, habillée aussi en paysanne, et le tout à l'insu de madame l'abbesse. Mademoiselle Beaufort, charmée de cette invention, nous fournit les habillements, nous nous assurâmes d'une tourière, je fis dire à madame l'abbesse que nous avions la migraine, que nous dînerions dans nos chambres, et nous partîmes furtivement à une heure après midi. Nous allâmes à la ferme en charrette, nous fûmes présentées aux mariés comme des paysannes, parentes de mademoiselle Beaufort, qui ajouta que j'étais sa filleule ; je dansai beaucoup ; j'eus les plus grands succès dans cette assemblée, que nous ne quittâmes qu'au déclin du jour. Mais un orage violent nous attendait à Origny ; on nous avait trahies ; madame l'abbesse savait notre escapade, elle était fort scandalisée de nos déguisements, et surtout que je fusse sortie de la maison sans le lui dire ; je lui représentai doucement qu'étant avec ma mère, cette sortie, du moins, n'avait rien de scandaleux. Madame l'abbesse jeta tout son venin sur mademoiselle Beaufort. Le lendemain matin, la pauvre fille entra dans ma chambre en pleurant et en me disant que madame l'abbesse venait de lui donner son compte. « Eh bien, lui dis-je, consolez-vous, je vous prends à mon service. » Mademoiselle Beaufort fut transportée de joie, et s'installa tout de suite dans mon appartement. Madame l'abbesse eut beau jeter feu et flamme, je persistai avec beaucoup de sang-froid dans ma résolution, et je gardai mademoiselle Beaufort. Nous avions déjà joué dans nos chambres quelques petites scènes pour amuser ma mère les soirs, quand tout le couvent était couché. Mademoiselle Beaufort, à mon grand étonnement, me demanda de lui donner un petit rôle de bergère ; elle avait quarante-cinq ans, ses cheveux étaient gris, elle était fort couperosée, et les deux dents de devant lui manquaient. Nous jouâmes l'Oracle, et je lui fit jouer le rôle de l'amoureux, que Lucinde appelle Charmant, et qu'elle conduit en laisse, avec un ruban couleur de rose : n'ayant point de costume, nous l'habillâmes galamment avec une redingote de Lemire, mon domestique, et nous l'assurâmes qu'il était indispensable qu'elle eût sur la tête un bonnet de coton, brodé en laine de couleur, que lui prêta le laquais de ma mère ; ce fut dans cet agréable équipage qu'elle joua de la manière la plus comique le rôle de Charmant. Comme elle me demandait toujours un rôle de bergère, je fis une petite pastorale pour elle ; nous donnâmes tant de louanges à son jeu et à sa grâce, elle fut si persuadée qu'elle était ravissante dans ce costume, que je lui proposai de le garder toujours, et elle y consentit. De ce moment elle fut constamment habillée en bergère d'idylle, avec des petits habits blancs bordés de rubans de diverses couleurs, et portant sur l'oreille un petit chapeau de paille orné de fleurs, ou coiffée en cheveux qu'elle poudrait à blanc pour cacher ses cheveux gris ; quand elle sortait de chez moi pour aller dans le couvent, j'exigeais toujours qu'elle prît sa houlette, chose dont elle contracta souvent l'habitude. Toutes mes amies encourageaient ses illusions pastorales, et quand les autres se moquaient d'elle, mademoiselle Beaufort disait que c'était pour faire leur cour à madame l'abbesse. Je la gardai ainsi en bergère plus de deux mois, c'est-à-dire jusqu'au moment où M. de Genlis, arrivant de son régiment, vint me prendre : l'aspect de mademoiselle Beaufort (que j'appelais toujours ma bergère) l'étonna beaucoup ; mais, à force d'insistance, je le décidai à l'emmener avec nous à Genlis, et en lui conservant son costume, et bientôt cette complaisance devint pour lui un véritable amusement. Je conservai ma bergère à Genlis pendant deux ou trois mois, ensuite un héritage inattendu et très considérable pour elle, l'appela à Noyon. Comme elle avait fait nos délices, nos adieux furent très tendres. Pour achever son histoire, je dois dire qu'elle hérita de trente-deux mille francs et que peu de mois après elle eut la folie d'épouser un jeune homme de vingt-trois ans, qui n'avait rien, et qui lui persuada qu'il était éperdument amoureux d'elle.

En quittant Origny, nous allâmes sur-le-champ à Genlis ; mon beau-frère était à Paris, d'où il ne devait revenir qu'au mois de juillet. En attendant nous fîmes des visites dans les châteaux voisins ; presque tous nos voisins étaient vieux, mais tous d'une fort bonne société, entre autres M. le marquis de Flavigny et sa femme, M. de Bournonville qui avait douze enfants, le président de Vauxmenil dont le fils dessinait supérieurement le paysage, et M. de Saint-Cenis, le seul qui eût une jeune femme.

Dans ce temps j'appris à monter à cheval, et d'une singulière manière. Je me baignais, et on allait chercher, pour mes bains, de l'eau dans une rivière à une demi-lieue. Un seul cheval de charrue traînait le tonneau que l'on devait remplir d'eau. Un jour que j'étais seule au château, je vis par ma fenêtre le charretier Jean partir, conduisant à pied son équipage. Il me parut charmant de monter sur ce gros cheval, et d'aller ainsi chercher mon eau moi-même. Je descendis précipitamment dans la cour, Jean m'établit jambe de-ci, jambe de-là, sur le cou de son cheval, et nous partîmes. Je trouvai cette promenade si agréable, que pendant dix ou douze jours je n'en fis pas d'autres. Je pris ainsi un grand goût d'équitation, et l'on me permit de monter un vieux petit cheval gris qui avait encore de bonnes jambes ; on me fit faire un habit d'amazone, et l'on me trouva si bien à cheval, qu'on me donna un grand beau cheval navarrin, qui, quoique plus vieux que moi, avait une grande vitesse et des jambes très sûres. Quelques mois après, M. Bourgeois, officier de fortune en garnison à Chauny, et un très grand homme de cheval, me trouvant parfaitement posée, voulut me donner des leçons ; j'en pris tous les jours pendant huit mois, et je devins très habile. Cet exercice, que j'aimais passionnément, fortifia beaucoup ma santé. Nous faisions souvent de très longues chasses de sanglier. Un jour j'imaginai de me perdre exprès, dans l'espoir qu'il m'arriverait une aventure extraordinaire. Je m'enfonçai dans des routes détournées, ayant bien soin de tourner le dos à la chasse, et de fuir le bruit des chiens et des cors. Bientôt j'eus la satisfaction de ne plus rien entendre et de me trouver dans des lieux tout à fait inconnus. Je poussais toujours mon cheval au galop ; ce que je désirais était de rencontrer un château que je n'eusse jamais vu, d'y trouver des habitants pleins d'esprit et de politesse me donnant l'hospitalité. Au bout de trois heures, courant toujours au hasard, cherchant vainement, je commençai à m'inquiéter, j'imaginai que j'étais au moins à douze lieues de Genlis ; j'avais faim, je ne voyais point de gîte, et je m'avisai tout à coup de penser que l'on était, au château de Genlis, dans de vives alarmes ; enfin, après avoir erré encore longemps, je rencontrai un bûcheron qui m'apprit, à mon grand étonnement, que je n'étais qu'à trois lieues de Genlis. Je lui demandai de m'y conduire : il fallut aller au pas et je n'y arrivai qu'à la nuit fermée. On avait envoyé de tous les côtés, dans les bois immenses de Genlis, des hommes à cheval sonnant du cor ; M. de Genlis était aussi à ma poursuite et ne revint qu'une heure après moi. Je fus horriblement grondée, et je le méritais ; j'eus la bonne foi d'avouer que je m'étais perdue à dessein, et je donnai ma parole qu'à l'avenir je ne chercherais plus des terres inconnues.

Nous retournâmes à Paris pour le mariage de mon beau-frère. Il épousa mademoiselle de Vilmeur, âgée de quinze ans ; M. le marquis de Puisieux consentit à lui servir de père, et mon beau-frère décida que je lui servirais de mère : ce qui fut assez singulier, non seulement parce que je n'avais que trois ans et demi de plus que la mariée, mais parce que j'allais voir pour la première fois à cette cérémonie ce chef de la famille qui m'avais jusque-là montré tant de de rigueur, et qui serait obligé de me conduire dans l'église ; ce qu'il fit de fort bonne grâce. Il était très paré ; il avait son cordon bleu passé par-dessus son habit, il me parut éblouissant et terrible. Comme il me donnait la main, il s'aperçut que je tremblais : « Vous avez froid, madame, me dit-il ; je répondis naïvement : — Ce n'est pas cela. » Il m'a dit depuis que le ton dont je prononçai ces paroles le toucha jusqu'aux larmes. Le repas de noce se fit avec une grande magnificence à la campagne chez le chevalier Courten (à la Planchette) ; presque toute la famille y vint. Madame de Puisieux, sa fille la maréchale d'Étrée, madame la princesse de Benting, monsieur et madame de Noailles, le duc d'Harcourt, et beaucoup d'autres. Mes amis, monsieur et madame de Balincour et madame de Sailly, n'y étaient pas, ni M. de Souvré ; je les regrettai bien. Je fus traitée avec beaucoup de politesse, mais froidement par toutes les dames ; je gardai un profond silence. On s'occupa à l'excès de ma belle-sœur ; on vanta sa beauté ; madame de Puisieux et la maréchale la caressèrent excessivement. Je crus m'apercevoir qu'on y mettait un peu d'affectation ; cette idée m'ôta ma timidité. Toutes les fois qu'on a eu le dessein de me piquer, je ne sais quelle fierté m'a constamment mise au-dessus de l'offense qu'on voulait me faire, en me donnant une indifférence parfaite.

Toute la compagnie resta jusqu'à onze heures du soir. Mais les nouveaux mariés, M. de Genlis et moi nous passâmes six jours dans cette maison. Ce temps me suffit pour prendre une grande amitié pour ma belle-sœur. Elle était belle, et sa figure eût été charmante, sans un rire désagréable, qui ne montrait pas de belles dents, et qui laissait voir deux doigts de gencives toujours gonflées ; mais quand elle ne riait pas, son visage était beau et très agréable ; aussi M. de Villepaton disait d'elle : — Que sérieusement parlant elle était très jolie. Elle avait reçu une éducation fort négligée, cependant elle n'était jamais oisive, elle aimait l'ouvrage, brodait parfaitement, et était adroite comme une fée. Elle était très violente, et fort contrariante ; elle avait des obstinations d'enfant, mais au fond elle était bonne, obligeante, naturelle, et très gaie. Nous n'avons jamais eu ensemble la plus légère dispute, et je fus enchantée d'avoir une compagne si jeune et si aimable pour moi.

En quittant la Planchette nous allâmes tous à Genlis. Mon frère passa cette année à Genlis ; il venait d'être reçu dans le génie, et avait subi son examen du cours de Bezout avec la plus grande distinction. J'eus une grande joie de le revoir ; il était fort joli, très naïf et d'une gaieté d'enfant. Un soir qu'il y avait du monde au château, et que ma belle-sœur et MM. de Genlis jouaient après le souper au reversi, mon frère me proposa une promenade dans la cour, qui était immense, sablée et remplie de fleurs ; j'y consentis. Quand nous fûmes dans la cour, il eut envie d'aller faire un tour dans le village ; je ne demandai pas mieux : il était dix heures, tous les cabarets étaient éclairés, et l'on voyait à travers les vitres, les paysans buvant du cidre ; je remarquai avec surprise qu'ils avaient tous l'air très grave.

Il prit à mon frère une gaieté, il frappa contre les vitres en criant : — Bonnes gens, vendez-vous du sacré chien ? et après cet exploit il m'entraîna en courant dans une petite ruelle obscure, à côté de ces cabarets, où nous nous cachâmes en mourant de rire. Notre joie s'augmenta encore en entendant le cabaretier sur le pas de sa porte, menacer de coups de gourdin les polissons qui avaient frappé aux vitres. Mon frère m'expliqua que sacré chien voulait dire de l'eau-de-vie. Je trouvai cela si charmant, que je voulus aller à un autre cabaret voisin, faire cette jolie demande, qui eut le même succès ; nous répétâmes plusieurs fois cette agréable plaisanterie, nous disputant à qui dirait sacré chien, et finissant par le dire en duo, et toujours à chaque fois nous sauvant à toutes jambes dans la petite ruelle, où nous faisions des rires à tomber par terre.

Mon frère resta six semaine avec nous. M. de Genlis, avec beaucoup de grâce, lui donna tout ce qui lui pouvait être utile ou agréable dans une garnison où il devait rester longtemps.

Nous retournâmes à Paris, M. de Genlis et moi, au mois d'août, dans une jolie maison avec un jardin, dans le cul-de-sac Saint-Dominique, dont mon beau-frère avait loué le rez-de-chaussée, et nous louâmes le premier.

Le 4 septembre je mis au monde ma chère Caroline, cette créature angélique, qui a fait pendant vingt-deux ans mon bonheur et ma gloire, dont la perte irréparable a été la plus grande douleur et le plus grand malheur de ma vie ! Elle vint au monde belle comme un ange, et ce visage enchanteur a été depuis l'instant de sa naissance jusqu'au tombeau, ce qu'on a jamais vu de plus parfait ; je ne la nourris point, ce n'était pas la mode encore ; d'ailleurs, dans notre situation je ne l'aurais pas pu, étant obligée d'être toujours en courses et en voyages. Elle fut nourrie à deux petites lieues de Genlis, dans un village appelé Comanchon.

Madame la maréchale d'Étrée vint me voir ; elle m'apporta, en présent, de très belles étoffes des Indes, et m'annonça que son père et sa mère me recevraient avec plaisir, et que madame de Puisieux me présenterait à la cour. Au bout de cinq semaines j'allai chez madame de Puisieux, dont j'avais une peur extrême ; comme de ma vie je n'ai fait des avances quand on a eu de la sécheresse pour moi, je fus très froide et très silencieuse. Je ne lui plus guère. Huit jours après, elle me mena à Versailles, ce qui fut un vrai supplice pour moi, parce que ce fut tête à tête dans sa voiture. Elle ne me parla que de la manière dont je devais me coiffer, m'exhortant d'un ton critique à ne pas me coiffer si haut qu'à mon ordinaire, m'assurant que cela déplairait beaucoup à mesdames et à la vieille reine. Je répondis simplement : « Il suffit, Madame, que cela vous déplaise. » Cette réponse parut lui être agréable, mais aussitôt après je retombai dans mon profond silence, et je vis que je l'ennuyais beaucoup. A Versailles, nous logeâmes dans le bel appartement du maréchal d'Étrée ; le maréchal fut charmant pour moi ; je le regardais avec un vif intérêt ; je savais qu'il avait eu les plus éclatants succès à la guerre, et qu'il était d'ailleurs l'une des meilleures têtes du conseil. Mesdames de Puisieux et d'Étrée me persécutèrent véritablement le lendemain, jour de ma présentation ; elles me firent coiffer trois fois, et s'arrêtèrent à la manière qui me seyait le plus, et qui était le plus gothique. Elles me forcèrent de mettre beaucoup de poudre et beaucoup de rouge, deux choses que je détestais ; elles voulurent que j'eusse mon grand corps pour dîner, afin, disaient-elles, de m'y accoutumer ; ces grands corps laissaient les épaules découvertes, coupaient les bras et gênaient horriblement ; d'ailleurs, pour montrer ma taille, elles me firent serrer à outrance.

La mère et la fille eurent ensuite une dispute très aigre au sujet de ma collerette, sur la manière de l'attacher ; elles étaient assises, et j'étais debout et excédée pendant ce débat. On m'attacha et l'on m'ôta au moins quatre fois cette collerette ; enfin, la maréchale l'emporta de vive force, d'après la décision de ses trois femmes de chambre, ce qui donna beaucoup d'humeur à madame de Puisieux. J'étais si lasse que je pouvais à peine me soutenir, lorsqu'il fallut aller dîner. On me fit grâce du grand panier pour le dîner, quoiqu'il fût question un moment de me le faire prendre pour m'y accoutumer aussi. Lorsque le maréchal m'aperçut, il s'écria : « Elle a trop de poudre et trop de rouge ; elle était cent fois plus jolie hier. » Madame de Puisieux le fit juge de ma collerette, qu'il approuva, et tout le dîner se passa en discussion sur ma toilette. Je ne mangeai rien du tout, parce que j'étais si serrée, que je pouvais à peine respirer. En sortant de table le maréchal passa dans son cabinet ; je restai livrée à la maréchale et à madame de Puisieux, qui me firent achever ma toilette, c'est-à-dire mettre mon panier et mon bas de robe, ensuite répéter mes révérences, pour lesquelles j'avais pris un maître : c'était alors Gardel qui apprenait à les faire. Ces dames furent très contentes de cette répétition ; mais madame de Puisieux me défendit de repousser doucement en arrière avec le pied mon bas de robe, lorsque je me retirais à reculons, en disant que cela était théâtral. Je lui représentai que si je ne repoussais pas cette longue queue, je m'entortillerais les pieds dedans, et que je tomberais ; elle répéta d'un ton impérieux et sec que cela était théâtral ; je ne répliquai rien : ensuite ces dames s'habillèrent, pendant ce temps je m'ôtai adroitement un peu de rouge, mais malheureusement, au moment de partir, madame de Puisieux s'en aperçut et me dit : « Votre

rouge est tombé, mais je vais vous en remettre. »
Et elle tira de sa poche une boîte à mouches, et me
remit du rouge beaucoup plus foncé que celui que
j'avais auparavant. Ma présentation se passa fort bien,
elle avait fort bon air parce qu'il y avait beaucoup
de femmes. Le roi Louis XV parla beaucoup à madame de Puisieux, et lui dit plusieurs choses agréables
sur moi. Quoiqu'il ne fût plus jeune, il me parut
bien beau ; ses yeux étaient d'un bleu très foncé, des
yeux bleu de roi, disait M. le prince de Conti, et son
regard était le plus imposant qu'on puisse imaginer.
Il avait, en parlant, un ton bref, et un laconisme particulier, mais qui n'avait rien de dur et de désobli-
geant : enfin, il avait dans toute sa personne quelque
chose de majestueux et de royal, qui le distinguait
extrêmement de tous les autres hommes.

M. le dauphin, fils de Louis XV, venait de mourir,
on en portait encore le grand deuil ; je fus présentée
à la vieille reine, fille de Stanislas, roi de Pologne ;
cette princesse, déjà attaquée de la maladie de langueur dont elle mourut quinze ou dix-huit mois après,
était couchée sur une chaise longue. Je fus très frappée de lui voir un bonnet de nuit de dentelle, avec
de grandes girandoles de diamants. Elle m'intéressa
beaucoup, parce qu'on disait que c'était la mort de
son fils qui la conduisait au tombeau. C'était une
charmante petite vieille, elle avait conservé une très
jolie physionomie et un sourire ravissant. Elle était
obligeante, gracieuse, et le doux son de sa voix, un
peu languissante, allait au cœur. Sa conduite entière
avait toujours été d'une pureté irréprochable : elle
était pieuse, bonne, charitable ; elle aimait les lettres,
et les protégea avec discernement. Elle avait beaucoup
de finesse dans l'esprit, on citait d'elle une grande

quantité de mots charmants. Je fus ensuite présentée
à Mesdames et aux enfants de France ; le soir j'allai
au jeu de Mesdames. Peu de jours après ma présentation, nous retournâmes à Genlis. J'y passai un été
fort agréable. Dans le cours de cet été nous jouâmes
Nanine, les Précieuses ridicules, le Méchant, et *la
Comtesse d'Escarbagnas ;* les meilleurs acteurs étaient
M. de Genlis et moi ; ma belle-sœur, malgré toutes
mes leçons, ne jouait pas bien, mais elle n'y mettait
nulle prétention. Nous avions pour spectateurs nos
voisins et nos paysans.

Il y avait à Genlis la plus grande baignoire que
j'aie jamais vue, on aurait pu y tenir à l'aise quatre
personnes. Un jour je proposai à ma belle-sœur de
nous y baigner dans du lait pur, et d'aller acheter,
dans les environs, tout le lait des fermes. Nous
nous déguisâmes en paysannes, et montées sur
des ânes, et conduites par le charretier Jean, mon
premier maître d'équitation, nous partîmes de Genlis
à six heures du matin, et nous allâmes à deux lieues
à la ronde de tous les côtés demander tout le lait
des chaumières, en ordonnant de porter ce lait le
lendemain de grand matin au château de Genlis. Nous
prîmes un bain de lait, ce qui est la plus agréable
chose du monde ; nous avions fait couvrir la surface
du bain de feuilles de roses, et nous restâmes plus de
deux heures dans ce charmant bain.

Je composai, dans ce temps, un roman que j'inti-
tulai *les Dangers de la célébrité ;* quatre ou cinq ans
après, je perdis ce manuscrit ; l'idée en était morale,
mais, autant que je puis m'en souvenir, il était ennuyeux.

J'ai été très heureuse à Genlis, surtout depuis le
mariage de mon beau-frère ; mais mon mari avait

voulu absolument lui payer une petite pension, et je n'aurais pas été plus maîtresse dans mon propre château, grâce aux égards et à la délicatesse de mon beau-frère et de sa femme. Ma belle-sœur, dans un âge où naturellement on aime à faire la maîtresse de maison, n'avait nullement cette manie ; elle voulait, avec toute la grâce d'un excellent caractère, que j'ordonnasse aussi librement qu'elle ; jamais elle ne souffrit que les domestiques, en parlant d'elle, l'appelassent madame tout court ; ils la désignaient par son titre, comme moi par le mien. Ce sont là de petites choses, mais elles méritent d'être rapportées ; elles peignent des sentiments nobles et délicats.

J'exerçais la médecine, à Genlis, de concert avec M. Racine, le barbier du village, qui venait toujours très gravement me consulter quand il avait des malades. Nous allions les voir ensemble ; toutes mes ordonnances se bornaient à de simples tisanes et du bouillon, que j'envoyais communément du château. Je servais du moins à modérer la passion de M. Racine pour l'émétique, qu'il prescrivait pour presque tous les maux. Je m'étais perfectionnée dans l'art de saigner ; des paysans venaient souvent me prier de les saigner, ce que je faisais ; mais comme on sut que je leur donnais toujours vingt-quatre ou trente sous après une saignée, j'eus bientôt un grand nombre de pratiques, et je me doutai que mes trente sous me les attiraient ; alors je ne saignai plus que sur l'ordonnance de M. Millet, chirurgien de la Fère, qui venait à Genlis tous les huit ou dix jours.

Nous passâmes l'hiver suivant à Paris : j'avais vingt ans. J'allais, une fois la semaine, dîner chez ma tante, madame de Montesson, ou avec elle chez madame la marquise de La Haye, ma grand'mère. Ces derniers dîners-là ne m'étaient nullement agréables, ma grand'mère était d'une sécheresse extrême pour moi, et comme elle avait sur son visage une énorme quantité de rouge et de blanc, qu'elle se peignait les sourcils et les cheveux pour réparer des ans l'irréparable outrage, elle ne me paraissait guère respectable. En outre de ces dîners, j'allais, de temps en temps, le matin, chez ma grand'mère, pendant qu'elle était à sa toilette ; c'était l'heure qu'elle m'avait donnée, je la trouvais toujours seule devant son grand miroir, et entourée de ses femmes : elle me faisait les plus insipides sermons que j'aie jamais entendus. Le jour de la semaine où je dînais chez ma tante ou chez ma grand'mère, madame de Montesson me menait faire des visites dans la soirée, c'était chez mesdames les princesses de Chimay ; celle qui a été depuis dame d'honneur de la reine était fort belle encore, et un ange par la conduite ; nous allions aussi chez madame la duchesse de Mazarin, chez madame de Gourgue, madame la marquise de Livri, madame la duchesse de Chaulnes, et madame la comtesse de la Messais, une femme très aimable et très spirituelle ; notre journée se terminait toujours par aller souper chez l'une des trois dernières personnes que je viens de nommer ou chez madame de La Reynière, femme du fermier général. C'était une personne de trente-cinq ans, très vaporeuse, très fâchée de n'être pas mariée à la cour, mais belle, obligeante, polie, et faisant les honneurs d'une grande maison avec beaucoup de noblesse et de grâce. Ma tante ne l'aimait pas ; et je m'aperçus que presque toutes les dames de la cour étaient, au fond de l'âme, jalouses de la beauté de madame de La Reynière, de l'extrême magnificence de sa maison, et de la riche élégance de sa toilette. Madame de La Reynière voyait la meilleure compagnie. Madame de Tessé et madame d'Egmont la jeune sont les dernières femmes minaudières que j'aie vues dans le grand monde ; les mines et les mouches étaient déjà passées de mode pour les femmes de l'âge que j'avais alors.

Madame la comtesse d'Egmont la jeune, fille du maréchal de Richelieu, chez laquelle j'avais soupé plusieurs fois avec madame de Montesson, était d'une figure charmante, malgré sa mauvaise santé ; elle n'avait alors que vingt-huit ou vingt-neuf ans, et le plus joli visage que j'aie vu. Elle faisait beaucoup trop de mines, mais toutes ses mines étaient jolies. Son esprit ressemblait à sa figure ; il était maniéré et néanmoins rempli de grâce. Je crois que madame d'Egmont n'était que singulière et non affectée ; elle était née ainsi. Elle a fait beaucoup de grandes passions ; on pouvait lui reprocher un sentiment romanesque qu'elle a conservé longtemps, mais ses mœurs ont toujours été pures.

Je partis avec ma tante pour Villers-Cotterets, où j'allais pour la première fois. Nous avions encore appris des rôles pour y jouer la comédie, et même l'opéra. Nous jouâmes *Vertumne et Pomone*. Je jouais Vertumne, qui est déguisé en femme ; ma tante jouait Pomone ; elle avait imaginé de se faire faire un habit garni de pommes d'api, et autres fruits. Madame d'Egmont dit qu'elle ressemblait à une serre chaude. Cet habit était lourd, ma tante était petite, et n'avait pas une jolie taille, sa voix était trop faible pour un rôle d'opéra : elle échoua tout à fait dans celui-ci. Le marquis de Clermont, depuis l'ambassadeur de Naples, joua très bien le dieu Pan. J'eus un succès inouï dans mon rôle de Vertumne. Nous avions dans les ballets tous les danseurs de l'Opéra ; on devait donner trois représentations de ce spectacle ; on ne le joua qu'une fois, ainsi que *l'Ile sonnante*, opéra-comique, paroles de Collé et musique de Monsigny. J'y jouais une sultane, et j'ouvrais la scène par une grande ariette que je chantais en m'accompagnant de la harpe. Monsigny avait fait l'ariette et le rôle pour moi. J'avais un habit superbe, chargé d'or et de pierreries ; et quand on leva la toile je fus applaudie à trois reprises, et on me redemanda deux fois mon ariette. Il me fut impossible de ne pas remarquer que ma tante, après le spectacle, avait beaucoup d'humeur. Nous jouâmes *Rose et Colas* ; ma tante, qui avait trente ans, fit le rôle de Rose, et moi celui de la mère de Robi. Nous jouâmes encore *le Déserteur*. Madame de Montesson y joua le beau rôle, je jouai celui de la petite fille ; madame la comtesse de Blot, qui avait été dame de la feue duchesse d'Orléans, joua les beaux rôles dans le *Misanthrope* et le *Legs*, et avec le plus grand succès. Elle avait en effet beaucoup de grâce, et un jeu très spirituel. Le comte de Pont jouait le rôle du misanthrope avec une perfection rare ; il n'imitait aucun acteur de la Comédie-Française ! Il avait un véritable talent, et une noblesse dans le maintien et les manières que nul acteur de profession ne peut avoir. M. de Vaudreuil était aussi un des bons sauteurs de notre troupe ; sa figure était agréable, il contrefaisait parfaitement Molé dans les rôles d'amoureux. M. de Vaudreuil était fort à la mode ; son esprit n'était pas étendu, mais il avait un excellent ton. Madame d'Hénon disant que les deux hommes qui savaient le mieux parler aux femmes étaient Le Kain sur le théâtre, et M. de Vaudreuil dans le monde. Ce dernier avait une quantité de petits talents très médiocres, mais agréables dans la société. Il chantait un peu, il dansait assez bien, il paraissait aimer tous les arts ; quand ce ne serait qu'une prétention, elle est toujours utile et noble. Il avait de la douceur et de la politesse ; personne ne le craignait, il était généralement aimé.

Le fameux comédien Grandval nous faisait répéter nos rôles, il joua même avec nous. M. le duc d'Orléans jouait fort rondement les rôles de paysans. Je vis là, à nos répétitions, Collé et Sedaine, qui n'étaient aimables ni l'un ni l'autre. Carmontel, lecteur de M. le duc d'Orléans venait dans le salon à l'issue du dîner, pour peindre dans un grand livre toutes les personnes qui arrivaient à Villers-Cotterets ; tous ces portraits étaient en profil et en charge, mais ressemblants, et formaient une collection curieuse. On ne lui donnait qu'une séance. Il me peignit jouant de la harpe, mais fort en laid : j'avais un petit front, qu'il fit beaucoup trop grand, ce qui ôtait de la ressemblance. M. le duc d'Orléans voulut me voir jouer des proverbes avec Carmontel, qui jouait avec perfection les maris bourrus et de mauvaise humeur ; c'était sans nulle charge, et avec un naturel et un comique parfaits, mais il n'avait que ce seul genre. M. de Donazan et M. d'Albaret jouèrent avec nous ; ma tante ne voulut pas jouer, mais nous excitâmes un tel enthousiasme, que nous consentîmes à jouer tous les soirs. Ma tante, à la fin du voyage, eut un succès très singulier et très éclatant. Cette histoire est assez extraordinaire pour la conter avec détail.

Depuis mon mariage, ma tante me témoignait beaucoup d'amitié, et j'en avais pris une si vive pour elle, que ce sentiment avait triomphé de mes sou-

venirs et de mes rancunes. J'attribuais la dureté de
ses procédés avec ma mère à sa légèreté et à une
avarice que je ne pouvais me dissimuler, qui était
son défaut dominant ; d'ailleurs je ne lui en voyais
pas d'autres ; elle avait une grande égalité d'humeur,
de la gaieté ; je la croyais franche et sensible, elle
me caressait excessivement, j'étais persuadée qu'elle
avait en moi la plus grande confiance, et je l'aimais
à la folie : elle m'avait confié que M. le duc d'Orléans
était amoureux d'elle. Ma tante parlait fort bien de
la vertu, je lui voyais même des sentiments religieux.
Quant à M. le duc d'Orléans, elle me disait qu'elle
avait pour lui une tendre amitié, et qu'elle faisait
tous ses efforts pour le guérir d'une passion malheureuse. J'avoue que je ne croyais pas cela, car le
contraire sautait aux yeux ; mais je n'attribuais sa
conduite avec lui qu'à sa coquetterie naturelle, et
je ne lui supposais pas le moindre dessein d'ambition. Monsigny, l'un des plus honnêtes hommes que
j'aie connus, et qui avait beaucoup d'esprit naturel,
se passionna pour ma voix et pour ma harpe, et
venait tous les jours faire de la musique avec moi
dans ma chambre. Je pris de l'amitié pour lui ; nous
causions tout en faisant de la musique ; il me contait
beaucoup de petites choses curieuses, et il m'en dit
une qui me parut surprenante. C'est que ma tante
lui avait recommandé en secret, ainsi qu'à Sedaine,
de ne lui donner que des louanges aux répétitions (où
se trouvait toujours M. le duc d'Orléans), et de ne
lui donner des avis qu'en particulier ; elle disait
que cela l'encourageait. Monsigny et Sedaine pen-
saient bien qu'il s'agissait de la faire valoir auprès
de M. le duc d'Orléans, et à cet égard ils la secon-
daient à merveille, car ils lui prodiguaient les éloges.

Ce manège lui réussit parfaitement ; M. le duc d'Orléans était persuadé qu'elle avait des talents miraculeux. Ce prince, très faible, et qui n'était pas doué du caractère et de l'esprit de Henri le Grand, ne savait rien juger par lui-même ; il ne voyait que par les yeux des autres.

Ma tante, qui, comme je l'ai dit, voulait terminer ce voyage par quelque chose d'éclatant, eut l'idée la plus singulière. Elle voyait que M. le duc d'Orléans était dans l'admiration de ses talents, mais il ne pouvait avoir la même opinion de son esprit ; il s'agissait d'en acquérir une tout à coup qui effaçât celle de mesdames de Boufflers, de Beauvau et de Grammont. Mais comment faire ? ma tante était d'une ignorance extrême, elle n'avait pas la moindre instruction, elle n'avait lu dans toute sa vie que quelques romans. Elle savait fort mal l'orthographe, et elle écrivait très mal une lettre. Cependant elle eut la pensée de devenir auteur : ne pouvant rien inventer, elle imagina de faire une comédie du roman de *Mariane de Marivaux* ; les conversations si multipliées de cet ouvrage lui donnaient une quantité de scènes toutes faites ; d'ailleurs le sujet lui plaisait, c'était l'amour triomphant des préjugés de la naissance et rapprochant toutes les distances. Mais ma tante ne se dissimula pas qu'en donnant cet ouvrage sous son nom, elle aurait à combattre des prétentions que nul intérêt ne fait abandonner. Ma tante se tira de cette difficulté avec l'adresse la plus spirituelle qu'elle ait eue de sa vie. Elle fit la pièce en prose et en cinq actes ; c'était un ouvrage au-dessous du médiocre, mais un drame qui n'avait rien de ridicule, et dans lequel se trouvaient quelques jolies phrases, et quelques entretiens agréables littéralement copiés du ro-

man de Marivaux. Elle ne fit part de cette entreprise
qu'à M. le duc d'Orléans, elle me le cacha ainsi qu'à
tout le monde. Quand la pièce fut achevée, elle la
lut tête à tête à M. le duc d'Orléans, qui, quoiqu'il
n'en fût pas bien sûr, dit qu'il la trouvait charmante. — Eh bien, reprit ma tante, je vous la donne ;
je jouirai mieux de votre succès que du mien, d'ailleurs je ne veux point que l'on sache que je suis
auteur. Lisez cette pièce comme si elle était de vous,
et si on en est content, gardez-vous de me trahir, que
l'on croie à jamais que vous en êtes l'auteur, et nous
la jouerons pour dernier spectacle. M. le duc d'Orléans fut touché aux larmes de cette générosité. Il ne
voulait pas en profiter ; elle insista fortement, il y
consentit. J'ai su par la suite tout ce détail de lui-
même. M. le duc d'Orléans déclara donc qu'il avait fait
une comédie, ce qui me causa pas un médiocre étonnement, que madame de Montesson eut l'air de partager, en persuadant à tout le monde qu'elle ne la
connaissait pas, et montrant naïvement beaucoup de
crainte sur l'ouvrage. On se demandait en secret comment M. le duc d'Orléans avait pu faire une comédie,
et l'on pensa généralement que Collé en avait apparemment fait le plan, et corrigé le langage. Personne
n'eut l'apparence du soupçon sur le véritable auteur ;
M. le duc d'Orléans annonça qu'il en ferait lecture.
On indiqua le jour, et l'on y invita tous les hommes
et toutes les femmes de la société qui passaient pour
avoir le plus d'esprit ; la curiosité fut extrême. Enfin
ce grand jour arriva. Je fus admise à la lecture, mais
non sans quelque peine, ma tante ne se souciait pas
que j'y fusse. Nous voilà donc rassemblés, bien dé-
cidés d'avance à trouver l'ouvrage excellent, s'il n'est
pas détestable et ridicule. Le succès fut complet ; ja-

mais lecture de Molière n'en eut un pareil, on était
en extase ; on prodiguait à chaque scène les éloges
les plus outrés, on n'entendait que des exclamations.
M. le duc d'Orléans en était si ému, qu'il eut continuellement les larmes aux yeux. Quand la lecture fut
finie, tout le monde se leva pour entourer M. le duc
d'Orléans ; plusieurs femmes hors d'elles-mêmes lui
demandèrent la permission de l'embrasser, toutes parlaient à la fois, on ne s'entendait plus, on ne distinguait que ces mots répétés mille fois en refrain :
ravissant, sublime, parfait ! Ma tante pâlissant, rou-
gissant, pleurant, ne s'exprimait que par son trouble
et des larmes. Tout à coup, M. le duc d'Orléans demande un moment de silence (et du ton le plus so-
lennel) ; on se tait. Alors, d'une voix émue, mais
très forte, il dit ces paroles : « Malgré ma promesse,
je ne puis usurper plus longtemps une telle gloire !...
Ce bel ouvrage n'est point de moi, l'auteur est madame de Montesson !... » A ces mots ma tante s'écria
d'une voix languissante : « Ah ! monseigneur !... »
Elle n'en put dire davantage, la modestie la suffo-
quait, elle tomba presque évanouie dans un fauteuil.
Toute la compagnie resta pétrifiée ; il est impossible
de donner une idée de l'effet de ce coup de théâtre,
et du changement subit de presque toutes les physio-
nomies. Ce triomphe acheva d'enthousiasmer M. le
duc d'Orléans pour ma tante, à laquelle il crut de
ce moment un esprit prodigieux.

Pour la première fois je suivis à cheval la chasse
du cerf dans ce voyage. Je n'avais chassé à Genlis
que le sanglier ; la chasse du cerf me parut charmante, et surtout, je crois, parce qu'on y admirait
beaucoup la manière dont je montais à cheval.
M. de Genlis et moi nous allâmes de Villers-Cotterets

à Sillery, où j'allais pour la première fois. Madame de Puisieux, toujours froide pour moi, me reçut honnêtement, mais avec une sorte de sécheresse qui redoubla ma timidité naturelle. Elle me parla des succès que j'avais eus à Villers-Cotterets, et me demanda enfin à m'entendre jouer de la harpe. Ce fut six jours après mon arrivée. Je jouai, je chantai ; elle parut charmée, ainsi que M. de Puisieux : « Il faut convenir, dit-elle, que cela est séduisant. » Je ne sais pourquoi cette phrase me déplut, et de premier mouvement, je répondis avec vivacité : « Cependant, madame, je n'ai séduit, ni ne veux séduire qui que ce soit. » Elle fut très étonnée, parce que jusque-là je n'avais dit que oui ou non. Elle me regarda fixement, et ne répliqua rien. Le soir M. de Genlis me gronda de ma réponse, et le lendemain j'eus une peur affreuse de madame de Puisieux en me trouvant tête à tête avec elle dans le salon. Madame de Puisieux, couchée sur sa chaise longue, comme de coutume, travaillait au métier ; je brodais au tambour : nous gardâmes le silence pendant un demi-quart d'heure. Enfin, madame de Puisieux, ôtant ses lunettes, se tourna de mon côté. — Madame, me dit-elle, avez-vous donc fait le vœu d'être toujours ainsi avec moi ? — Comment, madame ? répondis-je d'une voix tremblante. — Oui, reprit-elle, on assure que vous êtes gaie, aimable, et depuis huit jours vous gardez le silence le plus obstiné ; peut-on vous en demander la raison ? A cette question pressante, je me décidai sur-le-champ à répondre franchement parce que le ton avait quelque chose de gai et d'obligeant. — Madame, lui dis-je, c'est que je crains de vous déplaire, que vous avez un air sévère qui m'intimide, et qui me fait de

la peine... — Vous avez tort de me craindre, reprit-
elle, je suis très disposée à vous aimer ; que faut-il
faire pour vous mettre à votre aise aver moi ?... —
Ce que vous daignez faire en ce moment, m'écriai-je,
en me jetant à son cou ; des pleurs d'attendrissement me coupèrent la parole, elle fut elle-même vivement émue ; elle me reçut dans ses bras, m'y
retint, et m'embrassa à plusieurs reprises avec la
plus touchante sensibilité. De cet instant je lui vouai
au fond de l'âme le plus tendre attachement ; elle le
méritait par l'excellence de son cœur, de ses principes, et de son caractère, et par le charme de son
esprit. Nous causâmes avec une entière liberté ; elle
me dit les choses les plus aimables, et je lui promis
que je serais dorénavant avec elle comme si j'avais eu
le bonheur de la connaître depuis mon enfance. Une
heure auprès M. de Puisieux rentra de la promenade
avec M. de Genlis et six ou sept personnes. Je priai
madame de Puisieux de ne rien dire de ce qui venait
de se passer entre nous, parce que je méditais une
jolie manière de l'annoncer. On s'assit, et au bout
de quelques minutes, je dis d'un ton dégagé que,
n'ayant point été à la promenade, je voulais me
dégourdir les jambes, et je fis deux ou trois sauts
dans la chambre, ensuite j'allai me jeter sur la
chaise longue de madame de Puisieux, en disant
mille folies ; elle riait aux éclats, et tout le monde
était pétrifié d'étonnement. M. de Puisieux fut enchanté, il dit à madame de Puisieux qu'il lui avait
prédit qu'elle m'aimerait à la folie. Toute cette
soirée fut charmante pour moi. Les jours qui lui
succédèrent furent les plus heureux de ma vie. Madame de Puisieux prit pour moi une véritable passion. Elle me fit changer d'appartement afin de me

loger à côté d'elle. Je me promenais le matin à cheval avec M. de Puisieux, je montais tous ses beaux chevaux anglais. Le soir je n'allais point à la promenade, je restais tête à tête avec madame de Puisieux, qui se promenait avec moi une petite demi-heure dans la cour ou dans le potager ; nous passions le reste du temps à causer dans le salon : sa conversation était animée, spirituelle et charmante ; elle avait vu un moment de la régence ; son mari avait depuis été ministre des affaires étrangères ; et, petite-fille du grand Louvois, elle avait la tête remplie d'une infinité d'anecdotes intéressantes et curieuses qu'elle contait à merveille. Avant de souper, on apportait tous les soirs ma harpe dans le salon, et j'en jouais une heure ; après le souper je jouais de la guitare ou du clavecin à peu près une demi-heure ; ensuite je jouais au piquet avec madame de Puisieux contre M. de Puisieux, qui nous faisait la chouette, et puis j'allais me coucher. Je ne restais communément dans ma chambre qu'après la promenade du matin avec M. de Puisieux, depuis dix heures et demie jusqu'à deux heures. Pendant qu'on me coiffait je lisais. habitude que j'ai toujours conservée partout. Dans ce temps, il était d'usage de recevoir à Paris et à la campagne des hommes à sa toilette, ce que je n'ai jamais fait, afin de réserver ce temps pour la lecture ; de sorte que depuis mon mariage je n'ai jamais passé un seul jour sans faire une bonne lecture. Après ma toilette je jouais de la harpe une heure, et j'écrivais trois quarts d'heure. Je refaisais alors ma première comédie, *les Fausses Délicatesses,* et je l'achevai dans ce voyage. J'écrivais en outre les extraits de mes lectures. Madame de Puisieux, dans nos tête-à-tête du soir, me faisait souvent lire tout haut, pendant qu'elle travaillait à la tapisserie ; il y avait à Sillery une très bonne bibliothèque. Les jours de pluie, tout le monde restait dans le salon ; j'allais dans ma chambre, ce qui me donnait trois ou quatre heures d'étude de plus.

Un jour, une personne de Reims amena un jeune musicien qui jouait du tympanon d'une manière surprenante ; madame de Puisieux regretta que je n'en susse pas jouer. Je recueillis cette parole ; et le soir même je convins, en secret, avec le musicien, qu'il viendrait tous les jours à six heures et demie du matin, me donner une leçon ; je pris régulièrement ces leçons dans le garde-meuble, au haut de la maison, pendant quinze jours, et en outre en revenant de la promenade du matin, j'allais toute seule jouer du tympanon au moins trois heures, et, au bout de trois semaines, je jouais aussi bien que mon maître, deux airs, le menuet d'Eaudet, et la Furstemberg, avec plusieurs variations. M. de Genlis, dans ma confidence, m'avait fait faire un joli petit habit à l'Alsacienne, en écarlate et juste à la taille. Je le mis un matin, en faisant tresser mes longs cheveux sans poudre autour de ma tête comme les Strasbourgeoises, je mis par-dessus cette coiffure, pour la cacher, ce qu'on appelait alors une baigneuse, et par-dessus mon habit une robe négligée et un manteau de taffetas noir, et, sous le prétexte d'une migraine, j'allai dîner avec ce double habillement. Après le dîner, un valet de chambre vint dire qu'une jeune Alsacienne, jouant du tympanon, demandait à être entendue, madame de Puisieux donna l'ordre de la faire entrer ; je me levai en disant que j'allais la chercher. Je courus dans la chambre voisine ; je jetai vite sur une table ma baigneuse et ma robe ; je pris mon tympanon, et presque au même instant je rentrai dans le salon ; la surprise fut inexprimable, et elle augmenta encore lorsqu'on m'entendit jouer du tympanon. Monsieur et madame de Puisieux vinrent m'embrasser avec une tendresse et un attendrissement, qui me récompensèrent bien de la peine que j'avais prise. On me fit porter pendant plus de douze ou quinze jours mon habit alsacien, afin de donner à tout ce qui venait à Sillery une représentation de cette petite scène. Ce n'est pas sans dessein que j'entre dans ces petits détails, ils ne seront pas sans utilité pour les jeunes personnes qui liront cet ouvrage. Je voudrais leur persuader que la jeunesse n'est heureuse que lorsqu'elle est aimable, c'est-à-dire docile, modeste, attentive, et que le véritable rôle d'une jeune personne est de plaire dans sa famille, et d'y porter la gaieté, l'amusement et la joie. Lorsque dans l'âge le plus brillant de la vie, on y porte l'ennui, on a toujours tort. Examinez bien toutes les jeunes personnes insipides et ennuyeuses, vous les trouverez indolentes, oisives, et surtout égoïtes, ne pensant qu'à elles, et ne s'occupant jamais des autres.

Madame de Puisieux, en partant de Sillery après Noël, me ramena à Paris ; nous nous arrêtâmes quinze jours à Braine, chez la vieille comtesse d'Egmont, belle-mère de la jeune et jolie, et que nous y trouvâmes aussi. La comtesse d'Egmont avait jadis été l'amie intime de M. le Duc, premier ministre dans la première jeunesse de Louis XV ; je recueillis là, de ses conversations avec madame de Puisieux, beaucoup d'anecdotes de ce temps, et surtout sur la belle mademoiselle de Clermont, sœur de M. le Duc, et dont madame de Puisieux avait été l'amie.

Je vis, dans cette maison, le vieux marquis de Croi, qui, à l'âge de cinquante ans, avait l'air d'en avoir quatre-vingts ; il avait eu les plus grands succès auprès des femmes, et ne se consolait pas de n'être plus un homme à bonnes fortunes. Il avait conservé tous les tics de la fatuité, et l'habitude d'une toilette ridiculement recherchée.

Sur la fin de ce voyage, je vis Braine, un vrai vieillard, mais très aimable, le maréchal de Richelieu, père de madame d'Egmont la jeune. Je le regardais avec une extrême curiosité, en songeant qu'il avait vu Louis XIV, et qu'il avait vécu dans l'intimité de madame de Maintenon. Le maréchal était gracieux, rempli de douceur et de bonté ; — il avait eu à la guerre des succès qui honorent la vieillesse, et il n'était pas humilié de n'en plus avoir d'un genre frivole. Ce fut là que je lui entendis conter qu'il avait en vain dit à Voltaire, que le *Testament du cardinal de Richelieu* était parfaitement authentique, que l'original existait dans sa maison, que Voltaire n'avait voulu rétracter aucun des mensonges qu'il avait débités à ce sujet. J'avais déjà entendu dire la même chose à madame d'Egmont. Je trouvai dès lors que le maréchal aurait dû démentir par un écrit public cette fausseté historique. Mais il ne voulait pas se brouiller avec Voltaire, qui l'appelait « mon héros » ; et d'ailleurs, comme tous les gens du monde, il craignait les scènes publiques, les éclats, et surtout il redoutait la plume de Voltaire ; et c'est ainsi que de petites considérations, et la crainte qu'inspirait la coalition des encyclopédistes, ont mille fois, dans ce siècle, retenu captives d'utiles vérités.

Je passai cet hiver dans une assez grande dissipation. J'allais très peu aux spectacles, et je n'allai que deux fois au bal de l'Opéra ; mais les bals particuliers, les dîners chez madame de Puisieux, chez ma tante, les soupers privés, les visites, me prenaient beaucoup de temps.

Ce fut cette année-là que je fis mon premier roman historique, que je fondai sur un trait que j'avais lu dans la *Vie de Tamerlan*. Ce roman avait pour titre *Parisatis, ou la Nouvelle Médée* ; il était horriblement tragique, et en un volume de deux cents pages de mon écriture. M. de Morfontaine et M. de la Reynière me prêtaient des livres avec la plus grande obligeance, car je pouvais les garder tant que je voulais. Je lus dans cet hiver, avec un plaisir inexprimable, les *Pensées* de Pascal, les *Oraisons funèbres* de Bossuet, le *Carême* de Massillon. J'avais déjà lu ces immortels ouvrages ; mais apparemment que mon esprit s'était formé ; il me semblait, par l'étonnement et l'admiration qu'ils me causaient, que je les lisais pour la première fois. Je lisais ainsi ces trois sublimes écrivains : d'abord le profond Pascal pendant une demi-heure, il fortifiait ma foi par ses admirables raisonnements ; ensuite je lisais avec saisissement une trentaine de pages de Bossuet ; il m'élevait au-dessus de moi-même et de la terre ; après cela je me reposais dans le ciel avec Massillon. Le calme majestueux de son éloquence, la douceur et l'harmonie de son langage ont quelque chose de véritablement divin. Que je plains ceux qui n'aiment ni la lecture, ni l'étude, ni les beaux-arts !... J'ai passé ma jeunesse dans les fêtes et dans la plus brillante société, et je puis dire, avec une parfaite sincérité, que je n'y ai jamais goûté des plaisirs aussi vrais que ceux que j'ai constamment trouvés dans un cabinet avec des livres, une écritoire et une harpe. Les lendemains des plus belles fêtes sont toujours tristes ; — les lendemains des jours consacrés à l'étude sont délicieux ; on a gagné quelque chose, et l'on se rappelle la veille, non seulement sans dégoût ou sans regrets, mais avec la plus douce satisfaction.

Vers la moitié de l'hiver, je lus, et ce fut avec enthousiasme, l'*Histoire naturelle* de M. de Buffon ; ce style parfait m'enchanta, je l'étudiai sérieusement.

Je sentis dès lors que la perfection du style consiste dans le naturel, la clarté, la précision, l'harmonie, la correction, la propriété d'expressions. Après un examen très suivi et très réfléchi, je relus sur la fin de l'hiver mes compositions, et mon roman historique ; et, à l'exception de mes *Réflexions d'une mère de vingt ans* et de ma comédie *des Fausses Délicatesses* que je me promis de retoucher, je brûlai le tout, et j'eus grande raison, car cela était bien mauvais.

Il prit à ma tante cette année des fantaisies qui me causèrent beaucoup d'ennui ; elle voulut jouer de la harpe, et essayer de faire des vers. Je lui donnai des leçons de harpe tous les jours où j'allais dîner chez elle, et c'est une écolière qui ne m'a jamais fait honneur.

M. le duc d'Orléans était toujours aussi amoureux d'elle. M. de Montesson avait quatre-vingt-sept ans, et ma tante songeait sérieusement à la fortune qu'elle a faite depuis.

L'ambition donnait à ma tante des inventions merveilleuses, et je conterai bientôt ce détail, qui est très curieux. Je vais parler auparavant de sa société. Son amie intime était madame la présidente de Gourgues, sœur de M. de Lamoignon. C'était une personne toujours malade, et presque toujours couchée sur une chaise longue, avec une passion platonique et malheureuse pour le chevalier, depuis marquis de Jaucour, celui qu'on appelait « le clair de lune ». Madame de Gourgues était d'une pâleur remarquable, elle ne mettait point de rouge, cette pâleur allait à sa physionomie. Nous allions assez souvent souper chez elle, il n'y avait jamais à ces soupers que le chevalier de Jaucour ; et, outre ma tante et moi, tout au plus deux personnes. Ma tante y était aimable et gaie, elle faisait tout l'agrément de ces petits soupers ; quand l'ambition ou son intérêt ne s'y opposaient pas, elle avait un charmant caractère.

Le chevalier de Jaucour avait une figure très agréable, un visage rond, plein et pâle, des yeux noirs, de jolis traits, des cheveux bruns, négligés et dépoudrés, il ressemblait en effet à un clair de lune. Sa taille était noble, il avait bonne grâce. Son caractère était excellent, plein de droiture et de loyauté. Il avait fait plusieurs campagnes de guerre, étant entré au service à douze ans, il avait montré autant d'intelligence militaire que de bravoure. Son esprit était comme son caractère, sage et raisonnable. A l'un de ces soupers, ma tante dit que j'avais peur des revenants. Alors madame de Gourgues proposa au chevalier de Jaucour, de me conter « sa belle histoire de la tapisserie ». J'en avais entendu parler comme d'une chose parfaitement vraie, car le chevalier de Jaucour donnait sa parole d'honneur qu'il n'y ajoutait rien, et il était incapable de faire un mensonge, qui d'ailleurs n'aurait eu alors aucun sel.

Le chevalier, né en Bourgogne, fut élevé dans un collège à Autun. Il avait douze ans, lorsque son père qui voulait l'envoyer à l'armée sous la conduite d'un

de ses oncles, le fit venir dans son château. Le soir
même après le souper on le conduisit dans une grande
chambre où il devait coucher, on établit sur une
espèce de trépied au milieu de la chambre une lampe
allumée, et on le laissa seul. Il se déshabilla et se
mit au lit sur-le-champ, en laissant brûler la lampe.
Il n'avait nulle envie de dormir ; et, comme il avait
à peine regardé sa chambre en y entrant, il se mit
à la considérer. Ses yeux se portèrent sur la vieille
tenture de tapisserie à personnages qui se trouvait vis-
à-vis de lui ; le sujet en était bizarre ; elle représentait
un temple dont les portes étaient fermées. Sur le haut
de l'escalier de cet édifice était debout une espèce de
pontife ou de grand-prêtre, vêtu d'une longue robe
blanche ; il tenait d'une main une poignée de verges,
et de l'autre une clef. Tout à coup le chevalier, qui
regardait fixement cette figure, se frotta les yeux,
croyant avoir un éblouissement, ensuite il regarde
de nouveau, et la surprise et le saisissement le glacent
et le rendent immobile !... Il voyait cette figure se
mouvoir, et descendre gravement les marches de l'escalier !... Enfin, la voilà hors de la tapisserie et dans
la chambre, qu'elle traverse ; elle arrive tout près du
lit ; et s'adressant à ce pauvre enfant, pétrifié par la
terreur, elle lui dit bien distinctement ces paroles :
— Ces verges fustigeront un grand nombre ; quand
tu les verras s'agiter, n'hésite pas à prendre la clef
des champs que voilà... A ces mots la figure tourne
le dos, s'éloigne, se rapproche de la tapisserie,
remonte l'escalier et se remet à sa place. Le chevalier, baigné d'une sueur froide, fut pendant plus
d'un quart d'heure tellement privé de force, qu'il
était hors d'état d'appeler ; enfin on vint ; n'osant
confier cette aventure à un domestique, il dit seu-

lement qu'il se trouvait mal, et l'on resta auprès de lui tout le reste de la nuit. Le lendemain le comte de Jaucour son père, l'interrogeant sur ce qu'il avait eu la nuit, il conta sa vision. Au lieu de se moquer de lui, comme le chevalier s'y attendait, le comte l'écouta fort sérieusement, ensuite il dit : — Rien n'est plus extraordinaire, car mon père dans sa première jeunesse eut aussi dans cette même chambre, avec le même personnage représenté dans cette antique tapisserie, une scène fort étrange... Le chevalier aurait bien désiré savoir le détail de cette vision de son grand-père, mais le comte n'en voulut pas dire davantage, il ordonna même à son fils de ne lui en plus parler ; et le jour même le comte fit détendre toute cette tapisserie, qu'il fit brûler en sa présence dans la cour du château. Voilà cette fameuse histoire dans toute sa naïveté. Madame Radcliff eût été bien heureuse de la savoir, et je crois que le chevalier de Jaucour à l'époque de la Révolution se la rappela ; ce qu'il y a de certain, c'est qu'il prit la clef des champs, lorsqu'il vit les verges s'agiter. Il n'hésita pas à quitter la France.

Revenons à la société de ma tante ; sa meilleure amie, après madame de Gourgues, était la duchesse de Chaulnes, fille du duc de Chevreuse. Elle était jolie, mais elle manquait absolument d'esprit et de naturel, et elle avait mille prétentions ridicules. C'est la seule femme que j'aie connue dont on ait pu dire justement, comme de certains hommes, qu'elle avait de la fatuité. Il y en avait dans son maintien, dans ses manières, dans son ton et dans tous ses discours. Au reste, elle avait une très bonne conduite ; on l'avait mariée fort jeune à une espèce de fou, qui, le lendemain de son mariage disparut subitement pour

aller en Égypte. Il y resta plusieurs années, et à son
retour il ne voulut jamais revoir sa femme. Une autre
amie de ma tante était la princesse de Chimay douairière, personne fort insignifiante, qui n'avait ni le
mérite, ni l'élégante figure de l'autre princesse de
Chimay, si intéressante par sa conduite, sa piété,
ses vertus, et que nous avons vue depuis dame d'honneur de la reine. Les autres amies de ma tante étaient
madame de la Massais, dont j'ai déjà parlé, et la
marquise de Livri. Cette dernière était jeune, bonne
et originale ; elle était si vive et si naturelle, qu'elle
oubliait continuellement tous les usages du monde ;
elle avait trente-quatre ou trente-cinq ans. Les
femmes de cet âge portaient alors non des souliers,
mais ce qu'on appelait des mules, c'est-à-dire des
chaussures sans quartiers, qui ne renfermaient que
le petit bout du pied, le tout porté sur de hauts ta-
lons, comme nous en avions toutes dans ce temps.
Je n'ai jamais compris comment on pouvait marcher
avec ces petites pantoufles. Un soir, chez madame
de Livri, où je soupais avec ma tante, pour la première fois, et avec beaucoup de monde, madame de
Livri eut une dispute avec le marquis d'Hautefeuille,
qui était à l'autre bout de la chambre ; elle s'anima
par degrés, et enfin à tel point, que, tout à coup, elle
tira de son pied une de ses petites mules, et la lui jeta
à la tête. C'était véritablement une pantoufle de
Cendrillon, car elle avait le plus joli petit pied du
monde. Rien ne m'a jamais causé plus de surprise ;
cependant cette folie me la fit prendre en amitié ; je
lui en ai vu faire mille de ce genre, qui m'ont toujours paru charmantes, parce qu'elles étaient parfaitement naturelles, et que cette femme, si peu mesurée
dans ses discours et dans un cercle, ne ressemblait à

aucune autre, et était aussi raisonnable et aussi sage dans toutes les choses essentielles, qu'elle l'était peu dans la société.

Ma tante voyait habituellement en hommes le comte de Chabot, dont j'ai déjà parlé ; le chevalier de Coigny, qu'on appelait « Mimi », je n'ai jamais su pourquoi ; il était fort à la mode, d'une assez jolie figure : on lui trouvait de l'esprit ; je l'ai beaucoup vu, et je ne l'ai jamais entendu causer ; mais dans chaque visite il laissait un mot bon ou mauvais, que l'on citait toujours ; ce mot dit, il ne parlait plus ; il avait l'air distrait, insouciant, et en même temps étourdi, ce qui lui était particulier. Le duc de Coigny, son frère aîné, avait de la douceur, une politesse aimable, et un caractère qui le faisait généralement estimer et aimer. Le marquis de Lusignan, qu'on appelait « la grosse tête », autre ami de ma tante, était confident de toutes les femmes ; il ne fallait pour cela que de la douceur, de la discrétion, et avoir l'air de croire que toutes les intrigues étaient des passions platoniques. Le marquis d'Estréhan, déjà vieux, était dès lors le suprême confident des femmes de ce temps. Il s'était fait un droit de cette espèce de confiance : y manquer eût été à ses yeux un mauvais procédé. M. Donézan, (frère du marquis d'Husson), homme parfaitement aimable, et le seul conteur toujours amusant que j'aie connu ; M. de Pont, intendant de Moulins, très aimable aussi, qui, peu d'années après, épousa une charmante personne, mère de madame de Fontanges d'aujourd'hui ; le marquis de Clermont, depuis ambassadeur en Espagne et à Naples, célèbre par son esprit, son aimable caractère et des talents charmants ; le comte d'Albaret : tels étaient les hommes de la société intime. Elle en re-

cevait beaucoup d'autres, mais qui n'étaient que de
simples liaisons. J'ai vu plusieurs fois chez elle et
chez madame de Boulanvilliers, M. le comte de La
Marche, depuis prince de Conti, mort en Espagne ; il
était sauvage et obligeant ; il avait de la singularité et
de l'insipidité, ce que je n'ai vu qu'à lui. J'allais,
de temps en temps, comme je l'ai déjà dit, dîner ou
souper chez ma grand'mère, qui était toujours aussi
sèche pour moi. Un jour que nous arrivâmes de
bonne heure pour dîner, nous ne trouvâmes dans le
salon que sa sœur mademoiselle Dessalleux, ma
grand'tante, qui était une excellente personne. Ma
grand'mère était sortie, et ne devait rentrer qu'à
l'heure juste du dîner. Mademoiselle Dessalleux me
proposa de me faire voir le cabinet particulier de
ma grand'mère, qui était tout rempli de jolis tableaux
et d'estampes : je regardai d'abord un énorme tableau, qui était un portrait de ma grand'mère dans
sa jeunesse, et de son fils, enfant alors (le même qui
fut tué à Minden) ; la beauté de madame de La Haie
avait eu beaucoup de célébrité, mais je ne fus frappée que de la fadeur du tableau ; ma grand'mère était
représentée en Vénus et son fils en Cupidon, comme
disait mademoiselle Dessalleux. Je m'arrêtai plus
longtemps devant un charmant petit tableau peint à
ravir, qui représentait l'enlèvement d'Europe ; j'y remarquai une jolie idée : le taureau détournait de côté
sa grosse tête pour baiser un joli petit pied nu d'Europe. Je dis que je trouvais Europe très belle, mais
trop grasse : mademoiselle Dessalleux sourit, et répondit que c'était non une figure de fantaisie, mais
un portrait, et celui de la duchesse de Berry, fille
de monsieur le régent. Madame de Montesson, après
la mort de ma grand'mère, hérita de ce tableau et

le donna à M. le duc d'Orléans, qui le mit dans ses petits appartements, où on l'a vu jusqu'à la Révolution ; j'ignore ce qu'il est devenu depuis.

Je n'allai point cette année à Sillery, mais j'allai avec ma tante à l'Ile-Adam, où je jouai encore la comédie. Ma tante joua dans un opéra, dont la musique était de Monsigny, cet opéra n'a été ni joué ni gravé ; dans la suite Monsigny par dévotion le brûla. Il avait pour titre *Baucis et Philémon*, la musique en était charmante. Ma tante jouait Baucis, elle était en vieille pendant les deux premiers actes ; le rôle était fait pour sa voix, elle l'avait fort étudié ; le costume de vieille la rajeunissait, et lui donnait l'air d'avoir vingt ans ; elle eut beaucoup de succès dans ce rôle, elle le méritait.

A la première représentation de cet opéra, ma tante, après les deux premiers actes, alla s'habiller en jeune bergère ; je la suivis dans la chambre à côté du théâtre où elle fit sa toilette. Elle n'était pas contrefaite, mais elle avait une épaule infiniment plus grosse que l'autre, ce qui rendait son dos très défectueux quand rien ne cachait ou ne déguisait ce défaut, et son petit corset de bergère le laissait voir entièrement. Je l'en avertis, mais sa femme de chambre par flatterie soutint que l'habit allait en perfection. Comme ma tante paraissait le croire, je pris un miroir que je plaçai derrière elle, et je lui fis voir parfaitement dans sa glace son dos, qui était véritablement ridicule ; elle le regarda, et, à ma grande surprise, elle fut tout à fait de l'avis de mademoiselle Legrand, sa femme de chambre.

On joua trois fois cet opéra. Nous jouâmes des proverbes, je fis beaucoup de musique, je fis danser plusieurs fois avec ma harpe : ce voyage fut très brillant. Madame la princesse de Beauvau, et madame de Poix, y passèrent plusieurs jours. La première, sœur de MM. de Chabot et de Jarnac, avait, je crois, alors trente-cinq ou trente-six ans, et elle était, à mon avis, la femme la plus distinguée de la société, par l'esprit, le ton, les manières, et l'air franc et ouvert qui lui était particulier. Sa politesse était à la fois obligeante et noble ; on voyait promptement sa supériorité, on ne la sentait jamais d'une manière embarrassante. Elle avait dans toute sa personne une aisance communicative. J'ai éprouvé souvent qu'après avoir passé une demi-heure avec elle, je n'avais plus la moitié de ma timidité naturelle. Elle avait épousé par amour M. de Beauvau ; et jamais dans le monde un mari et une femme m'ont eu un maintien d'amour conjugal de meilleur goût et plus parfait.

Madame de Poix était charmante ; sa taille n'avait rien de défectueux, mais elle n'était pas belle ; et elle boitait. Elle avait une brillante fraîcheur, et le plus joli visage. Elle était gaie, naturelle, spirituelle et piquante. Tous ces avantages, qui sont en général de dangereux écueils pour les femmes, n'ont servi qu'à l'agrément de la vie de madame de Poix, sa réputation est toujours restée intacte. Je vis aussi à l'Ile-Adam madame la princesse d'Hénin, que j'avais déjà rencontrée dans le monde ; elle était fort jeune et d'une figure charmante, mais elle n'a duré qu'un moment; l'hiver d'ensuite, son teint était gâté, et elle n'était plus jolie. Elle avait dans ses manières quelque chose de trop formé pour une jeune personne de dix-huit ans ; on disait qu'elle avait de l'esprit. Je n'en ai jamais pu juger. Elle était de ces personnes qui, dans le monde, ne causent que tout bas, seulement avec leur amis, à table, où elles les font placer près d'elles, et hors de table dans l'embrasure des fenêtres, se persuadant qu'elles ne peuvent être véritablement appréciées que dans le petit cercle de leur intimité.

Nous trouvâmes encore à l'Ile-Adam la maréchale de Luxembourg et madame de Lauzun. Je ne pouvais me lasser de contempler cette dernière, qui avait la plus intéressante figure, et le plus noble et le plus doux maintien que j'aie jamais vu ; elle était d'une extrême timidité, sans être insipide; d'une obligeance, d'une bonté toujours soutenues, sans aucune fadeur ; il y avait en elle un mélange original et piquant de finesse et de naïveté. La maréchale, comme je l'ai dit, était l'oracle du bon ton. Ses décisions sur la manière d'être dans le grand monde étaient sans appel. Elle avait fait à cet égard des réflexions très fines et très spirituelles, mais que souvent elle généralisait fort mal à propos. En voici un trait comique : un matin (c'était un dimanche), nous attendions pour la messe M. le prince de Conti ; nous étions dans le salon assises autour d'une table ronde sur laquelle nous avions posé tous nos livres d'heures, que la maréchale s'amusait à feuilleter. Tout à coup elle s'arrêta sur deux ou trois prières particulières qui lui parurent du plus mauvais goût, et dont en effet les expressions étaient bizarres. Comme elle critiquait avec amertume ces prières, je lui objectai doucement qu'il suffisait qu'elles fussent dites avec piété, parce que certainement Dieu ne faisait nulle attention à ce que nous appelons un bon ou un mauvais ton. — Eh bien, madame, s'écria la maréchale très sérieusement, ne croyez pas cela... Un éclat de rire général l'interrompit. Elle ne s'en fâcha point : mais au fond elle resta persuadée que le juge suprême de tout ce qui est essentiellement bon, ne dédaigne pas de l'être aussi de notre ton et de nos manières ; et que, même dans des œuvres également méritoires, il tient toujours quelque compte de la grâce et de l'élégance.

A ce voyage, ma tante eut de fréquentes attaques de coliques, mais toujours en se retirant chez elle pour se coucher, ce qui ne la privait d'aucun des plaisirs de la société. Comme, avant de quitter le salon, elle se plaignait tout bas à ses amis, et surtout à M. le duc d'Orléans, nous la suivions dans sa chambre. Là elle se couchait sur un canapé, et gémissait pendant trois quarts d'heure, ni plus ni moins. Durant ce temps, madame de Choisi, une de ses amies et moi, nous lui faisions chauffer des serviettes dans un cabinet voisin ; M. le duc d'Orléans, les larmes aux yeux, restait auprès d'elle.

Madame de Montesson ne me fit point de confidences positives, mais plusieurs fois elle me fit entendre vaguement qu'elle avait de grandes peines de cœur ; je ne la questionnai pas, et pendant tout ce voyage nous en restâmes là.

Ma première entrevue avec Rousseau ne fait pas honneur à mon esprit, mais elle a quelque chose de singulier et de comique.

J.-J. Rousseau était à Paris depuis six mois, j'avais alors dix-huit ans. Quoique je n'eusse jamais lu une seule ligne de ses ouvrages, j'éprouvais un grand désir de voir un homme si célèbre, qui m'intéressait particulièrement comme auteur du *Devin de village*. Un jour M. de Sauvigny, qui voyait quelquefois Rousseau, me dit en confidence que M. de Genlis voulait me jouer un tour ; qu'un soir il m'amènerait l'acteur Préville déguisé en J.-J. Rousseau, et qu'il me le présenterait pour tel. Je fus trois semaines sans voir M. de Saùvigny, et au bout de ce temps il vint me dire, en présence de M. de Genlis, que Rousseau désirait extrêmement m'entendre jouer de la harpe, et que, si je voulais, il me l'amènerait le lendemain. Me croyant bien certaine que je ne verrais que Préville, j'attendis avec impatience l'heure du rendez-vous, imaginant qu'un crispin travesti en philosophe serait une chose très comique. On annonça Rousseau. J'avoue que rien au monde ne m'a paru si plaisant que sa figure, que je ne regardais que comme une mascarade. Son habit, ses bas couleur de marron, sa petite perruque ronde, tout ce costume et son maintien n'offraient à mes yeux que la scène de comédie la mieux jouée et la plus comique. L'on causa, d'une manière assez gaie. Mais de temps en temps j'éclatai de rire, et c'était avec tant de naturel et de si bon cœur, que cette surprenante gaieté ne déplut pas à Rousseau. Il dit de jolies choses sur la jeunesse en général. Je jouai de la harpe, je chantai quelques airs du *Devin de village*. Rousseau me regardait toujours en souriant, avec cette sorte de plaisir qu'inspire un enfantillage bien naturel ; et en nous quittant il promit de revenir le lendemain dîner avec nous. Quand il fut sorti, je cessai tout à fait de me contraindre et je me mis à rire à gorge déployée ; M. de Genlis, stupéfait, me considérait d'un air mécontent. « Je vois bien, lui dis-je, que vous êtes piqué ; mais, comment pouviez-vous croire que je serais assez simple pour prendre Préville pour J.-J. Rousseau ? — Préville ! La tête vous a-t-elle tourné ? — J'avoue que Préville a été d'un naturel parfait ; mais je parie, qu'à l'exception du costume, il n'a pas du tout imité Rousseau. Il a représenté un bon vieillard, très aimable, et non

Rousseau, qui certainement m'aurait trouvée fort
extravagante, et se serait formalisé d'un semblable
accueil. » A ces mots, M. de Genlis et M. de Sauvigny se mirent à rire et ma confusion fut extrême en
apprenant que très véritablement je venais de recevoir J.-J. Rousseau de cette jolie manière. Cette conduite, si niaise et si inconsidérée, me valut les bonnes
grâces de Rousseau. Il dit à M. de Sauvigny que
j'étais la jeune personne la plus gaie et la plus dénuée de prétentions qu'il eût jamais rencontrée. En
tout, il est certain que le naturel et la simplicité
avaient pour lui un charme particulier. Il avait un
sourire très agréable, plein de douceur et de finesse,
il était communicatif et je lui trouvai beaucoup de
gaieté. Il raisonnait supérieurement sur la musique.

Rousseau venait presque tous les jours dîner chez
nous, et je n'avais remarqué en lui, durant cinq
mois, ni susceptibilité, ni caprice, lorsque nous
pensâmes nous brouiller pour un sujet bizarre. Il
aimait beaucoup une sorte de vin de Sillery, couleur
de pelure d'oignon ; M. de Genlis lui demanda la permission de lui en envoyer, en ajoutant qu'il le recevait lui-même en présent de son oncle. Rousseau
répondit qu'il lui ferait grand plaisir de lui en envoyer deux bouteilles. Le lendemain matin M. de
Genlis fit porter chez lui un panier de vingt-cinq
bouteilles de ce vin, ce qui choqua Rousseau à tel
point qu'il renvoya sur-le-champ le panier tout entier, avec un billet de trois lignes qui me parut fou,
car il exprimait avec énergie le dédain, la colère et
un ressentiment implacable. M. de Genlis, confondu,
demanda à M. de Sauvigny quelle raison Rousseau
donnait de ce caprice ; M. de Sauvigny répondit qu'il
disait qu'apparemment on croyait qu'il n'avait mo-

destement demandé deux bouteilles que pour avoir un présent, que cette idée était injurieuse, etc. Je me flattai pourtant que ce singulier mouvement d'humeur se dissiperait promptement, et je sentis que tout ce que j'avais de mieux à faire était de n'avoir pas l'air de le remarquer. Je ne voulus pas faire la moindre démarche pour ramener un homme si injuste. Je ne l'ai jamais revu depuis. Deux ou trois ans après, sachant, par mademoiselle Thouin, du Jardin du Roi, dont il voyait souvent le frère, qu'il était fâché qu'il fallût des billets pour entrer dans les jardins de Mouceaux, qu'il aimait particulièrement, j'obtins pour lui une clef du jardin, avec la permission d'aller s'y promener tous les jours et à toute heure, et je lui envoyai cette clef par mademoiselle Thouin. Il me fit remercier ; et j'en restai là.

Ma tante continuait à être malade, elle désolait M. le duc d'Orléans. En même temps, M. de Montesson se mourait. Tout annonçait le dénouement souhaité. Madame de Montesson me mena plusieurs fois souper chez madame la duchesse de Mazarin, la personne la plus malheureuse en beauté, en magnificence et en fêtes qu'on ait jamais vue dans le monde.

On disait que la fée Guignon Guignolant avait présidé à sa naissance ; elle était fraîche et très belle, et ne plaisait à personne. Elle avait des diamants superbes ; quand elle les portait, on disait qu'elle ressemblait à un lustre. Ses soupers étaient les meilleurs de Paris ; on s'en moquait, parce que les mets y étaient un peu déguisés. Elle était obligeante et polie, on prétendait qu'elle était méchante. Elle ne manquait pas d'esprit, et sans cesse elle faisait et disait les choses du monde les plus déplacées. Son faste était extrême, et elle avait la réputation d'être avare ; elle donnait les fêtes les plus magnifiques, et il s'y passait toujours quelque chose de ridicule. Un jour, dans le cours de l'hiver, elle conçut l'idée de donner, dans sa superbe maison de Paris, une fête champêtre. Elle rassemble un monde énorme dans son salon nouvellement décoré et rempli de glaces, dont la plupart, placées dans des espèces de niches, occupaient tout le lambris jusqu'au parquet. A l'extrémité de ce salon était un cabinet qu'on avait rempli de feuillages et de fleurs, et, en ouvrant une porte, on devait voir à travers un transparent un véritable troupeau de moutons bien blancs, bien savonnés, défiler dans ce bocage et conduits par une bergère, danseuse de l'Opéra. Tandis que l'on préparait cette scène, et que la compagnie dansait dans le salon, les moutons s'échappèrent, on ne sait comment, et, sans chien et sans bergère, se précipitèrent en tumulte dans le salon, dispersèrent les danseurs et furent donner de grands coups de tête dans les glaces ; les bonds, les bêlements du troupeau effarouché, le bruit qu'ils faisaient en fendant et brisant les glaces, les cris et la fuite des femmes, les éclats de rire des danseurs, formèrent une scène beaucoup plus amusante que n'aurait pu l'être la pastorale, dont cet accident priva l'assemblée. Pour moi je la trouvais une bonne femme, parce qu'elle était grasse et rieuse.

Il y avait à cette époque à la cour de fort jolies femmes, entre autres la comtesse Jules, depuis duchesse de Polignac. Cette dernière avait une vilaine taille, quoique parfaitement droite, mais petite, sans délicatesse et sans élégance ; son visage eût été sans défaut, si elle avait eu un front passable ; ce front était grand, d'une forme désagréable, et un peu brun, quoique le reste de son visage fût très blanc. Quand la mode s'établit de rabattre les cheveux presque jusqu'aux sourcils, le visage de la comtesse Jules devint véritablement enchanteur ; il y avait dans sa physionomie une candeur touchante, et en même temps de la finesse ; son regard et son sourire étaient célestes. Les portraits qui restent d'elle sont très enlaidis, et ne donnent même pas l'idée de ce délicieux visage. Elle était douce et bienveillante, ses manières étaient simples, et la faveur dont elle a joui n'a jamais rien changé à son extérieur. On disait qu'elle avait peu d'esprit ; pour moi, je ne la trouvais dans la société ni bornée ni même insipide. Madame la princesse de Monaco avait alors trente-deux ans ; elle était belle encore, surtout par la fraîcheur ; son visage était trop large, et ses traits aplatis.

Je crois que ce fut cette année que le roi de Danemark vint en France. J'allai presque à toutes les fêtes qu'on lui donna, et qui furent de la plus grande magnificence. Toutes les femmes y étaient couvertes de pierreries ; celles qui n'en avaient point en empruntèrent ou en louèrent à des joailliers. Je n'ai jamais vu réunis tant de diamants, surtout à la fête donnée par le duc de Villars, et à celle du Palais-Royal. A cette dernière il y avait plus de vingt femmes dont les robes en étaient garnies. Il arriva à ce sujet une singulière chose à madame de Berchini. Elle avait beaucoup de diamants, tous empruntés, et entre autres une énorme quantité de chatons. C'étaient des diamants, montés un à un, et détachés de manière qu'on les enfilait en dessous par la monture, et on en bordait des rubans, ou l'on en formait des colliers à plusieurs rangs, que l'on serrait contre le cou. En passant pour aller souper, placée au milieu d'une longue file de femmes, madame de Berchini étouffa de son mieux un malheureux éternuement qui fit casser son collier de chatons ; elle en rattrapa quelques-uns, mais la plus grande partie tomba à terre et fut balayée par les queues traînantes des robes et des dominos. Il n'y avait pas moyen de s'arrêter pour ramasser les chatons dispersés ; il fallait suivre la file à la tête de laquelle étaient le roi de Danemarck et M. le duc d'Orléans. La pauvre madame de Berchini, qui avait très peu de fortune, se désolait en pensant qu'elle serait obligée d'acheter des chatons pour remplacer ceux qu'elle avait perdus ; sa triste aventure fit le sujet de la conversation du souper. M. le duc d'Orléans lui promit de faire chercher de grand matin avec le plus grand soin. Le lendemain, à son réveil, un garçon d'appartement du Palais-Royal lui apporta tout ce qu'on avait trouvé de chatons dans la galerie, les trois antichambres et la salle à manger ; et madame de Berchini non seulement trouva son compte, mais de plus sept petits chatons que d'autres personnes avaient perdus, et qu'on n'a jamais réclamés.

Ma grand'mère mourut à la fin de l'hiver ; non seulement elle ne me laissa pas dans son testament la plus légère marque de souvenir, mais elle emporta au tombeau la légitime de ma mère !... M. de Montesson mourut très peu de temps après. C'était un homme de la plus monstrueuse grosseur qu'on ait jamais vu. Il m'a toujours paru un très bon homme ; ma tante en comptait plaisamment mille traits d'avarice, entre autres qu'à sa fête et au jour de l'an, sa seule galanterie était de lui avancer un quartier de sa pension. Au reste il avait une fort bonne maison ; il n'y était pas gênant, car il n'y paraissait que pour se mettre à table, ne parlait presque pas, disparaissait après le repas. Il donnait à ma tante quatre chevaux, dont elle disposait uniquement, et il lui laissait une entière et parfaite liberté. Il avait soixante-dix-huit ans, et quatre-vingt mille livres de rentes, quand ma tante, dans sa dix-neuvième année, le préféra à tout autre... Ma tante, pendant sa maladie, qui dura huit jours, lui rendit les plus grands soins, mais ils furent inutiles ; il avait quatre-vingt-dix ans ; il s'éteignit doucement, et avec beaucoup de religion.

Je vis la sœur de M. de Montesson. Elle avait alors soixante-douze ans ; elle avait dû avoir une jolie figure, elle était bien faite encore, ses traits étaient délicats, et elle avait une blancheur d'une pureté étonnante à cet âge. Elle n'avait jamais voulu se marier ; par une vocation sublime elle avait, dès l'âge de douze ans, consacré tout ce qu'elle possédait aux pauvres ; quand elle fut maîtresse de sa fortune, elle se trouva trente-six mille francs de rentes ; elle se réserva douze cents francs par an, et donna constamment le reste. Elle avait pour logement deux chambres, et au troisième étage ; et, pour tout domestique, une servante : elle ne sortait que pour aller à l'église, visiter des infortunés, des prisonniers et des malades. Elle allait communément à pied, et, quand il pleuvait, en chaise à porteurs de louage. Comme elle ne faisait jamais de visites de société, je ne la connaissais que de réputation ; ma tante m'en avait parlé mille fois avec la plus grande vénération. Pendant les huit jours de la maladie de son frère, elle passa toutes ses journées avec nous ;

je ne me lassais point de la contempler. Elle était aimable, et je trouvais quelque chose de tendre dans son regard et dans ses manières ; elle vit que je l'aimais ; elle en parut touchée, elle me serrait la main, je baisais la sienne, j'aurais voulu baiser ses pieds. Je lui demandai un jour pourquoi elle ne s'était pas faite religieuse, elle me répondit : — C'est que j'aime les prisons. A propos de l'étonnement de ce qu'elle ne s'était pas enfermée pour sa vie, cette réponse me fit sourire, et m'attendrit. Je comprenais bien qu'elle avait voulu garder sa liberté pour aller consoler ceux qui en étaient privés, ou pour les délivrer.

Le soir de la nuit où M. de Montesson mourut, il parut si calme que ma tante et moi nous allâmes nous coucher à dix heures. Aussitôt que nous fûmes au lit ma tante très fatiguée s'endormit. Une espèce de terreur me tint éveillée ; chaque mouvement que j'entendais me faisait tressaillir. Enfin, à minuit trois quarts, la porte de la chambre s'ouvre, et nous voyons paraître M. de Genlis, qui sans aucune préparation déclare à ma tante qu'elle est veuve. En même temps il lui annonce que les héritiers de M. de Montesson avaient aposté tout près de la maison des gens de loi qui, avertis sur-le-champ par le Suisse, allaient venir pour mettre les scellés partout ; ma tante se lève à la hâte, passe une robe, et moi je reste dans le lit en entr'ouvrant le rideau afin de voir tout ce qui se passe. Le commissaire en grande robe noire arrive avec deux ou trois hommes, il met les scellés dans la chambre ; au moment où cela finissait, ma tante et M. de Genlis passent dans un salon voisin, ce qui commence à me causer un peu d'émotion, par l'appréhension de me trouver seule dans cette chambre ; tout à coup les adjoints du commis-

saire vont dans le cabinet et le commissaire lui-
même se dispose gravement à les suivre, alors je
perds la tête, je m'élance hors du lit, j'attrape le
commissaire par sa robe en m'écriant : — Monsieur
le commissaire, ne m'abandonnez pas. Au même instant, confuse de me trouver en chemise, je m'enve-
loppe parfaitement dans la longue queue du commissaire, qui me prit pour une folle. M. de Genlis,
ma tante, tout le monde accourt, on ne peut s'empêcher de rire et même aux éclats ; jamais des scellés
n'ont été posés aussi gaiement. On vint m'habiller
dans le manteau du commissaire, dont je ne me séparai que lorsqu'on m'eut donné un jupon et une
robe.

Nous partîmes pour Vincennes ; nous y passâmes
dix jours chez ma grand'tante, mademoiselle Dessaleux, qui, depuis la mort de ma grand'mère, avait
obtenu dans le château un grand et magnifique logement. M. le duc d'Orléans vint voir ma tante à
Vincennes ; je crois que M. le duc d'Orléans, depuis
la mort de M. de Montesson, craignait les desseins
de ma tante. N'ayant personne à Vincennes à qui
elle pût parler, elle me prit enfin pour sa confidente,
mais à sa manière, en voulant me tromper sur mille
choses. Je la connaissais, et je ne fus sa dupe en
rien. Quand une fois on a la clef des caractères ar-
tificieux on les devine plus facilement que les autres.
Ma tante m'assurait qu'elle était dépourvue de toute
ambition, qu'elle ne faisait cas que du repos et de
l'indépendance ; qu'étant jeune, ayant une existence
agréable dans le monde, et quarante mille livres de
rentes, si elle faisait, avec son caractère, la folie de
se remarier, tous les sacrifices seraient de son côté,
qu'elle ne ferait qu'au plus grand sentiment, ou pour

arracher au désespoir un être estimable, dont elle aurait parfaitement éprouvé la constance. Il me resta de toutes ces phrases la certitude que ma tante avait la ferme résolution de tout tenter, de tout faire pour épouser M. le duc d'Orléans. — On me suppose des projets que je suis incapable de former, disait-elle, je prouverai que je n'ai nulle envie de le séduire, je le livrerai à lui-même, je vais aller à Barèges.

En prenant cette décision, ma tante imagina que M. le duc d'Orléans ne pourrait supporter son absence, et que cette épreuve lui ferait connaître qu'il lui était impossible de se passer d'elle.

C'était une chose plaisante que la manière dont ma tante causait avec moi de toute cette affaire. Elle ne me trouvait pas dépourvue d'esprit, elle ne remarquait que l'espèce d'enfantillage que j'avais naturellement, ma simplicité à quelques égards, ma figure plus jeune que mon âge, ma timidité dans le grand monde, ma gaieté folle quand j'étais à mon aise, ma peur des revenants, et elle ne voyait en moi qu'une jolie enfant, une Agnès un peu façonnée par le monde. Nous revînmes à Paris, d'où elle devait partir pour Barèges.

La simplicité que me trouvait ma tante l'engageait sans cesse à me rendre témoin des artifices les plus raffinés ou les plus puérils. Elle persuadait à M. le duc d'Orléans qu'elle ne dormait plus, ne mangeait plus. Il est vrai qu'elle ne se mettait plus à table ; mais, sans lui servir des repas en règle, on lui apportait à manger cinq ou six fois par jour. Un soir que j'étais chez elle, et que nous n'attendions point M. le duc d'Orléans, mademoiselle Legrand, sa femme de chambre, entra en tenant une grande écuelle de vermeil qui contenait une copieuse rôtie au vin. Ma tante, négligemment et d'un air dégoûté, prit l'écuelle sur ses genoux, et, par un effort de raison, elle se mit à manger la rôtie, dont il ne restait plus que le tiers lorsqu'on entendit un carrosse entrer dans la cour. Je me précipite à la fenêtre, et j'annonce M. le duc d'Orléans. Aussitôt ma tante sonne. Mademoiselle Legrand arrive en disant que M. le duc d'Orléans la suit. Ma tante ne songe qu'à se débarrasser promptement des débris de la rôtie au vin ; elle ordonne de l'emporter ; ensuite, pensant qu'on va rencontrer M. le duc d'Orléans, elle rappelle mademoiselle Legrand, et lui dit de mettre la fatale écuelle avec son couvercle, sous son lit. On obéit. Au même instant, les deux battants de la porte s'ouvrent, et M. le duc d'Orléans paraît. Il sentit l'odeur du vin, et ma tante convint qu'elle en avait pris une petite cuillerée. Son air exténué et languissant, durant cette visite, me donna plusieurs fois des envies de rire que j'eus de la peine à réprimer.

Ma tante voulut me garder dans sa maison jusqu'à son départ pour Barèges. Elle me donna l'appartement de M. de Montesson, en me disant que ma femme de chambre aurait un lit de sangle posé à côté du mien. Nous étions aux premiers jours d'avril ; M. de Genlis venait de partir pour son régiment. Nous revînmes de Vincennes à la nuit. Ma tante voulut sur-le-champ m'installer dans mon logement, qui était au rez-de-chaussée ; elle me demanda si j'avais peur d'y entrer. J'assurai que non ; et, pour prouver ma bravoure, je dis qu'on n'avait qu'à me suivre, et que j'entrerais la première et sans lumière. Je fis mettre derrière moi le valet de chambre, qui portait

deux bougies, et je m'avançai hardiment dans l'antichambre ouverte ; mais, à peine y eus-je mis le pied,
que je fis un saut en arrière en poussant un cri per-
çant ; je venais de sentir bien distinctement une
grande main froide et décharnée s'appliquer tout entière sur mon visage, en me repoussant avec force...
Je tombai presque évanouie dans les bras de ma
tante, qui fut très effrayée de l'état convulsif où
j'étais. Elle vit bien qu'il m'était arrivé quelque chose
de très singulier. Elle me questionna. Je répondis, en
mots entrecoupés, qu'une main de squelette m'avait
repoussée. Le valet de chambre entra avec les lumières, et il donna sur-le-champ l'explication du prétendu prodige. C'était un oranger desséché, dont une
branche sèche et roide, s'étendant devant la porte,
s'était trouvée à la hauteur de mon visage, et m'a-
vait causé cette étrange frayeur. Cette branche faisait
véritablement l'illusion d'une main de squelette.
Tout le monde en essaya l'effet, et l'on convint que
dans l'appartement d'un mort, et avec la peur des
revenants, cette branche équivalait à la plus terrible
apparition.

Ma tante partit pour Barèges, en me disant que
M. le duc d'Orléans irait beaucoup me voir jusqu'au
moment où madame de Puisieux m'emmènerait à
Sillery ; elle ajouta qu'à l'âge qu'avait M. le duc
d'Orléans, et avec l'attachement qu'on lui connaissait pour elle, je pouvais le recevoir sans inconvénient. Ma tante me recommanda expressément de
lui parler beaucoup d'elle, et de lui rendre compte
de nos entretiens dans nos lettres. Elle me répéta
qu'elle désirait qu'il se guérît promptement de sa
passion. Je lui demandai quel parti elle prendrait si
cette passion était indomptable. — Ah ! dit-elle, qui

peut le prévoir ?... Je sais seulement que ma destinée sera bouleversée. J'entendis ce que cela voulait dire, et je me promis de conter ce détail à M. le duc d'Orléans, car elle m'avait permis de lui dépeindre naïvement l'état de son cœur. Je désirais que tout cela réussît, d'abord parce qu'il m'était prouvé que ma tante le souhaitait passionnément, ensuite parce que je n'étais pas indifférente au plaisir d'avoir une tante mariée à un prince du sang.

M. le duc d'Orléans vint me voir le lendemain du départ de ma tante. Ne me connaissant que sur le rapport de ma tante, il me regardait comme une jeune personne naïve, agréable et spirituelle, mais incapable d'observer et de faire une réflexion. L'idée de ces tête-à-tête m'embarrassait un peu. M. le duc d'Orléans entra d'une manière qui me fit rire, il m'apportait une grande quantité de boîtes de sucre d'orge de Fontainebleau. Cette attention me mit de bonne humeur, et M. le duc d'Orléans s'amusa beaucoup de la vivacité de ma reconnaissance. Cependant, au bout d'un quart d'heure, il se ressouvint qu'il était affligé du départ de ma tante. Il m'en parla, mais je ne vis dans son cœur ni passion, ni même un véritable attachement. Sa visite ne dura que trois quarts d'heure ; il me dit, en me quittant, qu'il reviendrait le surlendemain. La seconde visite fut très animée ; nous parlâmes d'abord de ma tante, je vantai son attachement pour lui ; M. le duc d'Orléans m'écouta avec l'air tout étonné de m'entendre raisonner sérieusement. Il me dit fort tristement qu'il n'avait jamais été aimé pour lui-même. M. le duc d'Orléans me conta la manière dont il devint amoureux de ma tante, elle est plus singulière que romanesque. Il la trouvait charmante, me dit-il, mais ils étaient fort cérémonieusement ensemble ; loin d'en être amoureux, il était dans ce moment occupé d'une autre femme ; c'était au premier voyage qu'elle fit à Villers-Cotterets. Un jour, à la chasse du cerf dans la forêt, madame de Montesson était à cheval, M. le duc d'Orléans se trouva auprès d'elle dans un moment où la chasse allait tout de travers, et où l'autre femme qui suivait aussi la chasse à cheval, était assez loin dans une autre allée. Un des chasseurs proposa à M. le duc d'Orléans d'attendre là quelques minutes, pendant qu'il irait en avant prendre quelques informations sur le cerf et les chiens ; M. le duc d'Orléans y consentit, et il descendit de cheval avec ma tante, pour aller s'asseoir à quelques pas, à l'ombre, dans un endroit qui leur parut joli. M. le duc d'Orléans était fort gras, la chaleur était étouffante ; le prince, en nage et très fatigué, demanda la permission d'ôter son col ; il se met à l'aise, déboutonne son habit, souffle, respire avec tant de bonhomie, d'une manière et avec une figure qui paraissaient si plaisantes à ma tante, qu'elle fait un éclat de rire immodéré en l'appelant gros père, et ce fut, dit M. le duc d'Orléans, avec une telle gentillesse, que de ce moment elle lui gagna le cœur, et il en devint amoureux. Ce trait-là n'est pas du siècle de Louis XIV, mais le goût n'avait déjà plus la même noblesse et la même élégance.

Les lettres de M. le duc d'Orléans à ma tante, pendant son voyage en France, ne furent pas satisfaisantes. Ma tante ne pouvait cacher son dépit ; elle disait, en parlant de M. le duc d'Orléans : « cet homme léger », je ne pus m'empêcher de rire de cette expression, si impropre au moral ainsi qu'au physique. J'écrivis à ma tante pour lui dire qu'elle était toujours adorée, et en même temps pour l'exhorter à ne pas prolonger son absence. Elle suivit ce conseil.

Je reçus pendant plus d'un mois, avec assiduité, les visites de M. le duc d'Orléans. Durant ce temps, il y eut à la cour une fête, un grand bal masqué. M. le duc d'Orléans me demanda d'engager madame de Puisieux à m'y mener, et il m'y donna rendez-vous. J'y allai en domino paré, avec seulement un petit masque qui ne cachait que les yeux et le nez ; on appelait cela un loup. Madame de Puisieux mena avec moi madame de Saint-Chamand sa nièce, et le marquis de Bouzoles pour nous donner le bras. Nous nous établîmes sur une banquette, dans la salle où il y avait le moins de monde. Au bout d'une demi-heure, M. le duc d'Orléans, très masqué en domino noir, nous arriva : il n'était pas difficile à reconnaître dans ce déguisement ; il avait la forme d'une grosse tour. Il proposa de me mener dans les autres pièces, en promettant de me ramener dans une heure. Je me mis sous sa garde, et comme nous cheminions ensemble, un masque, en jetant les yeux sur lui, s'écria : — Laissez passer la cathédrale de Reims ; ce qui excita un rire général, et même celui de M. le duc d'Orléans, qui dit que cette ressemblance respectable était excellente dans une telle foule. En effet, nous traversâmes heureusement deux grandes pièces ; mais au milieu de la troisième, qui précédait celle où se trouvait la famille royale, on m'arracha subitement du bras de M. le duc d'Orléans. Je me trouvai poussée, ballottée, pressée ; mes pieds ne touchaient plus la terre. Ma frayeur était au comble, lorsqu'un domino bleu, très grand et très svelte, force tous les obstacles, se précipite vers moi,

me saisit comme un mannequin, avec une impétuosité qui ressemblait à la fureur, me transporte dans
la salle royale, où l'on était assez à l'aise. Enfin je
reprends ma respiration ; je veux exprimer ma reconnaissance à mon libérateur, il me répond, et je reconnais le vicomte de Custines, le beau-frère de mon
amie, arrivé depuis huit jours de la Corse.

Lorsque je fus un peu remise de ma frayeur, je
demandai à être reconduite auprès de madame de Puisieux, nous ne retournâmes point d'où nous venions ;
l'on me fit passer d'un autre côté par des dégage-
ments. Nous y trouvâmes une jolie femme que l'on
rapportait blessée sans connaissance, comme d'un
champ de bataille, de la foule horrible où nous
avions passé. Cette pauvre jeune femme était tombée,
on l'avait foulée aux pieds ; elle était dans un état
pitoyable. On appela un chirurgien, et elle fut saignée dans les appartements mêmes. M. le duc d'Orléans partit pour Villers-Cotterets le 6 mai, et madame de Puisieux, quelques jours après, m'y mena
pour y passer douze jours. Nous y trouvâmes beaucoup de monde, entre autres la marquise de Boufflers, mère du fameux chevalier de Boufflers : elle
était spirituelle et piquante. Madame de Boisgelin,
n'était ni l'un ni l'autre, ce qui, dans cette famille,
avait l'air d'une distraction. Le comte de Maillebois
était à ce voyage ; il passait pour avoir beaucoup
d'esprit ; je ne m'en suis jamais aperçue. M. de Cas-
tries, depuis maréchal de France : j'aimais beaucoup
ses manières et sa conversation. Le baron de Bezen-
val, que j'avais déjà rencontré mille fois dans le
monde : il était de l'âge de M. le duc d'Orléans ; mais
il avait encore une figure charmante et de grands
succès auprès des femmes. D'une ignorance extrême,

et hors d'état d'écrire passablement un billet, il n'avait précisément que l'esprit qu'il faut pour dire des riens avec grâce et légèreté.

Le marquis du Châtelet, et sa femme, étaient aussi de ce voyage. La marquise du Châtelet était l'une des plus estimables personnes de la cour, et l'on peut dire la même chose de son mari. Monsieur et madame de la Vaupalière passèrent aussi à Villers-Cotterets tout le temps que nous y séjournâmes. Sans la passion du jeu, M. de la Vaupalière aurait été fort aimable. Il aurait dégoûté nos romantiques de la rêverie ; il était excessivement rêveur, mais il ne rêvait qu'au jeu. Sa femme était charmante, quoiqu'elle eût plus de quarante ans ; elle avait des grâces qui ne vieillissent point, du naturel, de la naïveté dans l'esprit, de l'originalité, et le caractère le plus égal et le plus aimable.

Je connus là tout l'avantage d'avoir pour mentor une personne qui a un véritable désir de faire valoir celle qu'elle mène dans le monde. J'eus beaucoup de succès, non pas seulement pour la harpe, le chant et les proverbes, mais on loua mon esprit, ma conversation (qui pourtant étaient fort ordinaires). Quand je voulais le soir, suivant ma coutume, me retirer à onze heures, on me retenait de force ; on relevait avec éloge ce que je disais, on en citait des traits le lendemain, et le plus souvent ces prétendus bons mots n'en valaient pas la peine. Je devais tous ces succès à madame de Puisieux, et à M. le duc d'Orléans, qui ne tarissait pas sur les récits de mes gentillesses. On eut peine à nous laisser partir au bout de douze jours. J'avais beaucoup parlé de ma tante à M. le duc d'Orléans, en nous promenant à Villers-Cotterets. Une lettre qui lui apprit qu'elle reviendrait sous trois semaines, le réchauffa pour elle et il reprit sa passion, de peur d'être boudé. En quittant Villers-Cotterets nous allâmes à Sillery.

Nous retournâmes à Paris dans les derniers jours d'octobre. Ma tante était de retour de Barèges ; les eaux l'avaient guérie. Ma tante me parla avec autant de confiance que son caractère lui permettait d'en avoir. M. le duc d'Orléans lui offrait de l'épouser secrètement ; ma tante lui montra une délicatesse dont je fus la dupe quelque temps, mais qui n'était au fond qu'une combinaison et un calcul d'ambition. Elle déclara avec emphase à M. le duc d'Orléans qu'elle ne l'épouserait qu'avec le consentement du prince son fils, le duc de Chartres. M. le duc d'Orléans aimait son fils autant qu'un homme d'une faiblesse excessive peut aimer. Il lui confia sur-le-champ son secret, en lui vantant extrêmement la grandeur d'âme de madame de Montesson. Il n'était encore question que d'un mariage très secret. M. le duc de Chartres n'aimait pas madame de Montesson. Elle avait avec lui, pour lui plaire, des accès de gaieté, des rires éclatants et des manières enfantines et caressantes qu'il appelait des mièvreries ridicules. Ce prince avait le défaut de prendre dans une véritable aversion, non ce qui méritait l'indignation et le mépris, mais ce qui manquait de grâce, de goût ; et ce qui lui paraissait ridicule. Il répondit avec respect, mais froidement, à M. le duc d'Orléans, qu'un fils n'avait point de consentement à donner à un père. Ma tante se décida à lui parler ; elle lui fit une scène de tendresse qui embarrassa beaucoup M. de duc de Chartres ; et comme elle persistait toujours à lui demander son consentement, M. le duc de Chartres lui répondit qu'il le donnerait de bon cœur, s'il

était sûr que la résolution de son père fût véritablement inébranlable, ce que le temps seul pouvait lui
prouver. Ma tante s'écria qu'elle désirait aussi une
longue épreuve et proposa deux ans. M. le duc de
Chartres approuva de très bonne grâce et se retira en
lui disant qu'il la priait de lui faire connaître par
écrit la décision de M. le duc d'Orléans.

Madame de Montesson affecta d'être parfaitement
contente de M. le duc de Chartres ; elle confia à plusieurs personnes qu'il consentait à son mariage avec
M. le duc d'Orléans, mais elle ne parla point de
la condition imposée. Quand tout ceci fut bien ar-
rangé, elle ne perdit pas de temps pour faire une
nouvelle déclaration à M. le duc d'Orléans ; lui annonça qu'elle ne l'épouserait qu'avec le consentement par écrit du roi. En ceci ma tante eut raison,
un mariage clandestin est véritablement honteux
quand ce n'est pas l'amour qui le forme.

Monsieur le dauphin (depuis l'infortuné Louis XVI)
venait de se marier, on parlait du mariage de Monsieur, et M. de Puisieux demanda au roi pour moi
la promesse d'une place de dame auprès de la fu-
ture Madame. Le roi le promit, le maréchal d'Etrée
en remercia publiquement le roi, et j'en reçus
des compliments. Madame de Montesson prit ce
prétexte pour se faire présenter à la cour, où elle
n'avait jamais été, quoique sa naissance lui en donnât le droit. J'allai à la présentation de ma tante, et
je m'amusai beaucoup ce jour-là, parce que c'était
justement celui de la présentation de madame du
Barri. Nous la rencontrâmes partout, elle était mise
magnifiquement et de bon goût. Au jour sa figure
était passée et des taches de rousseur gâtaient son
teint. Son maintien était d'une effronterie révoltante ;

ses traits n'étaient pas beaux, mais elle avait des cheveux blonds d'une couleur charmante, de jolies dents et une physionomie agréable. Elle avait beaucoup d'éclat à la lumière. Le soir au jeu nous arrivâmes quelques minutes avant elle. Quand elle entra toutes les femmes qui étaient contre la porte se jetèrent les unes contre les autres du côté opposé, pour ne pas se trouver assises près d'elle ; de sorte qu'il y eut entre elle et la dernière femme du cercle l'intervalle de quatre ou cinq pliants vides. Elle vit avec le plus grand sang-froid ce mouvement si marqué ; rien n'altéra son imperturbable effronterie.

Mais revenons à ma tante et à M. le duc d'Orléans ; ce dernier ne voyait rien de pressé dans la démarche qu'il devait faire auprès du roi ; mais ma tante lui dit qu'il fallait toujours avoir ce consentement dans son portefeuille. Au moment de faire la démarche, M. le duc d'Orléans assura que le roi recevrait mal cette demande, et qu'il ferait un refus positif. Madame de Montesson soutint le contraire. Le roi refusa d'abord et fort sèchement ; M. le duc d'Orléans insista avec tant de chaleur, qu'enfin, après un long tête-à-tête, il obtint le consentement par écrit, sous la condition que ma tante ne changerait point de nom, ne s'attribuerait aucune espèce de prérogative de princesse du sang, ne déclarerait point son mariage, et ne paraîtrait jamais à la cour.

M. le duc d'Orléans revint tout triomphant à Paris ; nous l'attendions avec une extrême impatience. Enfin, il arriva ; sa physionomie annonçait un éclatant succès ; ma tante avait elle-même proposé les conditions, cependant je vis qu'elle en était choquée.

Ma tante fut rêveuse et préoccupée toute cette journée.

M. le duc d'Orléans prit l'humeur de madame de Montesson pour de la sensibilité et rien ne troubla sa satisfaction.

Après de rapides réflexions, ma tante dit à M. le duc d'Orléans que l'écrit du roi n'était rien, si l'on différait à en profiter, que Louis XIV s'était rétracté pour Mademoiselle de Montpensier, que l'on avait plus à craindre encore pour un si long délai. M. le duc d'Orléans montra de justes craintes du mécontentement de son fils ; ma tante répondit que l'on prendrait toutes les précautions nécessaires pour lui cacher ce secret, et enfin il fut décidé que le mariage secret se ferait sur-le-champ. On montra à l'archevêque le consentement du roi, et ce fut lui, qui, à minuit, leur donna secrètement, dans sa chapelle, la bénédiction nuptiale. Les témoins furent le vicomte de La Tour du Pin et M. de Damas, chambellans de M. le duc d'Orléans. Le secret leur fut demandé ; ils le gardèrent trois semaines, et n'en convinrent ensuite que parce que la vanité de madame de Montesson le confia à plusieurs personnes, et en outre le trahit de mille manières.

A l'imitation de madame de Maintenon, qui regardant avec raison toute espèce de titre au-dessous d'elle, n'en voulut plus après avoir épousé Louis XIV, ma tante rejeta le titre de marquise qu'elle avait toujours porté ; elle ordonna dans sa maison, et elle pria ses amis de ne plus l'appeler que madame de Montesson tout court. M. le duc d'Orléans, persuadé par elle qu'il y avait de la dignité à ne point cacher ce qui était, la fit traiter en princesse par tous ses chambellans. M. le duc de Chartres apprit bientôt la vérité ; sa colère fut extrême, il eut une explication avec M. le duc d'Orléans, il montra beaucoup

d'indignation et de ressentiment, M. le duc d'Orléans
se fâcha : ils furent quinze jours sans se voir.

M. le duc de Chartres avait déclaré qu'il ne met-
trait jamais les pieds chez madame de Montesson ;
néanmoins il y retourna, il y soupa deux ou trois
fois dans l'hiver, ce qui a continué tous les ans.
Cette conduite était indulgente et convenable ; mais
elle ne satisfit nullement ma tante. Elle aigrit de
plus en plus son père contre lui. Les plus funestes
préventions prises contre ce malheureux prince ont
été données par elle.

Bientôt après, le mariage de M. le duc de Chartres
avec la fille du duc de Penthièvre fut décidé.

Madame de Montesson, par un motif particulier
qui ne se rapportait qu'à elle, désirait extrêmement
que j'entrasse au Palais-Royal, et elle n'avait nul besoin d'employer son crédit pour cela ; M. le duc
d'Orléans le désirait personnellement ; je lui plaisais, et il pensait que je ne serais pas tout à fait
inutile à l'agrément des longs voyages de Villers-Cotterets. D'ailleurs, j'avais beaucoup de droit pour prétendre à une place auprès de madame la duchesse
de Chartres ; la réputation de légèreté et de galanterie de M. le duc de Chartres avait donné à M. le
duc de Penthièvre le plus grand éloignement pour
cette alliance. M. de Puisieux, avec beaucoup de zèle
et de persévérance, parvint à le décider. M. le duc
d'Orléans reconnaissait hautement lui devoir cette
obligation. Ma tante me dit qu'il ne tiendrait qu'à
moi d'avoir une place de dame au Palais-Royal si je
la demandais.

Je trouvais la duchesse de Chartres charmante de
figure et de caractère, car on n'a jamais vu de jeune
princesse plus naturellement obligeante et d'une

bonté plus parfaite. Je confiai à madame de Puisieux, à qui je n'en avais jamais parlé, tout ce qu'on m'avait dit à ce sujet ; je lui détaillai tous les avantages de cette place quand on avait des enfants : des régiments dont les princes disposaient, et qui étaient toujours donnés aux enfants ou aux gendres des dames ; leurs propres places qu'elles pouvaient céder à leurs filles ou à leurs brus, la protection des princes, etc. Madame de Puisieux m'écouta attentivement ; elle fut combattue par deux idées : l'une, de notre séparation, et l'autre des succès brillants qu'elle se figurait que je devais avoir dans une cour célèbre par sa magnificence, son bon goût et son éclat. Quoiqu'elle eût été jadis la plus charmante personne de la cour, par son esprit et par sa rare beauté, je suis bien sûre qu'elle n'avait jamais eu pour elle la vanité qu'elle avait pour moi ; elle y sacrifia, dans cette occasion, son bonheur et le mien !

Je pourrais dire que je ne fus déterminée que par l'intérêt de mes enfants, que cette résolution me coûta et qu'elle fut un sacrifice maternel : il est certain que je comptais pour beaucoup les avantages brillants que j'en pouvais retirer pour l'établissement de mes enfants, mais quand je n'aurais point eu d'enfants, j'aurais désiré cette place.

J'avais pour madame de Puisieux une affection véritablement filiale. Malgré la peine extrême qu'elle éprouvait à se séparer de moi, elle engagea M. de Genlis à faire la démarche nécessaire pour cette place, qui était de la demander à M. le duc d'Orléans. M. de Genlis ne s'en souciait pas, et il déclara qu'il ne consentirait à me laisser entrer au Palais-Royal, que s'il y était attaché lui-même. Il demanda et obtint la place de capitaine des gardes de M. le duc de Chartres ; c'était une des premières places de la maison ; elle valait six mille francs ; j'eus en même temps celle de dame, qui en valait quatre. Au fond de l'âme, j'étais charmée d'entrer dans cette cour brillante, dont le bon air et l'élégance m'avaient séduite ; je portais au Palais-Royal une réputation irréprochable, et j'allais commencer une nouvelle carrière. J'y voyais confusément beaucoup d'écueils et de dangers ; mais j'y voyais de l'éclat..., et je me laissais entraîner par la vanité, par la curiosité et par la présomption. Enfin le jour où je devais entrer au Palais-Royal arriva.

Comme mon logement n'était point encore prêt, je logeai d'abord dans ce qu'on appelait les petits appartements de M. le Régent. Ils avaient encore les mêmes décorations ; tous les panneaux et l'alcôve de la chambre à coucher étaient en glaces, avec des baguettes dorées ; ils étaient au bout de la grande galerie, au premier, et ils avaient un petit escalier dérobé et une petite porte qui donnait sur la rue de Richelieu : ce fut par là que j'y entrai. En tournant dans cette rue, mon cocher, voulant couper un fiacre, passa sur une borne. La secousse fut très violente ; je crus que nous versions et que nous allions être fracassés, et je m'écriai : — Grand Dieu ! quel présage ! mais j'en fus quitte pour la peur. J'entrai dans cet appartement, que je n'avais jamais vu, avec une tristesse et un serrement de cœur inexprimables. Je m'assis dans la chambre, et toutes ces glaces, toute cette magnificence de boudoir me déplurent à l'excès.

La société du Palais-Royal était alors la plus brillante et la plus spirituelle de Paris.

Il y avait en femmes madame de Blot, dame d'honneur de la princesse. Elle n'était plus jeune, mais elle avait encore une grande élégance par sa jolie taille et sa manière de se mettre. Il y avait en elle deux personnes fort différentes : quand elle se trouvait dans l'intérieur d'une petite société, et sans prétentions, elle était gaie, rieuse, naturelle et fort aimable ; quand elle voulait paraître et briller, elle devenait affectée, elle dissertait au lieu de causer, elle soutenait des thèses fort ennuyeuses sur la sensibilité et l'élévation des sentiments. Si l'avarice pouvait laisser quelque grandeur dans le caractère, madame de Blot aurait pensé noblement ; mais j'ai connu peu de personnes plus intéressées et plus ambitieuses ; enfin, elle attachait la plus grande importance aux manières, au bon ton et à la politesse. Mes autres compagnes étaient madame la vicomtesse de Clermont-Gallerande, auparavant comtesse des Choisi, remariée nouvellement en secondes noces. Elle avait fort mal vécu avec son premier mari, tué à la bataille de Minden ; elle était, à sa mort, fort jeune et fort belle ; elle n'avait point de fortune ; M. de Clermont, chambellan de M. le duc d'Orléans, l'épousa par amour, malgré ses parents, et surtout parce que M. le duc d'Orléans le voulait. Madame des Choisi était belle encore, mais peu agréable et surtout trop grasse. Je n'ai jamais connu de femme plus humoriste et plus capricieuse. Quoiqu'elle eût peu d'esprit, elle avait quelquefois des saillies originales et plaisantes ; il y avait en elle du naturel, de la singularité, quelque chose de piquant ; elle contait quelquefois très agréablement. Elle fut mariée très jeune à M. des Choisi, qui était beaucoup plus âgé qu'elle, et dont l'extérieur, dit-on,

avait quelque chose de repoussant et de rébarbatif,
madame des Choisi contait de lui, et d'une manière
très plaisante, plusieurs anecdotes, entre autres celle-
ci : mariée depuis dix-huit mois, elle entrait dans
sa seizième année lorsque M. des Choisi, qui venait d'acheter une terre à cinquante lieues de Paris,
voulut y aller passer huit mois et y emmener sa
femme avec lui ; madame des Choisi qui n'avait
jamais quitté le Palais-Royal, fut au désespoir d'aller
se confiner dans un vieux château ; elle regarda ce
voyage comme l'acte du plus barbare et du plus
intolérable despotisme ; montée en voiture, elle es-
suya ses pleurs et n'osa plus se plaindre, car M. des
Choisi, disait-elle, avec son mouchoir cramoisi noué
autour de sa tête (c'était son costume de voyage),
avait une figure si terrible et lui lançait des regards si foudroyants, que l'effroi qu'il lui inspirait
lui fit presque oublier ses douleurs. Au milieu de
la première journée on passa dans une ville dont
M. des Choisi, qui était curieux, voulut aller voir
les monuments ; il proposa à sa femme de le suivre.
Elle répondit qu'elle était déjà si fatiguée, qu'elle
n'avait besoin que d'un peu de repos : il la déposa
à l'auberge de la poste. Lorsqu'elle fut seule dans une
chambre, elle se livra, sans contrainte, à toute l'impétuosité de son chagrin ; un demi-quart d'heure
après l'hôtesse survint pour lui offrir quelques rafraîchissements, et elle fut étrangement surprise,
en voyant cette jeune dame gémissante et baignée
de larmes ; elle l'interrogea ; et madame des Choisi
imagina de lui faire croire qu'elle était enlevée par
un vilain Turc, qui la conduisait dans son sérail à
Constantinople. L'hôtesse fut également épouvantée
et touchée de ce récit : — Cela ne m'étonne pas !

s'écria-t-elle ; ce Turc ne se gêne pas ; car il n'a même pas quitté son turban, qui nous a paru si singulier. Elle proposa de s'adresser aux magistrats, et de faire arrêter ce méchant Turc ; madame des Choisi s'y opposa, en disant qu'elle était résignée à son sort. L'hôtesse insista ; madame des Choisi, afin de se débarrasser d'elle, lui demanda un quart d'heure pour faire ses réflexions, assurant que le Turc ne reviendrait que dans trois heures. L'hôtesse alla répandre l'alarme dans toute la maison ; et les servantes et les valets jurèrent qu'ils ne souffriraient pas que le Turc emmenât la jeune dame pour en faire une « hérétique païenne ». M. des Choisi revint quelques instants après ; on lui déclara nettement qu'il n'enlèverait pas la jeune personne, que l'hôtesse et toute sa maison la prenaient sous leur protection, et qu'il pouvait retourner tout seul en Turquie. M. des Choisi appela ses deux domestiques ; et, comme le tumulte rendait toute explication impossible, on se disposait à combattre, lorsque madame des Choisi, qui avait entendu tout le bruit, parut inopinément, en conjurant l'hôtesse et les domestiques de mettre bas les armes. On obéit d'autant plus promptement, que le couteau de chasse tiré de M. des Choisi, son air intrépide, et celui de ses deux domestiques avaient déjà fort ébranlé le courage des assaillants.

M. des Choisi questionna sa femme ; elle avoua tout en présence de l'hôtesse, qui fut toujours persuadée de la véracité du premier récit, fait par une dame si jeune et si naïve.

La comtesse de Polignac, fille de la comtesse de Rumin, était, après moi, la plus jeune des dames de madame la duchesse de Chartres ; elle était veuve

depuis deux ans. La comtesse de Polignac n'était
pas jolie, mais l'extrême petitesse de sa taille, un
pied imperceptible, de petites mains charmantes,
une physionomie agréable et quelque chose d'enfantin dans ses manières donnaient à toute sa personne de la grâce et de la gentillesse.

Il y avait encore au Palais-Royal quelques dames
qui avaient été attachées à la feue duchesse d'Orléans ;
elles avaient conservé leurs logements, et elles venaient souvent dîner et souper chez la jeune princesse. L'une de ces dames était madame la marquise
de Barbantane, de l'âge de madame de Blot, et l'une
de ses amies intimes. Elle avait été dame de la feue
duchesse, et depuis gouvernante de madame la duchesse de Bourbon, sœur de M. le duc de Chartres.
La jeune princesse ne fut remise qu'à quinze ans
entre ses mains, elle y resta jusqu'à son entrée dans
le monde, qui fut deux ou trois ans après mon arrivée au Palais-Royal. On disait que madame de Barbantane avait eu une jolie figure, il ne lui en restait rien à cette époque ; elle avait le nez d'un rouge
éclatant, une tournure commune, et un maintien
sec et affecté. Elle se déclara mon ennemie dès notre
première entrevue, elle l'a toujours été depuis ; ainsi
je ne dirai rien de son caractère, je dois à cet égard
me récuser. La vieille marquise de Polignac, dont
le visage ressemblait parfaitement à celui d'un singe,
était vive, naturelle, spirituelle et piquante. Elle
connaissait parfaitement le monde, elle savait qu'il
tolère, sans les tourner jamais en ridicule, les torts
et les travers des gens d'esprit qui ont de l'audace
et qui conservent un maintien assuré dans les situa-
tions embarrassantes : un homme de beaucoup d'esprit, M. de Valence, me disait un jour : — Avec de

l'audace, de l'esprit et certaines phrases d'un effet sûr, on mène le monde.

Madame la comtesse de Rochambault, autre vieille dame, gouvernante des enfants des princes de la maison dans leur première enfance, était déjà fort âgée, mais elle avait la plus belle vieillesse que j'aie vue. C'était la récompense d'une vie sage, pure, irréprochable ; elle avait une piété sincère, et une gaieté charmante et toujours égale ; sa mémoire était inépuisable en anecdotes courtes et plaisantes. Je ne l'ai jamais entendue en répéter une, à moins qu'elle ne lui fût redemandée. Incapable, par caractère et par principes, de faire une méchanceté, elle était aussi bonne qu'aimable.

La vieille comtesse de Montauban, mère de madame de Clermont, était aussi une bonne personne, mais qui n'avait de remarquable qu'une gourmandise et une distraction plaisantes. Elle ne manquait pas d'esprit, elle était même auteur ; elle avait fait imprimer un conte oriental de sa composition, insipide production, mais qui cependant n'était point ridicule. Elle était très joueuse. Un jour, en jouant au pharaon, elle fit ce qu'on appelle un paroli de campagne, c'est-à-dire mal à propos à son avantage. Le banquier le remarqua et lui en fit avec politesse l'observation ; elle répondit sans s'émouvoir : — Cela peut être, mais c'est un empressement bien pardonnable à un ponte. Une autre fois, un gros joueur, debout derrière elle, passa le bras par dessus son épaule pour prendre une énorme quantité de louis qu'il venait de gagner ; en retirant le bras il en laissa tomber la moitié dans le dos de madame de Montauban, qui se retourna en lui disant : — Eh quoi ! monsieur, me prenez-vous pour une Danaé ? Elle se releva pour se secouer, et faire retomber cette pluie d'or ; le joueur prétendit qu'elle faisait le gros dos, pour qu'il ne pût avoir qu'une partie de la somme. Madame de Montauban, fatiguée, se remit au pharaon, en disant fort judicieusement que l'on donnait vingt-quatre heures pour payer les dettes du jeu ; en se déshabillant, elle retrouva quelques louis qui furent ponctuellement renvoyés.

J'ai maintenant à peindre les hommes du Palais-Royal, et je dois commencer par le prince.

M. le duc de Chartres était alors dans tout l'éclat de sa première jeunesse, avec un visage déjà gâté, et par le sang qu'il avait reçu de sa mère, et par une vie licencieuse ; l'ensemble de sa figure était noble, leste, et d'une grande élégance. Son gouverneur, le comte de Pont Saint-Maurice, ne s'était attaché qu'à trois choses : à lui donner de la politesse, des manières agréables, et un bon ton ; il avait laissé le soin du reste aux autres instituteurs. Ces derniers eussent été fort capables de donner au jeune prince une solide instruction ; mais le gouverneur faisait si peu de cas de la culture de l'esprit, que le prince, qui s'en aperçut de bonne heure, trouva fort commode d'adopter cette indifférence. M. de Foncemagne, de l'Académie française, homme de lettres fort distingué, fut son sous-gouverneur ; l'abbé Alary, ecclésiastique vertueux, instruit et spirituel, fut son précepteur. Ces deux instituteurs exhortèrent en vain à l'application leur élève, et se plaignirent inutilement au gouverneur de son indolence. M. de Pont, satisfait de son ton et de ses manières, laissa trop voir qu'il mettait fort peu de prix à tout le reste. M. de Foncemagne et l'abbé Alary ne donnaient des leçons que pour la forme, voyant bien qu'elles n'étaient d'aucune utilité, et le prince n'apprit rien. Il ne manquait néanmoins ni d'esprit, ni de mémoire et d'intelligence, et il annonçait des inclinations bienfaisantes ; en voici un trait que m'a conté M. de Foncemagne. Le prince était dans sa quinzième année, et déjà il recevait en audience, le matin, les hommes qui sortaient de celle de M. le duc d'Orléans. Dans ce nombre se trouvaient des officiers de tous grades des régiments des deux princes. M. le duc de Chartres en remarqua un qui l'intéressa par sa belle physionomie et son air mélancolique. On lui dit qu'il était d'une extrême pauvreté, parce qu'il se refusait tout pour faire subsister sa mère et ses deux sœurs, qui n'avaient que lui pour appui. Après ce récit, M. le duc de Chartres amassa deux mois de ses menus-plaisirs sans en rien dépenser, ce qui lui fit quarante louis ; mais il était fort embarrassé de la manière dont il les donnerait, lorsqu'il reçut des dragées de baptême : alors il fit des cornets de dragées, dans l'un desquels il mit les quarante louis, et lorsque le pauvre officier vint à son audience, le jeune prince dit en plaisantant qu'ayant reçu des dragées il en voulait distribuer des cornets à tout le monde, ce qu'il fit. Le pauvre officier trouva le sien si lourd qu'il fit un mouvement de surprise ; le jeune prince, par un signe, lui imposa silence ; mais, sorti du Palais-Royal, sa reconnaissance fut plus indiscrète que sa surprise ; il conta cette histoire, qui fut généralement sue.

Lorsque l'éducation du jeune prince fut terminée ; M. le duc d'Orléans, loin de donner à son fils des amis vertueux, l'encouragea à se lier intimement avec les jeunes gens les plus étourdis et les plus dissipés de la cour, le chevalier de Coigny, messieurs de

Fitz-James, de Conflans, etc. Cependant le jeune prince distingua de lui-même un homme sage et raisonnable plus âgé que lui de quatorze ans ; c'était le chevalier de Durfort, attaché au Palais-Royal. M. le duc de Chartres s'attacha sincèrement à lui ; c'est le seul homme qu'il ait véritablement aimé, quoique le chevalier n'ait jamais voulu être de ses parties clandestines.

En entrant dans le monde à dix-sept ans, M. le duc de Chartres fut extrêmement frappé de l'affection et de la pruderie des dames du Palais-Royal qui formaient la société de son père, et pour déjouer cet étalage de sentiments exagérés, il s'amusa à soutenir les thèses opposées : il affecta l'insensibilité, l'insouciance et la légèreté dans les choses où il est le moins permis d'en avoir. Cette espèce de contrariété devint une pernicieuse habitude, qui peu à peu altéra la justesse de son esprit et la bonté naturelle de son cœur. Comme il mettait dans ses discussions beaucoup de politesse, de finesse et de gaieté, les rieurs étaient toujours de son côté ; la secte sentimentale, souvent déconcertée, prit beaucoup d'humeur et de dépit contre lui ; elle se vengea en décriant son cœur, et porta ainsi les premières atteintes à sa réputation. Il fut bientôt reçu dans le monde que M. le duc de Chartres avec de l'esprit, de la grâce, un ton parfait, et des manières agréables et nobles, avait l'âme la plus insensible et la plus dure, ce qui n'était nullement. On lui prêta beaucoup de torts imaginaires, on la calomnia ; il le sut, et au lieu de chercher à ramener l'opinion, il prit le funeste parti de la mépriser et de la braver.

Voici quels étaient les autres hommes du Palais-Royal.

J'ai déjà parlé du comte de Pont Saint-Maurice, qui avait été gouverneur de M. le duc de Chartres. Il avait, à cette époque, environ cinquante ans, la plus belle figure, l'air le plus majestueux ; rien n'était plus noble que son ton et ses manières, et malgré une profonde ignorance, sa conversation n'était point sans agrément. Madame de Pont, sa femme, veuve d'un riche financier (M. Mazade), l'avait épousé par amour ; elle était fort belle encore, mais sa figure était insipide et manquait de noblesse ; M. et madame de Pont offraient un parfait tableau de l'amour conjugal, et jusque dans les plus petits détails de la vie, ils étaient tellement inséparables qu'ils se plaçaient toujours à côté l'un de l'autre, et même dans les repas de la plus grande cérémonie. Le comte de Pont avait un talent véritablement unique pour jouer la comédie. Je crois déjà avoir parlé de son étonnante perfection dans le rôle du *Misanthrope*.

Le chevalier de Durfort avait peu d'esprit, mais de l'instruction, des manières fort nobles, et avec les femmes une galanterie de fort bon goût ; aussi avait-il beaucoup de succès auprès d'elles.

Le comte de Thiars, frère du comte de Bissy, passait pour être l'homme le plus aimable de la société. Malgré une laideur remarquable, il avait inspiré des passions célèbres ; il n'avait qu'une sorte d'esprit, celui de la conversation, et c'est assez pour le monde ; il faisait de mauvaises chansons de société, dont les vers manquaient souvent de mesure et de rimes ; c'est encore assez pour charmer quelques femmes. Il avait composé un détestable petit roman qu'il eut la prudence de ne jamais publier.

M. de Thiars ne m'a jamais pardonné de n'avoir

pas admiré et prôné cet ouvrage. Au reste, M. de Thiars était en effet, dans la société, piquant, amusant, d'une gaieté douce, spirituelle, et en tout fort aimable.

Le comte de Shomberg avait beaucoup d'esprit et d'instruction, et un caractère très loyal ; quoiqu'il ne fût pas laid, il avait dans sa figure, dans son ton et dans sa conversation, quelque chose de fade, et je ne sais quelle gaucherie dans les manières qui le rendaient désagréable ; il savait des millions de vers, et il les déclamait ridiculement. Ma tante eut la fantaisie de jouer *Zaïre*, ce qui s'exécuta à Bagnolet, dans une maison que M. le duc d'Orléans y avait alors. M. de Shomberg se chargea du rôle d'Orosmane, et certainement on ne reverra jamais un tel Orosmane. Ma tante joua pitoyablement Zaïre, ce qui était bien excusable avec un semblable Orosmane. Nous l'avions trouvé très mauvais aux répétitions, mais il se surpassa à la représentation. Il était admirateur passionné de Voltaire. Il se vantait d'être athée, et, ainsi que Hobbes, il avait une peur invincible des revenants. Dès qu'il rencontrait un enterrement, ou que quelqu'un de sa connaissance mourait, il faisait coucher son valet de chambre pendant cinq ou six jours à côté de son lit. Ce fut lui qui eut avec M. Lefort, un officier de son régiment, ce fameux duel où tous les deux, à genoux sur un manteau, tirèrent en même temps un coup de pistolet. M. Lefort fut tué raide ; M. de Shomberg, qui ne fut pas effleuré, paya toute sa vie une pension à sa veuve, et l'éducation de ses enfants. Il n'aimait que la société des femmes ; n'ayant jamais eu de succès personnel auprès d'elles, il prit le parti de se contenter du rôle de confident. Il avait une manière si affectueuse de prendre part à tous leurs intérêts particuliers, de quelque genre qu'ils fussent, qu'il se rendait véritablement nécessaire ; d'ailleurs, soit par système, soit par bonhomie, il savait persuader qu'il croyait tout ce qu'on lui disait, et qu'il ne soupçonnait jamais l'exagération, les réticences et l'artifice. Au milieu de tout cela, il avait toujours pour une de ses amies une passion malheureuse qu'il ne déclarait jamais, que l'on voyait clairement, et dont on lui savait gré.

Le comte de Valencey, frère du marquis d'Estampes, et parent de MM. de Genlis, était aussi attaché au Palais-Royal. Il avait un caractère plein de douceur et de bonté, qui donnait un agrément infini à sa société. Personne, à la Comédie-Française, ne jouait mieux que lui les rôles d'amoureux, dans les pièces de Marivaux. M. le comte de Blot, mari de la dame d'honneur, était, sans exception, l'homme le plus borné qu'on ait jamais vu dans le monde. Voulant plaire à M. le duc de Chartres, il mêlait à sa pédanterie une extrême prétention à la gaieté. Son ton sérieux, et la lourdeur de ses plaisanteries lui donnaient une sorte d'originalité très comique ; on s'amusait de ses ridicules, et il était persuadé qu'il avait le plus grand succès aux petits soupers du Palais-Royal.

Le comte d'Osmont, spirituel, naturel et distrait, était aimé de tout le monde.

M. le vicomte de Latour-du-Pin avait l'esprit orné, de la franchise, de la gaieté, un caractère obligeant, des talents agréables ; il jouait à merveille les proverbes et la comédie.

Le vicomte de Clermont avait alors une jolie figure que gâtaient un peu quelques tics désagréables.

Il lisait beaucoup, mais il avait le malheur de tout confondre, et de joindre à la manie de faire des citations l'inconvénient de les faire presque toujours fausses.

Le baron de Poudens, premier maître-d'hôtel, était un excellent homme. Étranger à toutes les inimitiés, il a passé quarante ans au Palais-Royal sans se douter qu'il y ait eu dans tout cet espace de temps une seule tracasserie. Il était persuadé que nous y vivions tous dans la plus parfaite union, et que cette cour était composée, sans exception, des meilleures gens du monde.

M. le marquis de Barbantane ne manquait pas d'esprit, mais il était persifleur, avec une politesse poussée quelquefois à l'excès, et il était peu communicatif.

On voyait encore souvent, les petits jours, au Palais-Royal, monsieur et madame Duchâtelet, qui ont depuis péri sur un échafaud. M. Duchâtelet était sérieux et silencieux, mais il avait, dit-on, beaucoup de mérite, et il a laissé des mémoires qui montrent la plus belle âme. Madame Duchâtelet eut toujours une conduite irréprochable, et ne se mêla jamais d'une seule intrigue ; ce fut elle que madame la duchesse de Grammont défendit au tribunal révolutionnaire avec autant de courage que d'énergie. M. de Talleyrand, qui à cette époque s'échappa de la France, et vint en Angleterre où j'étais, nous conta ce détail et de la manière la plus touchante. Madame de Grammont, appelée au tribunal, loin de se défendre, ne songea qu'à son amie, qui, présente à cet interrogatoire, les mains jointes et les yeux baissés, gardait un profond silence. Madame de Grammont dit en propres termes : « Que vous me fassiez mourir, moi qui vous méprise et qui vous déteste, moi qui aurais voulu soulever contre vous l'Europe entière, que vous m'envoyiez à l'échafaud, rien n'est plus simple ; mais que vous a fait cet ange (en montrant madame Duchâtelet), qui a toujours tout souffert sans se plaindre, et dont la vie entière n'a été marquée que par des actions de douceur et d'humanité ? » On les envoya toutes les deux au supplice avec M. Duchâtelet !...

A cette époque, on trouvait encore à la ville et à la cour ce ton de si bon goût, cette politesse dont chaque Français avait le droit de s'enorgueillir, puisqu'elle était citée, dans toute l'Europe, comme le modèle le plus parfait de la grâce, de l'élégance et de la noblesse. On rencontrait alors dans la société plusieurs femmes et quelques grands seigneurs qui avaient vu Louis XIV ; on les respectait comme les débris d'un beau siècle ; la jeunesse, contenue par leur seule présence, devenait naturellement, auprès d'eux, réservée, modeste, attentive ; on les écoutait avec intérêt ; on croyait entendre parler l'histoire. On les consultait sur l'étiquette, sur les usages ; contemporains de tant de grands hommes en tout genre, ces vénérables personnages semblaient placés dans la société pour maintenir les idées d'urbanité, de gloire, de patriotisme. Sous les auspices de ces vénérables personnes, il s'établit dans la société une secte très nombreuse d'hommes et de femmes qui se déclarèrent partisans et dépositaires des anciennes traditions sur le goût, l'étiquette et la morale ; ils s'érigèrent en juges suprêmes de toutes les convenances sociales, et s'arrogèrent exclusivement le titre imposant de bonne compagnie. On n'exigeait que deux choses : un bon ton, des manières nobles, et un genre de considération acquis dans le monde, soit par le rang, la naissance ou le crédit à la cour, soit par le faste, les richesses, ou l'esprit et les agréments personnels.

Cette société, dénigrante pour toutes les autres, excita contre elle beaucoup d'inimitiés : l'on s'accorda unanimement à la désigner par le titre de grande société, qu'elle a gardé jusqu'à la Révolution ; ce qui signifiait la mieux choisie et la plus brillante par le rang, la considération personnelle, le ton et les manières ; là se trouvaient, en effet, réunies toute l'aménité et toutes les grâces françaises. La politesse, dans ces assemblées, avait toute l'aisance et toute la grâce que peuvent lui donner l'habitude prise dès l'enfance et la délicatesse de l'esprit ; la médisance était bannie de ces conversations générales. Jamais la discussion n'y dégénérait en dispute. Là se trouvait, dans toute sa perfection, l'art de louer sans fadeur, de répondre à un éloge sans le dédaigner et sans l'accepter ; de faire valoir les autres sans paraître les protéger, et d'écouter avec une obligeante attention. Si toutes ces apparences eussent été fondées sur la morale, on aurait vu l'âge d'or de la civilisation.

Pour achever de peindre la grande société du XVIIIe siècle, il faut dire encore que, dans ses comités les plus intimes, on voulait surtout de la grâce, de la gaieté ou de l'originalité : la méchanceté était de mauvaise compagnie.

Ce qu'on ne pardonnait jamais, ce que rien ne pouvait excuser, c'était la bassesse ou des manières ou du langage, et celle des actions.

Cette grande société, ou la bonne compagnie, ne se bornait pas à prononcer des arrêts frivoles sur le ton et les manières ; elle exerçait une police sévère très utile aux mœurs, elle réprimait, par sa censure les vices que ne punissaient pas les tribunaux, la justice se chargeait du châtiment des mauvaises actions, et la société de celui des mauvais procédés. Sa désapprobation générale ôtait à celui qui en était l'objet une partie de sa considération personnelle. On bouleversait une existence par ces paroles terribles : « Tout le monde lui a fait fermer sa porte. » Cette puissance était celle de l'honneur ; elle fut souveraine jusqu'à la Révolution, et les personnes qui l'exerçaient d'un consentement unanime, sans opposition, comme sans révolte, avaient d'autant mieux le droit de s'appeler exclusivement la bonne compagnie, qu'elles n'abusèrent jamais de cet empire.

Dès les premiers jours de mon entrée au Palais-Royal, je fis les plus tristes réflexions sur ma nouvelle existence, et tout sembla concourir à les aggraver, et à augmenter la mélancolie que j'y avais apportée. Je ne parlais qu'avec défiance et circonspection ; je perdais ainsi l'espèce d'agrément qu'on avait jusqu'alors tant loué en moi, le naturel et la gaieté.

Après avoir passé six mois au Palais-Royal, j'avais éprouvé déjà tant de noirceurs et de méchancetés, que je résolus de m'en éloigner. Madame la duchesse de Chartres avait pris pour moi la plus vive amitié ; elle me faisait appeler sans cesse quand elle était seule dans son appartement : faveur qu'elle n'accordait à aucune autre. Ma conversation et ma gaieté lui plaisaient, et je trouvais très attachantes sa bonté, sa candeur et sa sensibilité. On lui dit beaucoup de mal de moi ; elle n'en crut rien : elle

me redit tout, elle me trouva de la modération, et,
j'ose dire, de la générosité.

Cette conduite fut appréciée par madame la duchesse de Chartres ; elle s'attacha à moi avec une
espèce de passion qui a duré dans sa force plus de
quinze ans, et je puis dire, avec une parfaite vérité,
que mon cœur y a répondu avec toute l'énergie et
tout le dévouement dont il est capable quand il
aime. Ce fut là le premier motif de l'ardente jalousie dont j'ai été l'objet pendant neuf ans au
Palais-Royal.

Déjà en butte à des calomnies, je pris le parti de
faire un petit voyage, espérant que mon absence,
dans ce commencement de faveur, prouverait que
je n'avais nulle envie de dominer. J'avais depuis
longtemps promis à madame de Mérode d'aller la
voir à Bruxelles. J'engageai M. de Genlis à m'y
mener ; je demandai un congé, et nous partîmes au
milieu de l'hiver. Je respirai en me retrouvant avec
une amie charmante qui ne songea qu'à me rendre
agréable le séjour de Bruxelles. Le prince Charles,
frère de l'empereur, était vice-roi des Pays-Bas. Ce
prince était aimable ; il aimait les arts et les talents ;
il eut beaucoup de grâce pour moi. Madame de
Mérode avait une grande maison. Nous logions chez
elle, et j'y vis la société la plus brillante de la
ville, entre autres le prince et la princesse de Sta-
renberg. Cette dernière, quoique petite, laide et bossue, plaisait même par sa figure remplie d'esprit et
d'expression. Je n'ai vu à personne une manière de
conter plus amusante, plus d'agrément dans la conversation, un esprit plus piquant ; elle a fait de
grandes passions, qui ont été également constantes
et malheureuses. Le prince de Chimay, d'une belle

figure, et jeune encore, était alors éperdument amoureux d'elle, et retenu à Bruxelles depuis deux ans par cet attachement. L'homme le plus à la mode et le plus spirituel de la cour du prince Charles était le prince de Ligne, qui passait une grande partie de sa vie à Paris. La duchesse d'Ursel, fille de la belle et vertueuse duchesse d'Aremberg, était, à cette époque, dans la première fleur de la jeunesse : une fraîcheur éclatante, une agréable physionomie, lui tenaient lieu de beauté ; elle était charmante par la gaieté, la douceur, et une égalité d'humeur qui ne se démentait jamais. J'avais porté ma harpe ; nous faisions de la musique tous les soirs ; on causait, on dansait, on faisait beaucoup de déguisements, surtout pour m'attraper ; chose qui a toujours été très facile. Madame d'Ursel, en se noircissant ses cheveux blonds, en cachant ses jolies dents avec une écorce d'orange artistement taillée à cet effet, me fit croire pendant toute une soirée qu'elle était une dame hollandaise nouvellement arrivée de La Haye. Nous passâmes ainsi trois mois, qui s'écoulèrent pour nous d'une manière délicieuse. Enfin je retournai au Palais-Royal, pour y trouver les mêmes inimitiés. Peu de jours après mon arrivée, nous allâmes à l'Ile-Adam, chez M. le prince de Conti. J'aimais particulièrement cette maison de prince, parce qu'on y jouissait de la plus parfaite liberté. Le prince ne paraissait dans le salon que le soir, deux heures avant le souper. Quand il n'allait pas à la chasse, il passait ses journées dans l'appartement de madame la comtesse de Boufflers. Toutes les dames étaient maîtresses de dîner dans leurs chambres et d'y rester jusqu'au souper. M. le prince de Conti, âgé alors de cinquante ans, avait la plus belle et la plus majestueuse figure ; il avait montré beaucoup de valeur et de talent à la guerre. Protecteur ardent de tous ceux qui lui étaient attachés, il avait de véritables amis ; il était le seul prince du sang qui parlât bien au Parlement, et qui eût de l'aisance et de la grâce à ses audiences. Il aimait les arts, les lettres et les sciences ; on a dit de lui qu'il était le dernier des princes. Les chasses du cerf étaient d'un agrément particulier à l'Ile-Adam ; chaque halte était une fête, et durant tous les voyages, nous jouions la comédie une fois par semaine.

Madame la comtesse de Boufflers passait pour la personne la plus spirituelle de la société ; elle était même auteur de plusieurs drames et comédies, mais qui n'ont jamais été imprimés. Je l'ai beaucoup aimée ; elle, madame de Beauvau, madame de Puisieux et la maréchale de Luxembourg, m'ont paru des modèles parfaits de l'amabilité, de la politesse et de la grâce sociales.

Je me livrai à l'étude avec plus d'activité que jamais. J'ajoutai à mes occupations celle de peindre des fleurs en miniature. Madame de Puisieux m'avait demandé de lui donner une petite tabatière bien légère et bien commune, qu'elle pût laisser toujours sur son métier. Je peignis pour un dessus de boîte un chiffre en fleurs, entouré d'une guirlande, que je fis mettre sur une boîte de bois de figuier. Ce petit ouvrage fut trouvé si joli que tous mes amis m'en demandèrent ; j'en fis dans ce temps plus d'une douzaine de suite. Une des choses qui m'attachaient le plus à la lecture, c'était la constance avec laquelle j'ai toujours fait des extraits, et le plaisir extrême que je trouvais à en augmenter le nombre. Je savais très-peu la géographie, je priai M. de Bomare de me donner une maîtresse. Il me donna mademoiselle Thouin, sœur du premier jardinier du Jardin du roi. Je persuadai à madame la duchesse de Chartres d'apprendre la géographie, et je donnai à mademoiselle Thouin cette illustre écolière, qu'elle a gardée plus de trois ans. Madame la duchesse de Chartres avait été élevée au couvent par la vieille et vertueuse marquise de Sourcy, qui lui avait donné ce qui vaut mieux que des grâces et des talents, car elle avait imprimé dans sa belle âme les sentiments les plus religieux et les meilleurs principes. Mais d'ailleurs madame de Sourcy, n'ayant nulle instruction, n'avait pu en donner à son élève, qui ne savait même pas l'orthographe. J'entrepris de la lui apprendre ; je lui en donnai régulièrement des leçons pendant plus de dix-huit mois ; je lui en donnai aussi d'histoire et de mythologie. Un peintre, qui avait fait le portrait de mes filles, me parla d'un jeune Polonais appelé M. Méris. J'imaginai de faire faire, pour l'instruction de madame la duchesse de Chartres, une suite de petits tableaux historiques représentant les plus beaux traits de l'histoire grecque et romaine. On en fournissait quatre par mois, que madame la duchesse de Chartres ne payait que dix-huit francs pièce, et c'était assurément pour rien. Elle les faisait encadrer à mesure, et sur tous j'écrivais de ma main, derrière le petit tableau, l'explication du sujet avec détail, et d'une écriture très-fine. Elle en eut ainsi cent quinze qu'elle plaça dans un cabinet, et qui furent admirés de tous ceux qui les virent. Je servais aussi de secrétaire à madame la duchesse de Chartres ; j'écrivais tous ses billets et toutes ses lettres, qu'elle copiait ensuite de son écriture. Il ne lui survenait rien, hors de l'ordre commun de tous les jours, qu'elle ne m'en fît part, et qu'elle ne m'envoyât chercher pour me consulter ou pour me confier ce qui l'intéressait. Il lui est arrivé très souvent de m'envoyer mademoiselle Lefèvre, une de ses femmes de chambre, à deux ou trois heures du matin, quand je n'avais pas pu la voir dans la journée, pour me demander en grâce d'écrire un billet ou une lettre, qu'elle voulait qui fût portée le lendemain matin. Comme je me couchais tard, communément j'étais levée ; et plusieurs fois mademoiselle Lefèvre m'a fait réveiller. Dans ces occasions madame la duchesse de Chartres m'écrivait, et longuement, ce qu'elle désirait de moi : souvent ce n'était que pour me confier quelque chose qui lui faisait de la peine ; et, dans ce cas, s'il n'était pas excessivement tard, je descendais chez elle. Tous ses soins ne m'empêchaient pas d'entretenir mon adresse des doigts, de faire de jolis ouvrages de broderie de tous genres, de cultiver toujours la musique avec la même ardeur, et d'y joindre la nouvelle étude de l'histoire naturelle, et l'occupation de former un cabinet de coquillages, de madrépores, de minéraux et de cailloux, qui devint très beau par la suite, et qui a été confisqué et très bien vendu au profit de la nation, avec tout ce que j'avais à Bellechasse.

Lorsque l'été vint, nous allâmes à Chantilly, où M. le prince de Condé eut des grâces toutes particulières pour moi. Il se mettait toujours à table à côté de moi, et me demandait ce que je souhaitais que l'on fît le lendemain ; si je désirais que l'on soupât à l'Ile-Sylvie ou à l'Ile-d'Amour ; où je voulais que fût le rendez-vous de la chasse du cerf, etc. M. le prince de Condé avait alors trente-cinq ou trente-six ans ; il était borgne, mais l'œil dont il ne

voyait pas n'avait rien alors de défectueux. Sa figure
était mieux que mal ; il avait quelque chose de faux
dans la physionomie, et cette physionomie peignait
son caractère, qui était extrêmement dissimulé. Il
avait montré à la guerre une valeur digne du petit-
fils du grand Condé, ce qui lui donnait une juste
considération dans l'armée. Tous les militaires le
révéraient ; il a toujours joué le noble rôle de se
déclarer leur protecteur. Ce prince ne manquait pas
d'esprit ; il écrivait bien, et sa conversation, lorsqu'il
était à son aise, était agréable ; cependant il avait,
dans le grand monde, de la timidité, il parlait mal
en public ; il était ambitieux. Il était excessivement
vindicatif ; il se trouvait une sorte de plaisir dans sa
haine : c'est le seul homme que j'aie vu constamment sourire lorsqu'on lui parlait d'une personne
qu'il haïssait, ou lorsqu'il la voyait, et ce sourire était
affreux, rien ne peut en donner l'idée.

M. le duc de Bourbon avait une belle tournure, et
l'éclat de son teint lui tenait lieu de beauté ; il a
toujours été rempli de bonté pour moi.

Madame la duchesse de Bourbon était à ce voyage ;
elle avait beaucoup de grâce, de l'esprit, des talents,
et une belle âme, mais dans les idées une singularité
que son institutrice n'avait nullement rectifiée, et
qui ôtait beaucoup de justesse à sa manière de voir
et de juger. Très prévenue contre moi par madame
de Barbantane, elle me traitait avec une extrême sécheresse ; ses préventions durèrent jusqu'à la Révolution ; ses bontés m'ont bien dédommagée depuis de
cette injustice.

J'eus l'hiver d'ensuite une grande distraction dans
mes études particulières : Gluck vint à Paris pour y
faire jouer ses opéras. Les loges du Palais-Royal

donnaient dans les appartements du palais ; en sortant de dîner je n'avais qu'une porte de la salle à manger à ouvrir pour être dans une de nos loges. Cette commodité, mon goût passionné pour la musique, et le plaisir extrême de voir Gluck à toutes les répétitions se mettre en colère contre les acteurs et les musiciens, et leur donner à tous d'excellentes leçons, me faisait passer toutes mes après-dîners dans une loge ; Gluck venait deux fois la semaine avec Monsigny, M. de Monville et Jarnovitz, le célèbre violon, faire de la musique chez moi ; il me faisait chanter tous ses beaux airs, et jouer sur la harpe ses ouvertures, entre autres celle d'*Iphigénie*, que j'aimais avec enthousiasme. On imagine bien que je me déclarai Gluckiste, et que je me moquai de toutes les disputes sur Gluck et Piccini. Je sentis enfin, au mois de mars de cet hiver, que la musique, Gluck et l'Opéra prenaient beaucoup trop d'ascendant sur moi. Je fis vœu de ne plus aller à l'Opéra et aux spectacles que lorsque je serais forcée, par ma place, d'y suivre madame la duchesse de Chartres. Ce fut pour moi un très grand sacrifice, car j'ai été parfaitement fidèle à ce vœu. Je voyais très souvent M. de Fleurieu, qui a été depuis dans le ministère ; il me remit à l'étude de l'italien, qu'il savait parfaitement. Je n'ai jamais connu personne d'un caractère aussi obligeant ; il était d'une adresse extrême ; il savait faire des montres comme un horloger ; il se chargeait de nettoyer et de raccommoder celles de ses amis ; en outre il tournait, et il faisait d'ailleurs mille jolies choses. Un jour qu'il arriva chez moi, il me trouva occupée à faire garnir de fleurs, en ma présence, par ma femme de chambre et une fille de boutique de ma marchande de modes, une robe que je voulais absolument avoir pour le lendemain. M. de Fleurieu donna son avis ; ensuite il se mit à l'ouvrage, taillant, cousant aussi bien que la meilleure ouvrière, et tout cela avec un sérieux et une simplicité qui me faisaient rire aux larmes ; il me grondait de cette gaieté, en disant que cela nous faisait perdre du temps. J'avais fait fermer ma porte, et nous travaillâmes avec acharnement depuis sept heures du soir jusqu'à une heure après minuit, avec le seul relâche d'un petit souper, qui ne dura pas un quart d'heure. La robe fut achevée ; elle eut le lendemain le plus grand succès, tout le monde la trouva charmante.

J'avais pris aussi un maître de langue anglaise ; et comme j'avais une très grande mémoire, je lisais couramment les poètes au bout de cinq mois. Je ne perdais pas un moment ; quand j'allais à Versailles, je m'arrangeais pour y aller communément toute seule, afin de pouvoir lire en voiture. J'écrivais tous mes extraits dans des petits livres blancs ; j'en portais toujours un sur moi, afin de lire quelque chose dans les petits moments perdus. J'avais entendu conter que M. d'Aguesseau avait fait en plusieurs années quatre volumes in-4°, en employant douze ou quinze minutes tous les jours que madame d'Aguesseau mettait constamment à se rendre dans la salle à manger, depuis l'annonce du dîner. Je profitai de cet exemple. L'heure du dîner du Palais-Royal était fixée à deux heures, mais madame la duchesse de Chartres n'était jamais prête qu'un quart d'heure après, et quand je descendais à l'heure convenue, il fallait toujours attendre quinze ou vingt minutes. Je chargeai un valet de chambre de venir m'avertir quand elle passait dans le salon. J'étais toute prête à deux heures précises, et jusqu'au moment où l'on venait me chercher, j'employais ce temps à écrire à main posée, d'une écriture très fine, un choix de vers de différents auteurs, ce qui avait formé, quand je suis sortie du Palais-Royal, un recueil de mille vers, qui est très curieux. Il commence par les vers les plus gothiques et les plus anciens que nous ayons. J'allais à peu près tous les quinze jours au Jardin du roi, voir mon amie mademoiselle Thouin. Un jour que j'étais avec elle et M. Thouin, son frère, dans les serres, j'y vis arriver un jeune homme de quatorze ou quinze ans, d'une figure charmante, qui, venant à moi, me dit que son père avait un désir passionné que j'allasse chez lui, pour me faire voir deux ou trois petits animaux singuliers qui n'étaient pas dans la ménagerie, et ce père était M. de Buffon. Je fus ravie de cette prévenance d'un homme dont j'admirais tant les ouvrages. Le jeune Buffon me donna la main, et me conduisit chez son père, qui me reçut avec une cordialité et une grâce de bonhomie qui achevèrent de me gagner tout à fait le cœur. Une chose très extraordinaire, c'est que M. de Buffon, dont le style est si harmonieux, n'aimait pas la poésie. Fénelon, écrivain moins parfait, mais dont le style a tant d'harmonie, offrait la même singularité. M. de Buffon m'a dit qu'il n'a commencé à écrire comme auteur, à être remarqué, qu'à l'âge de quarante-quatre ou quarante-cinq ans.

En 1774, Louis XV mourut : l'infortuné Louis XVI monta sur le trône, ce qui donna d'abord l'idée que le Palais-Royal allait jouir d'un grand crédit, parce que madame la princesse de Lamballe, intimement liée avec M. le duc et madame la duchesse de Chartres, était favorite de la nouvelle reine. Madame de

Lamballe était extrêmement jolie, elle était charmante sans aucune régularité ; son caractère était doux, obligeant, égal et gai. La vue d'un bouquet de violettes la faisait évanouir, ainsi que l'aspect d'une écrevisse ou d'un homard, même en peinture ; alors elle fermait les yeux, sans changer de couleur, et restait ainsi immobile pendant plus d'une demi-heure, malgré tous les secours qu'on s'empressait de lui prodiguer. C'est ainsi que je l'ai vue, en Hollande, s'évanouir dans le cabinet de M. Hope, après avoir jeté les yeux sur un petit tableau flamand, qui représentait une femme vendant des homards. J'étais à côté d'elle assise sur un canapé ; mademoiselle Bagarotti contait des histoires de revenants, lorsqu'on entendit dans l'antichambre un valet de chambre bâiller à haute voix, apparemment en se réveillant. Madame de Lamballe affecta un tel mouvement de frayeur, qu'elle tomba évanouie. Je lui ai vu faire mille fois des scènes de ce genre. Et, par suite, lorsque les attaques de nerfs périodiques, suivies d'évanouissement, devinrent à la mode, madame de Lamballe ne manqua pas d'en avoir de régulières deux fois la semaine, aux mêmes jours et aux mêmes heures, pendant toute une année. Ces jours-là, suivant l'usage des autres malades de cette espèce, M. Saiffert, son médecin, arrivait chez elle aux heures convenues ; il frottait les tempes et les mains de la princesse d'une liqueur spiritueuse ; ensuite il la faisait mettre dans son lit, où elle restait deux heures évanouie. Pendant ce temps ses amis intimes, rassemblés ce jour-là, formaient un cercle autour de son lit, et causaient tranquillement jusqu'à ce que la princesse sortît de sa léthargie. Telle était la personne que la reine choisit d'abord pour sa pre-

mière amie ! Mais la reine sentit bientôt que madame
de Lamballe était hors d'état de donner un conseil
utile, et même de prendre part à un entretien sérieux:
ce ne fut donc point par légèreté, comme on l'a
dit, que la reine lui ôta sa confiance ; elle la jugea
avec beaucoup de discernement. En même temps elle
lui conserva tous les droits apparents de l'intimité,
et la place de surintendante de sa maison, place re-
créée pour elle ; il n'y avait point eu de surintendante à la cour depuis mademoiselle de Clermont.

Le roi, dans la première année de son règne, alla
à Marly pour s'y faire inoculer. Toutes les princesses furent de ce voyage, et j'y allai avec madame
la duchesse de Chartres. Le voyage fut très brillant,
et je m'y amusai beaucoup. J'y courus un très grand
danger, ainsi que madame la duchesse de Chartres.
Un jour nous étions au rez-de chaussées, assises à
côté l'une de l'autre sur un canapé, au-dessus duquel
était, derrière nous, une grande glace. Nous nous
trouvions en face d'une porte qui donnait sur la
terrasse. M. le duc de Chartres et M. de Fitz-James
s'amusaient à tirer au blanc, au pistolet chargé à
balle ; ils étaient placés vis-à-vis de nous, mais nous
tournant le dos. Une balle allant frapper une statue
de marbre fut renvoyée par ricochet dans notre
salon, et cassa, à deux doigts de nos têtes, la glace
qui était derrière nous.

On m'avait d'abord logée à Marly dans une
chambre assez vilaine, et qui n'était séparée que par
une mince cloison du logement de madame de Valbelle, dame du palais, de sorte que nous nous entendions mutuellement d'une manière fort incommode,
surtout n'ayant ensemble aucune liaison. En rentrant
chez moi les soirs, après souper, je faisais commu-

nément de la musique deux bonnes heures avant de me coucher. Un soir, entre onze heures et minuit, que, suivant ma coutume, je jouais de la harpe, et que je déchiffrais une sonate, M. d'Avaray, à ma grande surprise, entra tout à coup dans ma chambre, et vint me dire tout bas que la reine était chez madame de Valbelle, pour m'entendre jouer de la harpe. Aussitôt je me mis à jouer tout ce que je savais le mieux en pièces et en morceaux de chant, ce qui dura une heure et demie sans interruption, car j'attendais que le mouvement dans la chambre voisine m'apprît que la reine s'en allait ; mais le silence y était absolu. Enfin, réellement fatiguée, je m'arrêtai. Alors on m'applaudit très vivement et à plusieurs reprises, et M. d'Avary vint me remercier de la part de la reine, et me dit en son nom mille choses obligeantes. Elle me les répéta le lendemain quand j'allai faire ma cour. Elle fut si satisfaite de ma harpe et de mon chant, que j'eus dans ce moment toute facilité de me faire admettre dans son intérieur, en consentant à jouer dans ses petits concerts particuliers, où elle-même chantait. J'aurais été secondée par madame de Lamballe, qui me le conseillait ; mais j'avais assez de chaînes pour m'en pas désirer d'autres : celle-là m'aurait pris un temps énorme, et elle aurait par conséquent bouleversé toutes mes études, qui ont toujours fait tout le véritable charme ou toute la consolation de ma vie. Au bout de quinze jours, on m'annonça que je serais logée dans l'un des charmants pavillons du jardin. Ce pavillon, pareil aux autres, contenait deux logements, l'un, très beau, au rez-de-chaussée, et l'autre, fort inférieur, au-dessus, mais très joli. Ce fut celui-là qu'on me donna ; M. le prince de Condé occupait l'autre. Aussitôt qu'il sut que j'allais venir dans ce pavillon, il se hâta de déménager et de prendre le petit appartement pour me laisser le plus beau, que, malgré ma respectueuse résistance, il me força d'accepter.

L'année qui suivit, j'eus la rougeole ; mes enfants eurent en même temps la rougeole, ce que l'on me cacha avec le plus grand soin. Mon fils, enfant charmant âgé de cinq ans, en mourut. Sa mort me causa une telle affliction que je tombai dans un état de langueur qui fit craindre pour ma vie ! M. Tronchin m'ordonna les eaux de Spa. Je partis au mois d'avril. Au bout de six semaines ma santé était parfaitement rétablie.

Je fis le voyage de Dusseldorf, pour voir la superbe galerie de tableaux ; nous nous arrêtâmes trois jours à Aix-la-Chapelle, où je vis pour la première fois madame la comtesse de Potocka, qui se prit d'une telle passion pour moi, qu'elle quitta sur-le-champ Aix-la-Chapelle pour venir avec moi à Spa, où je retournais et où nous passâmes deux mois ensemble ; elle me promit de venir à Paris l'hiver prochain ; elle me tint parole. J'écrivis à Paris pour demander une prolongation de congé, et à M. de Genlis la permission de faire le voyage de Suisse. J'obtins tout ce que je désirais, et nous partîmes.

En arrivant à Colmar, j'y trouvai mon beau-père, le baron d'Amdlau, qui me reçut à ravir, me donna un bal, me fit de très beaux présents, et me conduisit à Bâle, en payant toute ma dépense. Il me fit séjourner à Lausanne, où je voulais consulter M. Tissot. On venait de toute l'Europe, dans cette saison, consulter ce grand médecin. Je passai douze jours à Lausanne. On me donna des fêtes, des bals, des concerts ; je chantai, je jouai de la harpe tant qu'on voulut. On me mena faire des promenades délicieuses sur le lac ; je ne manquai pas d'aller voir les rochers de Meillerie. De Lausanne j'allai à Genève, et de là chez M. de Voltaire.

Je n'avais point pour lui de lettres de recommandation ; mais les jeunes femmes de Paris en sont toujours bien reçues. Je lui écrivis pour lui demander la permission d'aller chez lui. Le philosophe de Ferney me fit une réponse très gracieuse ; il m'annonça qu'en ma faveur il quitterait ses pantoufles et sa robe de chambre, et il m'invita à dîner et à souper. Il était d'usage, surtout pour les jeunes femmes, de s'émouvoir, de pâlir, de s'attendrir et même de se trouver mal en apercevant M. de Voltaire ; on se précipitait dans ses bras, on balbutiait, on pleurait, on était dans un trouble qui ressemblait à l'amour le plus passionné. C'était l'étiquette de la présentation à Ferney. M. de Voltaire y était tellement accoutumé que le calme et la politesse la plus obligeante ne lui paraissaient que de l'impertinence. Je me promis, non pas de faire une scène pathétique, mais de me conduire de manière à ne pas causer un grand étonnement, c'est-à-dire que je pris la résolution de n'être pas ridicule.

Je partis de Genève d'assez bonne heure, pour arriver à Ferney avant l'heure du dîner de M. de Voltaire ; mais, m'étant réglée sur sa montre, qui avançait beaucoup, je ne reconnus mon erreur qu'à Ferney. Il n'y a guère de gaucherie plus désagréable que celle d'arriver trop tôt pour dîner chez les gens.

Cherchant, de bonne foi, quelque moyen de plaire à l'homme célèbre qui voulait bien me recevoir, j'avais mis beaucoup de soin à me parer ; je n'ai jamais eu tant de plumes et tant de fleurs. Durant la route, je tâchai de me ranimer en faveur du fameux vieillard que j'allais voir ; je répétais des vers de la *Henriade* et de ses tragédies.

Je menai avec moi un peintre allemand, M. Ott. Il savait à peine le français, et il n'avait jamais lu une ligne de Voltaire ; mais, sur sa réputation, il n'en avait pas moins pour lui tout l'enthousiasme désirable. On nous fit passer devant une église sur le portail de laquelle ces mots étaient écrits : « Voltaire a élevé ce temple à Dieu. » Cette inscription me fit frémir comme l'inconséquence la plus étrange.

Enfin nous arrivons dans la cour du château, et nous descendons de voiture. M. Ott était ivre de joie. Nous entrons. Nous voilà dans une antichambre assez obscure. M. Ott aperçoit sur-le-champ un tableau, et s'écrie : « C'est un Corrège ! » Nous approchons ; on le voyait mal, mais c'était en effet un tableau original du Corrège. Je vis dans le château cette espèce de rumeur désagréable que produit une visite inopinée qui survient mal à propos. Les domestiques avaient un air effaré ; on entendait le bruit redoublé des sonnettes qui les appelaient, on allait et venait précipitamment, on ouvrait et fermait brusquement les portes. Je regardai à la pendule du salon, et je reconnus avec douleur que j'étais arrivée trois quarts d'heure trop tôt. M. Ott vit, à l'autre extrémité du salon, un grand tableau à l'huile, dont les figures sont en demi-nature. Un cadre superbe, et l'honneur d'être placé dans le salon, annonçaient quelque chose de beau. A notre grande surprise, nous découvrons une véritable enseigne à bière, une peinture ridicule présentant M. de Voltaire dans une gloire, tout en-

touré de rayons comme un saint, ayant à ses genoux
les Calas, et foulant aux pieds ses ennemis, Fréron,
Pompignan, etc., qui expriment leur humiliation en
ouvrant des bouches énormes et en faisant des gri-
maces effroyables. Enfin la porte du salon s'ouvrit,
et nous vîmes paraître madame Denis, la nièce de
M. de Voltaire, et madame de Saint-Julien. Ces dames
m'annoncèrent que M. de Voltaire viendrait bientôt.
Madame de Saint-Julien, qui était fort aimable, et
que je ne connaissais pas du tout, était établie pour
tout l'été à Ferney ; elle appelait M. de Voltaire
mon philosophe, et il l'appelait mon papillon. Elle
portait une médaille d'or à son côté. J'ai cru que
c'était un ordre ; mais c'était un prix d'arquebuse
donné par M. de Voltaire, et qu'elle avait gagné
depuis peu de jours. Une telle adresse est un exploit
pour une femme. Elle me proposa de faire un tour
de promenade, ce que j'acceptai avec empressement ;
je craignais tellement l'apparition du maître de la
maison, que j'étais charmée de m'échapper un moment, afin de retarder un peu cette terrible entrevue. Madame de Saint-Julien me conduisit sur une
terrasse de laquelle on eût pu découvrir la magnifique vue du lac et des montagnes si l'on n'avait
pas eu le mauvais goût d'établir sur cette belle terrasse un long berceau de treillage tout couvert d'une
verdure épaisse qui cachait tout. On n'entrevoyait
cette admirable perspective que par des petites lu-
carnes où je ne pouvais passer la tête ; d'ailleurs, le
berceau était si bas, que mes plumes s'y accrochaient
partout. Je me courbais extrêmement, et, comme pour
me rapetisser encore, je ployais beaucoup les genoux,
je marchais à toute minute sur ma robe, je chance-
lais, je trébuchais, je cassais mes plumes, je déchi-

rais mes jupons, et, dans l'attitude la plus gênante, je n'étais guère en état de jouir de la conversation de madame de Saint-Julien, qui, petite, en habit négligé du matin, se promenait très à son aise, et causait agréablement. Enfin on vint nous dire que M. de Voltaire entrait dans le salon. J'étais si harassée et en si mauvaise disposition que j'aurais donné tout au monde pour pouvoir me trouver transportée dans mon auberge à Genève.

Madame de Saint-Julien m'entraîne avec vivacité. Nous regagnons la maison, et j'eus le chagrin, en passant dans une des pièces du château, de me voir dans une glace. J'étais décoiffée et toute ébouriffée, et j'avais une mine véritablement piteuse et tout à fait décomposée. Je m'arrêtai un instant pour me rajuster ; ensuite je suivis courageusement madame de Saint-Julien. Nous entrons dans le salon, et me voilà en présence de M. de Voltaire. Madame de Saint-Julien m'invita à l'embrasser, en me disant avec grâce : « Il le trouvera très bon. » Je m'avançai gravement, avec l'expression du respect que l'on doit aux grands talents et à la vieillesse. M. de Voltaire me prit la main et me la baisa. Je ne sais pourquoi cette action si commune me toucha, comme si cette espèce d'hommage n'était pas aussi vulgaire que banal ; mais enfin je fus flattée que M. de Voltaire m'eût baisé la main, et je l'embrassai de très bon cœur intérieurement, car je conservai toute la tranquillité de mon maintien. Je lui présentai M. Ott, qui fut si transporté de s'entendre nommer à M. de Voltaire, que je crus qu'il allait faire une scène. Il s'empressa de tirer de sa poche des miniatures qu'il avait faites à Berne. Malheureusement un de ces tableaux représentait une Vierge avec l'enfant Jésus : ce qui fit dire à M. de Voltaire plusieurs impiétés aussi plates que révoltantes. Je trouvai qu'il était contre les devoirs de l'hospitalité et contre toute bienséance de s'exprimer ainsi devant une personne de mon âge qui ne s'affichait pas pour un esprit fort, et qu'il recevait pour la première fois. Extrêmement choquée, je me tournai du côté de madame Denis, afin d'avoir l'air de ne pas écouter son oncle. Il changea d'entretien, parla de l'Italie et des arts comme il en a écrit, c'est-à-dire sans connaissance et sans goût. Je ne dis que quelques mots, qui exprimaient que je n'étais pas de son avis.

On se mit à table, et pendant tout le dîner M. de Voltaire ne fut rien moins qu'aimable. Il eut toujours l'air d'être en colère contre ses gens, criant à tue-tête avec une telle force qu'involontairement j'en ai plusieurs fois tressailli. La salle à manger était très sonore, et sa voix de tonnerre y retentissait de la manière la plus effrayante. On m'avait prévenue de cette manie, qui est si hors d'usage devant des étrangers, et l'on voit parfaitement, en effet, que c'est une habitude, car ses gens n'en paraissent être ni surpris ni le moins du monde troublés. Après le dîner, M. de Voltaire, sachant que j'étais musicienne, a fait jouer madame Denis du clavecin. Elle a un jeu qui transporte, en idée, au temps de Louis XIV ; mais ce souvenir-là n'est pas le plus agréable qu'on puisse retracer de ce beau siècle. Elle finissait une pièce de Rameau, lorsqu'une jolie petite fille de sept ou huit ans entra dans la chambre, et vint se jeter au cou de M. de Voltaire en l'appelant papa. Il reçut ses caresses avec grâce ; et, comme il vit que je contemplais ce tableau si doux avec un extrême plaisir, il me dit que cette enfant appartenait à la petite-fille du grand Corneille, qu'il a mariée. Combien j'eusse été touchée dans ce moment si je ne m'étais pas rappelé ses *Commentaires*, où l'injustice et l'envie se trahissent si maladroitement ! Dans ce lieu on était à chaque instant blessé par des contrastes bizarres, et sans cesse l'admiration y était suspendue et même détruite par des souvenirs odieux et même par des disparates révoltantes.

M. de Voltaire reçut plusieurs visites de Genève, ensuite il me proposa une promenade en voiture. Il fit mettre ses chevaux, et nous montâmes dans une berline, lui, sa nièce, madame de Saint-Julien et moi. Il nous mena dans le village pour y voir les maisons qu'il a bâties et les établissements bienfaisants qu'il a formés. Il est plus grand là que dans ses livres ; car on y voit partout une ingénieuse bonté, et l'on ne peut se persuader que la même main qui écrivit tant d'impiétés, de faussetés et de méchancetés ait fait des choses si nobles, si sages et si utiles. Il montrait ce village à tous les étrangers, mais de bonne grâce ; il en parlait simplement, avec bonhomie ; il instruisait de tout ce qu'il avait fait, et cependant il n'avait nullement l'air de s'en vanter, et je ne connais personne qui pût en faire autant. En rentrant au château, la conversation fut fort animée ; on parlait avec intérêt de ce qu'on avait vu. Je ne partis qu'à la nuit. M. de Voltaire me proposa de rester jusqu'au lendemain après dîner ; mais je voulus retourner à Genève.

Tous les portraits et tous les bustes de M. de Voltaire sont très ressemblants ; mais aucun artiste n'a bien rendu ses yeux. Je m'attendais à les trouver brillants et pleins de feu : ils étaient en effet les plus spirituels que j'aie vus ; mais ils avaient en même temps quelque chose de velouté et une douceur inexprimable : l'âme de Zaïre était tout entière dans ces yeux-là. Son sourire et son rire extrêmement malicieux changeaient tout à fait cette charmante expression. Il était fort cassé, et sa manière gothique de se mettre le vieillissait encore ; il avait une voix sépulcrale qui lui donnait un ton singulier, d'autant plus qu'il avait l'habitude de parler excessivement haut, quoiqu'il ne fût pas sourd. Quand il n'était question ni de la religion ni de ses ennemis, sa conversation était simple, naturelle, sans nulle prétention et, par conséquent, avec un esprit tel que le sien, parfaitement aimable. Il me parut qu'il ne supportait pas que l'on eût, sur aucun point, une opinion différente que la sienne ; depuis qu'il était dans cette terre, on n'allait le voir que pour l'enivrer de louanges ; tout ce qui l'entourait était à ses pieds. Les rois mêmes n'ont jamais été les objets d'une adulation si outrée : l'étiquette défend de leur prodiguer toutes ces flatteries ; grâce au respect, la flatterie, à la cour, est obligée de ne se montrer que sous des formes délicates. A Ferney elle était véritablement grotesque ; l'amour-propre de M. de Voltaire était singulièrement irritable, et les critiques lui causaient ce chagrin puéril qu'il ne pouvait dissimuler. Il venait d'en éprouver un très sensible. L'empereur avait passé tout près de Ferney : M. de Voltaire, qui s'attendait à recevoir la visite de l'illustre voyageur, avait préparé des fêtes et même fait des vers et des couplets, et malheureusement tout le monde le savait. L'empereur passa sans s'arrêter et sans faire dire un seul mot. Comme il approchait de Ferney, quelqu'un lui demanda s'il verrait M. de Voltaire. L'empereur répondit sèchement : « Non ; je le connais assez. » Mot piquant et même profond, qui prouve que ce prince lisait en homme d'esprit et en monarque éclairé.

Après avoir fait un voyage instructif et charmant, je revins en France par le fort de l'Écluse et par Lyon, et j'arrivai au Palais-Royal dans les premiers jours de l'automne, après une absence de cinq mois et demi.

J'avais fait pendant mon séjour à Spa plusieurs petites comédies pour mes filles ; les trois premières furent : *Agar dans le désert*, *les Flacons*, et *la Colombe*. Je les leur fis jouer. J'invitai à ce petit spectacle environ soixante personnes. Le succès de ces pièces fut prodigieux. Pulchérie, ma seconde fille, avait dans ce genre un talent merveilleux. A peine âgée de huit ans, elle fit fondre en larmes tous les spectateurs dans le rôle d'Agar, et elle montra autant de talent dans le comique. Elle n'avait pas la beauté, l'éclat, la régularité de sa sœur, mais son visage était charmant, rempli d'expression, et le son de sa voix allait au cœur. La fille de madame de Jumilhac joua le rôle d'Ismaël, et ma fille aînée celui de l'Ange ; elle en avait tellement la figure, que lorsqu'elle parut il y eut une exclamation générale dans la salle, et elle fut applaudie pendant plus de cinq ou six minutes. Les spectateurs demandèrent à grands cris l'auteur, qui ne parut point, et une seconde représentation que j'accordai, en l'indiquant à la quinzaine. Dans cet intervalle, il me fut demandé une quantité de billets. Le succès de cette seconde représentation alla jusqu'à l'enthousiasme. Je fis en quinze jours *Zémire et Azor*, *ou la Belle et la Bête*, qui fut jouée dans le cours de l'hiver, avec *l'Enfant gâté*. Toutes ces pièces eurent le même succès, excitèrent le même enthousiasme. M. de la Harpe me fit des vers charmants qui se trouvent dans sa correspondance avec le grand-duc de Russie. Outre toutes ces pièces, je fis encore *le Bailli*, pièce tout à fait comique, dans laquelle Pulchérie, qui joua le bailli, fut ravissante. Cette pièce, qui fit rire aux éclats, ne se trouve point dans le *Théâtre d'éducation*.

J'avais passé un hiver très brillant ; mes succès m'avaient mise fort à la mode, je reçus des quantités d'invitations de souper, que je refusai toutes, ainsi que les nouvelles connaissances ; mais j'en fis faire plusieurs agréables à madame Potocka, qui eut de grands succès dans le monde, par sa beauté, sa grâce et son esprit. Elle venait presque à tous les grands soupers du Palais-Royal ; elle vit là successivement toutes les personnes de la cour ; elle les jugeait comme une Française spirituelle. Parmi les jeunes personnes qui lui parurent les plus remarquables furent madame la princesse d'Hénin, la vicomtesse de Laval, d'une figure à la fois douce et piquante, et sa conversation ressemblait à son joli visage ; madame la princesse de Poix dont j'ai déjà parlé ; la duchesse de Polignac, favorite de la reine. Sa faveur ne lui avait rien ôté de sa douceur et de sa simplicité naturelles. On dit qu'elle avait peu d'esprit ; mais il faut en avoir un très bon pour conserver un tel maintien dans une telle situation et pour avoir su se maintenir dans la plus haute faveur sans enivrement et sans se faire d'ennemis. J'ai souvent causé avec elle, je l'ai toujours trouvée fort aimable. Madame de Sabran, aujourd'hui madame de Boufflers, était une des plus charmantes personnes que j'aie connues, par la figure, l'élégance, l'esprit et les talents ; elle dansait d'une manière remarquable, elle peignait comme un ange, elle faisait de jolis vers, elle était d'une douceur et d'une bonté parfaites. Madame de Potocka fut souvent invitée, à cause de moi, aux petits soupers du Palais-Royal ; car les princes avaient cette bonté pour leurs dames d'admettre dans leur intérieur leurs plus proches parents et leurs amis intimes. Les personnes non attachées au Palais-Royal qui venaient le plus souvent à ces petits soupers étaient mesdames de Beauvau, de Boufflers, de Luxembourg, de Ségur, mère et belle-fille; la baronne de Talleyrand, la marquise de Fleury; amies intimes de madame la duchesse de Chartres. Le baron de Talleyrand était d'une très belle figure ; il ne manquait pas d'esprit, mais il était lourd dans sa conversation, et peu aimable. Sa femme avait de la gentillesse dans la taille et quelque chose de vieillot dans le visage ; ses manières et son ton manquaient de noblesse : il y avait à la fois dans sa conversation du commérage et de l'insipidité ; mais elle a eu une conduite irréprochable : elle a été également bonne épouse et bonne mère. La marquise de Fleury avait un beau visage et des yeux admirables, quoiqu'elle eût la vue très basse, et qu'elle l'ait perdue depuis. Elle était bonne, spirituelle et naturelle. J'ai été fort liée avec elle, et jusqu'à sa mort. Elle était un soir à souper à Versailles chez la princesse de Guéménée, où, comme à l'ordinaire, il y avait beaucoup de monde ; madame de Fleury venait de faire sa cour, elle était en grand habit. Au lieu d'ôter son bas de robe dans l'antichambre, elle ne s'en débarrassa que dans le salon ; madame de Guéménée lui conseilla en riant de se défaire aussi de son immense panier. « Très volontiers », répondit madame de Fleury. A ces mots très inattendus, plusieurs femmes s'élancent vers elle pour l'exhorter à faire cette folie : on lui ôte son panier, sa jupe, de superbe étoffe, on la déshabille en un clin d'œil, et elle se trouve avec son grand corps et sa palatine, et en petit jupon court de basin, sur lequel ballottaient ses deux poches. Tout cela se passa en présence de cinquante personnes. J'étais du nombre. Madame de Fleury resta dans cet étrange costume toute la soirée sans le moindre embarras, et comme si elle n'eût fait que la chose du monde la plus simple.

Pendant que j'étais au Palais-Royal, M. de Voltaire vint et mourut à Paris ; comme il m'avait reçue à Ferney, et qu'il vint se faire écrire chez moi, j'allai le voir trois ou quatre fois ; il me reçut avec beaucoup de grâce, mais je le trouvai si abattu et si cassé que je vis bien que sa fin était prochaine.

Le temps que j'ai passé au Palais-Royal fut le plus brillant et le plus malheureux de ma vie ; j'étais dans tout l'éclat de mes talents et à cet âge où l'on joint à la fraîcheur et aux grâces de la jeunesse, tout l'agrément que peut donner l'usage du monde ; je trouvais le moyen de passer beaucoup de temps chez moi ; j'avais de la musique tous les samedis ; Gluck y venait régulièrement ; sa conversation était aussi charmante que son talent était admirable. J'étais généralement aimée dans le grand monde ; voilà le beau côté de ma situation. Mais la haine et la fausseté de quelques personnes du Palais-Royal, les tracasseries sans cesse renaissantes me causaient des chagrins amers, qu'il fallait dissimuler ; car ma place me forçait à faire les honneurs du Palais-Royal, quand j'étais accablée d'inquiétudes, ou dominée par l'indignation. Les jours où la porte du Palais-Royal était ouverte, il fallait toujours qu'une des dames de madame la duchesse de Chartres restât, après le souper, dans le salon tant qu'il s'y trouvait une ou plusieurs dames étrangères ; la princesse s'en allait régulièrement à minuit ; les dames qui ne devaient pas veiller la suivaient ; la veilleuse restait jusqu'à ce que le jeu fût fini, et ce jeu durait quelquefois jusqu'à trois et quatre heures du matin. Je me trouvais simple spectatrice pendant des heures entières. Cet ennui ne m'était pas supportable.

M. le duc de Chartres désirait avec passion la survivance de la place de grand-amiral, que possédait son beau-père, M. le duc de Penthièvre ; dans cette idée, il voulut faire une campagne de mer, chose que n'avait jamais faite son beau-père ; il devait aller s'embarquer à Toulon, et j'engageai madame la duchesse de Chartres à faire le voyage jusque-là ; je lui inspirai même le désir de faire le voyage d'Italie.

Notre voyage fut annoncé, mais la surveille de mon départ, madame Potocka soupa chez moi, et comme elle récapitulait tout ce que je lui avais fait voir, M. de Genlis lui dit que j'avais oublié la guinguette, et il nous proposa de nous mener le lendemain, après souper, au Grand Vainqueur, la plus belle guinguette des Porcherons ; l'on convint que nous irions tous déguisés, madame de Potocka et moi en cuisinières, M. de Maisonneuve, un chambellan du roi de Pologne et M. de Genlis, en domestique à livrée. Le lendemain madame de Potocka et moi nous soupâmes au Palais-Royal ; madame de Potocka était ce soir-là excessivement parée, avec

une robe d'or, et une énorme quantité de diamants ;
à onze heures, M. de Genlis s'approche d'elle pour
lui rappeler très gravement qu'il était temps de se
disposer à aller aux Porcherons ; cette invitation me
fit éclater de rire, parce qu'elle s'adressait à la figure
la plus majestueuse que j'aie jamais vue. Nous montâmes dans mon appartement pour nous habiller, ce
qui se fit chez ma mère, qui était dans son lit, et
qui voulait voir nos déguisements. La noble et belle
figure de madame de Potocka était un peu forte et
avait besoin de parure ; quand elle eût mis son juste,
son fichu rouge, son tablier à carreaux, et son bonnet
rond, elle eut véritablement la tournure d'une franche cuisinière, tandis que moi au contraire, avec un
habillement pareil, je ne perdis rien de ce que mon
visage pouvait avoir d'élégant et de distingué, et
j'étais même plus remarquable qu'avec un bel habit.

M. de Maisonneuve s'était fait excuser le matin :
comme il nous fallait deux hommes, nous le rem-
plaçâmes par M. Gillier ; et, tous les quatre, nous
partîmes en fiacre à onze heures et demie. J'eus les
plus grands succès au Grand Vainqueur, j'y fis tout
de suite la conquête du coureur de M. le marquis
de Brancas, qui, en servant son maître, avait dû
me voir vingt fois à table. Personne n'eut le moindre
soupçon de nos déguisements. Je commençai par
danser, avec toute la niaiserie villageoise, un menuet avec le coureur, et ensuite une contredanse.
Pendant ce temps, M. Gillier nous commandait une
salade et des pigeons à la crapaudine, pour nous
rafraîchir. Nous nous établîmes à une petite table,
où la gaieté folle de M. de Genlis et sa galanterie,
partagée entre madame de Potocka et moi, nous

faisaient rire aux éclats ; il était fort commun d'entrer en chantant à la guinguette ; tout à coup nous entendîmes chanter à tue-tête cette chanson :

Lison dormait dans un bocage,
Un bras par-ci, un bras par-là, etc.

Nous regardâmes du côté de la porte, et nous vîmes deux personnes qui entraient en chantant ces paroles, et en dansant, l'une vêtue en servante et l'autre avec l'habit de livrée d'un de mes gens. Je les reconnus à l'instant : c'était ma mère, à laquelle M. de Maisonneuve donnait le bras. Elle avait concerté avec lui cette partie : c'était pourquoi il n'était point venu avec nous. Cette soirée est l'une des plus gaies que j'aie passées dans ma vie.

Madame la duchesse de Chartres, en partant pour l'Italie, n'emmena que la jeune comtesse de Rully, M. de Genlis, un écuyer et moi, deux femmes de chambre, un valet de chambre et trois valets de pied. Nous traversâmes toutes les provinces méridionales, ne nous arrêtant que pour recevoir les fêtes charmantes que l'on donnait au prince et à la princesse. Les plus belles furent à Bordeaux, dont M. de Clugny, mon parent, était intendant. Sa belle-sœur, la baronne de Clugny, était une des plus belles personnes que j'aie vues ; elle avait, entre autres, des cheveux miraculeux par l'épaisseur, la couleur, la finesse et la longueur. Je l'ai vue avec une robe à longue queue, comme on les portait alors, étant debout, détacher ses cheveux, qui alors l'enveloppaient entièrement, et qui passaient la queue de sa robe de près d'un demi-pied. Elle n'était ni grande ni petite. Madame de Potocka nous suivit jusqu'à

Bordeaux. M. le duc de Chartres posa la première pierre de la salle de comédie, qui a été faite par M. Louis, et l'une des plus belles de France. Cette cérémonie se fit la nuit ; nous y assistâmes. Tous les francs-maçons, dont M. le duc de Chartres était le grand maître, s'y trouvèrent ; il y eut de la musique et une illumination. Nous vîmes aussi à Bordeaux le beau port illuminé, et sur la mer un vaisseau illuminé aussi d'une manière charmante ; tous les cordages et tous les agrès paraissaient dessinés en traits de lumière. On n'aurait pas pu rendre au roi et à la reine de plus grands honneurs que ceux que reçurent, dans ce voyage, M. le duc et madame la duchesse de Chartres : par exemple, à notre arrivée à Bordeaux, où nous arrivâmes par mer, tous les vaisseaux du port étaient pavoisés, et le maire de Bordeaux, dans son habit de cérémonie et suivi de tout le corps municipal, vint recevoir et haranguer M. le duc de Chartres. Un peuple immense était sur le rivage, et leurs acclamations redoublées exprimaient l'amour qu'ils avaient encore pour le sang royal.

La ville de Bordeaux était, je le crois, la seule qui eût un maire, et ce maire était toujours un homme de la cour. Le vicomte de Noé, qui avait été attaché au Palais-Royal, l'était à cette époque. Je m'amusai beaucoup aussi à Aix, à Montpellier et à Marseille, où nous eûmes beaucoup de fêtes. Je vis à Marseille, pour la première fois, des galères, bâtiments qui offrent une triste idée (celle des forçats), mais qui ont beaucoup d'élégance ; enfin nous arrivâmes à Toulon, où les fêtes recommencèrent, et durèrent dix jours ; la plus belle de toutes fut celle que donna la marine ; nous y vîmes, entre autres,

un très beau spectacle : des joutes sur la mer. Enfin
ce voyage fut un enchantement continuel. Que dut
penser, dix-sept ou dix-huit après, l'infortuné prince,
objet de tant d'hommages, lorsqu'il traversa cette
même route, déchu de son rang, dépouillé, prison-
nier et proscrit !... M. le duc de Chartres s'embar-
qua pour faire sa campagne de mer, et nous fîmes
le coup de tête, concerté avec lui, d'aller, sans permission de la cour, en Italie. Madame la duchesse
de Chartres, lorsque nous fûmes à Antibes, écrivit
au roi une lettre d'excuses, assurant que ce voyage
n'avait point été prémédité, et donnant pour excuse
le désir de voir son grand-père, le duc de Modène.
Nous fîmes à Antibes les rencontres les plus agréables ; nous y retrouvâmes M. de Rouffignac ; nous
avions déjà eu avec lui une rencontre singulière à
Angers, où il avait une maison. Je lui avais envoyé
un courrier pour lui dire que nous passerions dans
cette ville, entre onze heures et minuit ; que nous
nous arrêterions un moment à sa porte, et que nous
espérions qu'il aurait la galanterie chevaleresque et
romanesque de nous donner à chacune une tasse de
son bouillon. Il avait chez lui un ours apprivoisé ;
il avait entendu dire que rien au monde n'était
meilleur que du bouillon d'ours, il fit tuer son
ours, dont on fit du bouillon, qu'il nous donna en
passant. Ce bouillon était fort rouge ; mais je n'ai
jamais rien pris d'aussi bon. Nous nous embar-
quâmes pour aller à Nice, avec une felouque d'escorte qui portait un régiment tout entier pour nous
garantir des corsaires. Nice est un séjour délicieux ;
apprenant là que l'on pouvait aller à Gênes par terre,
en chaise à porteurs, nous prîmes tout à coup la
résolution de faire ce périlleux voyage.

J'envoyai chercher l'homme qui nous louait des mulets. Je voulais le questionner sur les dangers de la route. Cet homme me répondit : « Je ne suis pas inquiet pour vous, mesdames ; mais, à dire la vérité, je crains un peu pour mes mulets, parce que l'an passé j'en perdis deux qui furent écrasés par de gros morceaux de roches, car il s'en détache souvent de la montagne. » Cette manière de nous tranquilliser nous fit rire et nous partîmes.

Cette route est parfaitement bien appelée la Corniche ; c'est en effet une vraie corniche, en beaucoup d'endroits si étroite qu'une personne y peut à peine passer : d'un côté, d'énormes rochers forment une espèce de muraille qui paraît s'élever jusqu'aux cieux, et de l'autre on se trouve exactement sur le bord de précipices de cinq cents pieds, au fond desquels la mer, se brisant contre des écueils, produit un bruit aussi triste qu'effrayant. Depuis Monaco jusqu'à Menton, l'on respire. Après Menton, le chemin redevient effroyable ; mais nous commencions à nous y accoutumer, et la vue d'une prodigieuse quantité de jolies cascades naturelles nous charmait tellement qu'elle nous faisait oublier les précipices. Arrivés à La Bourdeguierre, petite ville où l'on trouve de superbes palmiers, dispersés parmi des ruines d'un très bel effet, il a fallu s'arrêter encore pour jouir du plus ravissant point de vue que nous eussions rencontré. Enfin à sept heures, la nuit tombante nous força de nous arrêter à l'Hospitaletta, le plus affreux gîte où l'on ait jamais donné l'hospitalité, et qui n'est qu'à dix lieues de Nice. Nous couchâmes toutes les trois dans la même chambre ; nous arrangeâmes pour madame la duchesse de Chartres une espèce de lit fait avec les couvertures des mulets et de la feuillée ; dans la même chambre se trouvaient deux grands tas de blé, et le maître de la maison nous assura, ma compagne et moi, que nous dormirions fort bien en nous établissant sur ces monceaux de grains ; nos sigisbés nous donnèrent leurs manteaux pour couvrir ces monceaux de grains. Il fallait se coucher dans une attitude singulière, c'est-à-dire, presque debout. Nous passâmes la nuit dans une agitation continuelle, causée par les glissades des grains de blé. Nous vîmes avec un grand plaisir paraître le jour, et comme nous étions tout habillées, nos toilettes ne furent pas longues. Nos porteurs étaient les plus vilaines gens du monde, n'entendant ni le français ni l'italien, parlant un jargon inintelligible, et s'enivrant, jurant et se querellant sans cesse. Il est difficile de ne pas s'intéresser à leurs disputes, quand, porté par eux, on les voit sur les bords d'un précipice, tout à coup trembler de colère, s'agiter, chanceler, et ne porter la litière que d'une main, afin d'avoir la liberté de faire des gestes menaçants de l'autre. Ces litières ne ressemblent nullement à des chaises à porteurs ordinaires. Ce sont des espèces de chaises longues, étroites et peu allongées ; l'endroit sur lequel on est assis est couvert d'un petit berceau en toile cirée fait pour y garantir de la pluie. On a les jambes étendues, sans avoir la liberté de les plier, et mes pieds passaient la chaise. Nous fûmes assez bien logées à Saint-Maurice, petit port de mer.

Le chemin de Saint-Maurice à Albenga est rempli de passages effrayants ; mais cette route offre des points de vue admirables, entre autres celui qu'on trouve au haut de la montagne qui domine la ville de Languella. La descente de cette montagne est très escarpée et fort dangereuse. Nous la descendîmes à pied, et je puis dire même à pieds nus, car les rochers, que nous gravissions depuis trois jours, avaient tellement usé et percé nos souliers que les semelles en étaient presque entièrement emportées : et, ne prévoyant pas que nous dussions autant marcher, nous n'avions pas eu la précaution d'en prendre plusieurs paires.

Ce voyage, le plus dangereux, et en même temps le plus curieux que l'on puisse faire, se passa très gaiment et sans accident ; il dura six jours, pour faire quarante lieues. L'horreur des précipices me fit faire plus des trois quarts du chemin à pied, sur des cailloux et des roches coupantes. J'arrivai à Gênes avec des pieds enflés et pleins de cloches, mais en très bonne santé. Le duc de Modène reçut madame la duchesse de Chartres avec beaucoup de joie et de tendresse. Ce prince, rempli de bonté, était alors âgé de quatre-vingts ans ; il était aveugle, et il avait la plus étrange figure. Il se faisait mettre du rouge et du blanc, et peindre les sourcils ; son nez était d'une longueur démesurée. Le prince héréditaire, fils du duc, était fort affable, mais sa galanterie n'était rien moins que délicate. L'archiduchesse Marie, sa fille, était une princesse très distinguée par son éducation et son caractère. L'archiduc Ferdinand, son mari, avait un visage charmant ; il ressemblait beaucoup à la duchesse de Polignac ; il avait des cheveux d'une beauté remarquable. L'homme qui avait la plus belle place à cette cour s'appelait le comte de Lascaris ; il avait à peu près quarante ans ; il était petit et gros ; son visage n'avait pas plus de noblesse que sa taille. J'eus la gloire de faire sa conquête, et dès le premier moment. Il était surintendant du palais, et distribuait les logements dans le palais de Modène, où nous allâmes avec la cour. Il me donna un appartement superbe : ma chambre était tout en glaces, et même le plafond. Un soir que, suivant ma coutume, rentrée chez moi après le souper, j'écrivais mon journal, assise devant une table portative, j'entendis un petit bruit. Je lève les yeux, et je vois avec beaucoup d'étonnement un panneau de glace, que je ne croyais pas être une porte, s'entr'ouvrir doucement, et M. de Lascaris apparaître, avec un petit air triomphant et venir se jeter à mes pieds. Je me lève, ma table tombe sur lui, la lumière s'éteint, nous nous trouvons dans une totale obscurité. J'appelle à grands cris ma femme de chambre, qui accourt en chemise, avec une chandelle à la main. M. de Lascaris, furieux, se relève, retourne à son panneau de glace, et disparaît. Dans ce tumulte, M. de Lascaris avait reçu une grande écorchure à la joue. Cette aventure fut sue de tout le monde par l'indiscrétion de ma femme de chambre et un peu par la mienne. Chacun demandait à M. de Lascaris ce qu'il avait à la joue, ce qui lui causait un embarras et une colère risibles. Nous devions, de Modène, aller à Mantoue, qui appartenait à l'archiduc Ferdinand. Il me consulta en particulier sur la manière dont il devait recevoir madame la duchesse de Chartres ; je lui fis entendre que ce qu'il y avait de mieux pour une voyageuse fatiguée, qui ne doit séjourner que deux jours, était de n'être pas obligée de faire des toilettes. Nous arrivâmes à Mantoue à la nuit. Nous logeâmes dans le beau palais de l'archiduc. Tous les appartements étaient tellement éclairés qu'on y voyait les beaux tableaux comme en plein jour. Le plaisir de jouir de toutes ces choses, sans l'ennui de la représentation, des toilettes, de la cérémonie, et des compliments, nous charma tous. M. de Genlis, toujours si aimable par sa gaieté et ses saillies, le fut particulièrement à Mantoue ; en moquerie des souvenirs des voyageurs emphatiques et pédants, il affecta de ne penser qu'à Virgile. Il fit mille citations de l'*Énéide*, à tout moment il s'écriait : O Virgile !... ô cygne de Mantoue !... et avec un ton et des mines qui nous faisaient rire aux éclats.

Il y avait dans le palais une très belle salle de spectacle. Le lendemain on joua un opéra pour la princesse. Nous admirâmes à ce spectacle une décoration véritablement magique ; elle était formée par de magnifiques colonnes creuses de cristal, dans lesquelles étaient posés des flambeaux allumés.

De là, nous allâmes à Venise ; tout y est silencieux ; on croit être dans une ville enchantée. Nous vîmes la fameuse fête du Bucentaure. C'est le nom du superbe vaisseau tout doré dans lequel le doge, accompagné du sénat, avec leurs longues robes de cérémonie, épousait la mer Adriatique. Le doge et le sénat se rendaient d'abord à l'église Saint-Georges pour y entendre l'office divin ; ensuite il s'embarquait dans le Bucentaure, où il s'asseyait avec tout le sénat, que l'on voyait parfaitement à travers les glaces de ce bâtiment. Venise entier, dans les gondoles, le suivait. Les seules gondoles des ambassadeurs étaient de couleur et très magnifiques. Après une petite navigation le doge ouvrait une petite glace, tirait de son doigt un anneau d'or qu'il élevait en l'air, et qu'ensuite il jetait dans la mer en s'écriant à haute voix qu'il l'épousait.

Les gondoliers étaient fort remarquables pour leur probité et leur goût pour la musique. Ils avaient leurs entrées à l'opéra, ce qui leur avait donné, de père en fils, un tel goût de chant et de poésie, que d'oreille ils mettaient en chant les stances de *la Jérusalem délivrée* ; et, parmi ces compositions, il s'en trouvait de si jolies, que tous les ans on en faisait graver quelques-unes sous le titre de *Barcaroles*. On allait souvent les entendre chanter les soirs. Ils chantaient, ou en partie, ou tour à tour, en se répondant, et toujours avec un agrément infini.

Comme on se l'imagine bien, la ville que je vis avec le plus d'enthousiasme fut Rome. Le cardinal de Bernis, auquel j'avais annoncé l'arrivée de madame la duchesse de Chartres, nous reçut avec une grâce dont rien ne peut donner l'idée. Il avait alors soixante-dix ans, une très bonne santé, et un visage d'une grande fraîcheur. Je n'ai jamais vu de magnificence surpasser la sienne ; nous logions chez lui, il nourrissait nos femmes et nos valets de chambre ; leur table était servie comme la sienne, et avec un surtout superbe. Tous les matins, après mon déjeuner, on apportait dans ma chambre un immense plateau chargé de glaces et de blanc-manger, que l'on renouvelait deux ou trois fois par jour. Il se mettait toujours à table entre madame la duchesse de Chartres et moi. Les dîners de la meilleure chère rassemblaient la meilleure compagnie. Je me baignai beaucoup à Rome, et toujours les soirs ; et, aussitôt que j'étais dans le bain, on avertissait le cardinal, qui venait, avec son neveu, causer trois quarts d'heure avec moi.

Je n'ai vu dans ma vie que deux choses qui surpassassent tout ce que mon imagination avait pu me représenter : la mer et Saint-Pierre de Rome. Le jour de la Saint-Pierre, il y avait dans l'église dix-huit orgues jouant ensemble, qui ne produisaient que l'effet d'un bon orgue dans une église ordinaire. On n'a jamais vu honorer Dieu, quand on n'a pas assisté au service divin dans ce temple admirable. Je crois que l'athée même y serait ému.

Le cardinal de Bernis donna à madame la duchesse de Chartres de magnifiques conversations, c'est-à-dire des assemblées de deux ou trois mille personnes. On l'appelait le roi de Rome, et il l'était, en effet, par sa magnificence. Le cardinal Albani avait les plus belles collections de l'Italie. Il était si passionné pour toutes les choses antiques que, lorsqu'on ne voulait pas les lui vendre, il les volait ; il a fait dans ce genre une action inouïe. Le prince de Palestrina avait, dans le jardin de sa maison de campagne, un superbe obélisque antique, qu'il refusa de vendre au cardinal Albani, qui voulait à tout prix en faire l'acquisition. Peu de temps après le prince fit un voyage ; le cardinal envoya la nuit quatre mille hommes, qui entrèrent de force dans le jardin, enlevèrent l'obélisque et le lui apportèrent. Il le mit dans son jardin à la villa Albani. Comme le cardinal était excessivement puissant, le prince n'osa pas lui intenter un procès ; il prit la chose en plaisantant. Ce prince de Palestrina était père de la duchesse de Cerifalco, qui passa neuf ans dans un souterrain, et dont j'ai conté l'étonnante histoire dans *Adèle et Théodore*. Le prince donna une fête à madame la duchesse de Chartres : la duchesse y vint par respect pour une princesse de la maison de Bourbon, car elle vivait dans la plus grande retraite, étant sujette depuis ses malheurs à tomber du haut mal ; elle ne resta qu'un quart d'heure à cette fête. Cette malheureuse personne était d'une piété d'ange. Elle a toujours ignoré, et l'on n'a jamais su pourquoi son barbare époux l'avait enfermée dans ce souterrain. Le duc son mari, lorsqu'il fut lui-même à l'article de la mort, confia à un valet de chambre que, pour des raisons de famille, il avait enfermé dans un souterrain une femme coupable et folle. Le valet de chambre reçut une clef du souterrain, pour secourir l'infortunée, qui depuis deux jours manquait de nourriture. Il frappa inutilement aux tours ; elle ne vint point recevoir son pain et son eau, elle était évanouie : le valet entra, la secourut, la reconnut, lui donna de la nourriture pour plusieurs jours, lui laissa la clef du souterrain, et envoya à Rome un courrier au prince de Palestrina, avec un billet de la duchesse, qui, dans quatre lignes et demie, lui apprenait son existence, et l'appelait à son secours. Le prince, suivi de tous les hommes de sa famille, alla se jeter aux pieds du roi de Naples, et lui conter cette histoire. Le roi lui donna un régiment pour l'escorter au château. au cas où la force serait nécessaire. Quand le prince de Palestrina y arriva, le duc vivait encore : on lui apprit, de la part du prince, que son crime était connu, et qu'on allait délivrer sa victime ; le duc expira peu d'heures après. De Rome nous allâmes à Naples.

Nous logeâmes chez l'ambassadeur, qui donna aussi des fêtes charmantes à madame la duchesse de Chartres. Nous arrivâmes à midi, et, en passant dans la rue de Tolède, qui est aussi peuplée que la rue Saint-Honoré, on nous vola deux porte-manteaux qui contenaient des habits de livrée de nos gens, et tous nos paniers de robes parées. Nous avions be-

soin de nos paniers pour être présentées le lendemain matin. L'ambassadeur en emprunta à des dames de sa connaissance ; mais ces paniers étaient
beaucoup plus grands que les nôtres, de sorte que
nos robes se trouvèrent très raccourcies, et nous
parûmes à la cour fort ridiculement habillées. L'ambassadeur conta notre aventure ; on en rit beaucoup,
et le roi dit à l'ambassadeur qu'il fallait s'adresser,
de sa part, à un homme de justice qu'il lui nomma,
qu'il fît venir le chef de cette bande de filous, qu'il
connaissait, et qu'il lui ordonnât, au nom du roi,
de rendre ces paniers, et gratuitement ; ces voleurs
étaient tolérés par le gouvernement, auquel ils donnaient une rétribution. Ce que je trouvai fort étrange
à Naples, c'est que le roi donnait sa main à baiser
à toutes les dames : ce qui ne s'est jamais vu en
France ; mais, en allant dîner, il les faisait toutes
passer devant lui, galanterie que nos rois n'avaient
pas. Nous dînâmes deux fois chez la reine. Cette
princesse ressemblait beaucoup à la reine de France ;
elle avait moins d'éclat et de noblesse ; mais sa physionomie était extrêmement douce, ses manières
étaient remplies de grâce : elle avait des talents, de
l'esprit et de l'instruction ; elle aimait beaucoup la
musique, elle chantait agréablement l'italien. Nous
la vîmes, deux ou trois fois dans son intérieur, donner des leçons aux princesses ses filles. Elle leur
expliquait des livres d'histoire en estampes, et parfaitement bien. Nous vîmes chez elle le petit prince
royal, qui tétait encore. Sa nourrice était une paysanne de Calabre. La reine avait voulu qu'elle con-
servât son costume de paysanne, ce que je trouvai
de fort bon goût. L'enfant était si accoutumé à être
dans les bras de sa mère que, lorsqu'elle faisait sem-

blant de s'en aller de la chambre, il pleurait : ce qui prouve combien elle passait de temps dans son intérieur avec ses enfants.

Le roi chanta, par galanterie pour madame la duchesse de Chartres, une vieille chanson française. Sa voix royale ne me fit pas autant plaisir que celle de la reine. Ce prince, qui était très bon et très affable, avait reçu une éducation si négligée, qu'il ne savait pas alors parfaitement l'italien : il ne parlait que le napolitain. Au reste, le roi de Naples était alors extrêmement jeune : il a regagné depuis, par l'expérience, par l'étude et par sa conduite, tout ce qui peut donner de la dignité personnelle à un souverain.

Je vis à Naples une chose qui m'intéressa vivement, ce fut le déroulement des manuscrits brûlés : l'inventeur de cette opération ingénieuse et lente la fit devant nous ; mais il n'avait pas d'élèves, et ce travail si curieux n'avançait point. Il déroulait, dans ce moment, un ouvrage sur la musique.

La beauté du climat de Naples est incomparable, ainsi que celle de son port, de ses sites et de ses environs, si curieux d'ailleurs par tant de merveilles de la nature, et que nous vîmes toutes avec détail. Nous allâmes souvent dans la maison de campagne de la princesse de Francaville ; nous vîmes dans son jardin des ananas en pleine terre ; nous en mangeâmes, nous les trouvâmes délicieux, et M. de Genlis nous dit qu'ils étaient aussi bons que ceux des Indes. Il fallait avoir une assiette creuse lorsqu'on les coupait, et cette assiette se remplissait de jus. Cependant, la princesse de Francaville était la seule qui en eût : personne d'ailleurs ne les cultivait ; le roi même n'en avait pas. J'ai mangé à

Naples les plus belles et les meilleures figues que j'aie jamais vues ; elles étaient grosses comme de belles poires.

Nous ne montâmes point le Vésuve, parce que, dans ce moment, il jetait beaucoup d'étincelles et lançait des pierres. Nous vîmes avec admiration la belle ville antique découverte de Pompéi, et la grotte de Pausilippe. Une des choses qui me charma le plus furent les guirlandes de vigne qui, partout dans la campagne, unissent les arbres les uns aux autres. Nous avions déjà vu cette manière de cultiver la vigne dans la Lombardie ; mais, dans ce dernier pays, les arbres sont petits, et dans les environs de Naples ils sont tous majestueux et de la plus grande élévation.

Dans nos promenades avec l'ambassadeur, il nous fit une malice qui nous causa une frayeur extrême. Il nous fit passer (ce que les femmes évitent toujours à Naples) sur le quai où se tenaient les lazzaroni, où ils avaient la permission d'être tout nus, sans chemise, sans nul vêtement et nulle draperie. Tout leur corps, ainsi que leur visage, est d'un rouge foncé ; ils ressemblent à d'effrayants sauvages.

La veille de notre départ, nous allâmes à la fameuse chartreuse de Saint-Martin, où les femmes n'entrent jamais. Madame la duchesse de Chartres avait un bref du pape pour y entrer avec toute sa suite. On voit dans ce mosnastère le fameux crucifix de Michel-Ange, dont l'admirable vérité de l'expression a fait dire sérieusement que Michel-Ange avait eu la barbarie de le peindre d'après un homme qu'il avait fait secrètement crucifier dans son atelier : calomnie absurde autant qu'atroce, qui n'aura d'abord été qu'une exagération d'éloge, et qui est devenue ensuite un conte populaire, mais démenti par la vie entière de l'artiste.

Nous quittâmes Naples, enchantées de la ville, des environs, de la cour, et de notre ambassadeur, qui avait donné à la princesse des fêtes charmantes. Nous avons encore séjourné dans une autre cour, à Parme. L'infant était d'une très grande piété ; nous fûmes frappées de sa ressemblance avec madame la duchesse de Chartres, dont il avait d'ailleurs la bonté et l'aimable caractère. L'infante, sœur de la reine de France, était une princesse fort extraordinaire ; elle n'aimait que la chasse ; elle passait la plus grande partie de sa vie à cheval, dans les bois. Elle eut aussi une grande envie de m'entendre jouer de la harpe ; je m'y refusai, sous prétexte que ma harpe était dérangée ; mais j'eus cette complaisance pour notre ambassadrice, la comtesse de Flavigny, qui me promit qu'il n'y aurait chez elle que six personnes de ses amis, qui ne le diraient pas. Nous logions dans le palais. Je fis porter ma harpe chez madame de Flavigny, et je me mis à jouer tout de suite après le souper. Je jouais depuis dix ou douze minutes, lorsque tout à coup les deux battants de la porte du salon s'ouvrirent, et nous vîmes paraître l'infante : ce fut un coup de foudre. L'infante, avec beaucoup de grâce, nous dit que nous avions été trahies, et qu'elle espérait que je ne l'empêcherais pas de profiter de ma complaisance pour madame de Flavigny. Je fis une courte apologie ; et, pensant que la meilleure serait de jouer de la harpe tant qu'elle le voudrait, je m'exécutai de bonne grâce, ayant l'air de n'être occupée que du soin de lui plaire. Son obligeance pour moi fut extrême.

Le lendemain elle ne parla que de ma harpe, et elle dit qu'elle en avait la tête si remplie, qu'ayant eu à écrire à l'impératrice sa mère, ma harpe tenait une grande page de sa lettre.

Pour finir l'histoire des cours des sœurs de la reine de France, j'ai interrompu le fil de mon voyage, car de Naples nous retournâmes à Rome, où nous séjournâmes encore une quinzaine de jours. Le cardinal, à notre départ, eut une attention pour la princesse qui pensa nous être bien funeste : il fit mettre des roues neuves à notre voiture. Ces roues ne se trouvaient pas proportionnées à la voiture, il était impossible d'aller bon train dans le plus beau chemin du monde sans verser ; c'est ce qui nous arriva à un demi-quart de lieue de Rome : la voiture versa du côté de madame la duchesse de Chartres. Ne voulant pas tomber sur elle, je me jetai, du premier mouvement, de l'autre côté, je cassai la glace et je me blessai à la tête ; tandis qu'on relevait la voiture, nous allâmes à pied nous réfugier dans un mauvais cabaret appelé la Storta, qui était sur la route : nous envoyâmes un courrier à Rome pour demander nos vieilles roues, que le chevalier de Bernis, escorté d'une charrette qui les portait, nous ramena. Nous avons fait tout le reste du voyage avec ces mêmes roues et sans accident. Nous revînmes en France par Turin. Nous restâmes à cette cour huit ou dix jours ; nous y revîmes avec un grand intérêt madame Clothilde, épouse du prince de Piémont : cette princesse, douée de toutes les vertus, était unie à un prince digne d'elle, par sa piété, sa bienfaisance et sa vie exemplaire.

Toutes nos lettres de Paris nous annonçaient que la princesse serait exilée en arrivant, pour avoir fait ce voyage sans permission. Nous allâmes sur-le-champ à la cour. Madame la duchesse de Chartres fut reçue sèchement ; toute la disgrâce se borna à cela, et très peu de temps après, on n'eut plus l'air de penser à notre escapade.

Madame la duchesse de Chartres avait déjà deux garçons : l'aîné s'appelait duc de Valois. Il était depuis longtemps convenu entre nous que si elle avait une fille, j'en serais la gouvernante. J'étais décidée à ne point élever la princesse au Palais-Royal, mais à me mettre dans un couvent avec elle. Ce sacrifice était grand à mon âge. J'avais tant d'attachement pour M. le duc et madame la duchesse de Chartres que cette résolution ne me coûtait rien. Tous ces projets furent secrets entre madame la duchesse de Chartres et moi. Elle désirait avec passion une fille, elle me confia qu'elle l'avait demandée à Dieu dans toutes les églises d'Italie. Ainsi, sa joie fut extrême en mettant au monde deux petites princesses. Dans les premiers jours de leur existence, elles étaient d'une faiblesse extrême. On les confia aux soins de madame de Rochambeau, et elles restèrent au Palais-Royal jusqu'au moment où je devais les prendre. Pendant ce temps, on bâtissait notre pavillon de Belle-Chasse.

J'allais tous les jours passer une heure dans l'appartement des petites princesses, que j'aimais déjà passionnément. Enfin, le moment arriva où j'allais me séparer du monde, et entrer dans un couvent ; j'avais trente et un ans (1777), une santé parfaite, et à la figure que j'avais conservée j'aurais pu m'ôter plusieurs années. Depuis un an je ne mettais plus de rouge. Voici comment je quittai le rouge. Étant à Villers-Cotterets, dans ma jeunesse, à l'âge de vingt et un à vingt-deux ans, on parla des vieilles femmes qui mettaient toujours du rouge, et on les critiqua, je dis que, pour moi, j'étais décidée à le quitter à trente ans ; on se récria, et surtout M. le duc de Chartres : je lui offris de parier une discrétion que je quitterais le rouge le 25 janvier 1776, et je tins parole. On n'oublia pas cette singulière gageure ; le 25 janvier je trouvai dans mon cabinet une poupée de grandeur naturelle, assise devant mon bureau une plume à la main et coiffée avec des millions de plumes. Sur mon bureau était d'un côté une rame de superbe papier, et de l'autre trente-deux livres in-8° blancs, reliés en maroquin rouge ; aux pieds de la poupée était un carton rempli de petits papiers à billet, d'enveloppes, de cire à cacheter, de poudre d'or et d'argent, avec un canif, des ciseaux, une règle, un compas, etc. Ce présent m'enchanta ; je n'ai jamais mis de rouge depuis.

J'entrai à Belle-Chasse dans le pavillon charmant bâti au milieu du jardin, et sur mes plans : ce pavillon communiquait au couvent par un long berceau de treillage recouvert de toile cirée et chargé de vigne. Toute la communauté, conduite par la prieure, vint recevoir mes petites princesses à la grande porte du couvent : ensuite, nous allâmes nous établir dans notre jolie maison. Je ne sentis que de la joie en entrant dans ce paisible asile où j'allais exercer un si doux empire : je pensais que je pourrais me livrer à mes véritables goûts, et que je ne serais plus en butte à la méchanceté qui m'avait causé tant de chagrins ! Je ne fus pas fort tranquille les premiers jours, parce que la curiosité attira à Belle-Chasse toutes les personnes du Palais-

Royal et tout ce que je connaissais d'ailleurs. Tout le monde fut enchanté de mon établissement, qui était en effet charmant. J'avais dans ma chambre à coucher une grande alcôve, dont mon lit n'occupait que la moitié ; il s'y trouvait un passage qui donnait dans la chambre des princesses à côté de la mienne, et dont je n'étais séparée que par une porte de glace sans tain et sans rideau, de sorte que je pouvais voir de mon lit tout ce qui se passait chez elles. Une des pièces de l'appartement contenait dans des armoires de glaces tout mon cabinet d'histoire naturelle : je n'avais emporté du Palais-Royal que cela et mon bureau. J'ai été la première femme qui ait eu un bureau ; ce que l'on critiqua beaucoup d'abord, et ensuite presque toutes les femmes en eurent.

Un jour, au Palais-Royal, M. le duc de Chartres me chargea de lui trouver pour Mousseaux, un bon jardinier qui voulût épouser une jeune laitière. Je me rappelai aussitôt une jeune Rose, fille de la laitière du château de Genlis ; je calculai qu'elle devait avoir dix-huit ans, et j'écrivis à madame Foret, sa mère, qui m'apprit qu'elle n'était point mariée : alors je la fis venir, je la mis à Paris, chez madame Adam, la plus célèbre laitière ; elle apprit là à faire d'excellents fromages à la crème, et à se perfectionner dans tout ce qui avait rapport à cet état. Elle y resta trois mois ; pendant ce temps, je cherchai un jardinier ; j'en trouvai un qui a été fort célèbre dans son art : il était Allemand, et s'appelait Etickausen. Rose était jolie et d'une honnêteté parfaite ; mon jardinier en devint tout de suite amoureux ; je lui donnai un joli trousseau, je la mariai, et je la menai moi-même à l'église ; ensuite j'eus le plaisir de la conduire à Mousseaux, dans une charmante petite maison que M. le duc de Chartres avait fait bâtir exprès pour eux, en forme d'une grande laiterie ornée, toute meublée, avec des armoires remplies de linge de ménage, de faïence, de casseroles, et contenant en outre douze couverts d'argent. M. le duc de Chartres, en ma faveur, leur donna mille écus de gages, et Etickausen, pour compléter le bonheur de sa femme, imagina une chose charmante : à son insu il fit venir à Genlis sa mère, qu'elle trouva dans sa maison, sans s'y attendre. J'étais seule dans la confidence ; Etickausen, pour lui causer cette surprise, n'avait pas voulu qu'elle assistât au mariage ; il garda toujours avec lui cette bonne femme, dont il eut tous les soins possibles, et qu'il ne quitta que lorsque je la lui demandai par là suite, pour en faire notre laitière à Saint-Leu.

J'ai conduit la maison de Belle-Chasse et l'éducation des princesses et des princes, leurs frères, avec une économie remarquable, et qui a été citée : mon premier principe était de compter tous les jours, et de savoir le prix des choses, et surtout les doses de comestibles données chaque jour à la cuisine pour les repas. Les doses ne changent jamais ; c'est là-dessus principalement qu'il y a du gaspillage quand on n'y fait pas une extrême attention. Je savais donc ce qu'il fallait donner de vermicelle ou de riz pour un potage de quatre, huit, douze personnes, pour le sucre, les compotes, les crèmes, etc., l'huile, le beurre, le laitage, etc. Enfin, j'envoyais toutes les semaines à la halle un homme dont je connais la probité : il s'informait du prix de toutes les denrées, et il me rapportait ce détail par écrit. On lit avec plaisir dans les Lettres et les Mémoires de madame de Maintenon les conseils de ménage qu'elle donne sans cesse à son frère et à sa jeune belle-sœur, leur prescrivant ce qu'ils doivent se faire servir à leur dîner, les instruisant du prix des comestibles, etc. Cette bonhomie et ces petits soins plaisent dans une personne qui vivait dans un si grande monde.

Je menais à Belle-Chasse une vie délicieuse ; par ma place j'étais dispensée de l'ennui mortel d'aller faire des visites ; je n'en faisais uniquement qu'à madame de Puisieux ; ces visites étaient rares, parce qu'elle venait très souvent chez moi, les soirs, depuis huit heures jusqu'à dix, où notre grille se fermait ; cette grille ne pouvait être ouverte que par une religieuse ; nous en avions deux que l'on changeait toutes les semaines, et qui se tenaient au bas de notre escalier intérieur. Les hommes entraient dans notre pavillon, c'était un droit de princesse du sang ; mais ils étaient obligés de sortir à dix heures au plus tard. Quand on voulait entrer, on sonnait à la grille, et les religieuses, rabattant leur voile, allaient ouvrir. Les valets de chambre, les valets de pied et nos domestiques se tenaient le jour dans nos antichambres, mais ils sortaient tous les soirs à dix heures ; aucun homme ne couchait dans notre pavillon, et les religieuses, en s'en allant, emportaient les clefs de notre grille.

Les plus heureuses années de ma vie ont été celles que j'ai passées aux châteaux de Saint-Aubin, de Genlis et de Sillery, et à Belle-Chasse.

J'avais obtenu la permission d'avoir à Belle-Chasse ma mère et mes enfants avec moi.

Pour éviter des dépenses inutiles, j'avais décidé qu'aucun de mes amis ne dînerait à Belle-Chasse, à l'exception de mon mari, de mon frère et de mes deux belles-sœurs, mais ils y dînaient rarement.

La beauté extraordinaire de ma fille aînée, ses talents surprenants pour son âge et son charmant caractère ; ma place de dame restée vacante, et qu'elle devait avoir, et enfin un régiment promis à celui qu'elle épouserait, me la faisaient dès lors demander par beaucoup de personnes. Je n'avais nulle envie de la marier si jeune, et j'attachais un grand intérêt à finir son éducation ; elle était déjà bonne musicienne, elle jouait d'une manière surprenante du clavecin, et, pour le moins, aussi bien de la harpe, que je lui avais seule enseignée avec la méthode que j'ai inventée d'exercer séparément les deux mains, par des passages contenant successivement toutes les difficultés. Je l'avais commencée à neuf ans, et à treize elle jouait sur la harpe, avec une très belle exécution, les pièces de clavecin les plus difficiles ; elle dessinait la figure d'une manière charmante, et d'après nature ; peu de temps après elle a peint avec perfection dans tous les genres, en miniature et à l'huile ; elle a eu les mêmes succès pour le clavecin, pour la harpe. Je n'ai vu personne danser aussi bien qu'elle. Outre ces talents agréables et brillants, elle a eu beaucoup d'instruction et de solidité dans l'esprit ; par la suite elle étudia la chimie, et, en faisant des expériences, elle découvrit un sel qui a porté son nom. Sa sœur, remplie de bonnes qualités, de gentillesse, de finesse et d'esprit, avait moins d'aptitude pour les arts, à l'exception du dessin, dans lequel, ainsi que dans la peinture, elle excelle aujourd'hui dans plusieurs genres ; mais la nature lui avait refusé de grandes dispositions pour la musique. Ma famille était cependant très musicale : mon père, ma mère, ma tante, mon frère, mon mari, ma fille aînée et moi, nous étions bien organisés pour la musique.

Je dirai ici en passant que, pour la musique, on ne forcera jamais la nature, à moins d'une constante application ; j'ai donné à ma fille Pulchérie les meilleurs maîtres, Charpentier, pour le clavecin, Piccini, pour le chant, moi, pour la harpe, et en outre un répétiteur ; elle a eu, dans les deux dernières années de son éducation, jusqu'à dix-huit louis par mois de maîtres, et je n'ai jamais pu lui donner un talent musical ; sa sœur ne m'a coûté que le quart, et elle en avait de supérieurs : il est bien regrettable d'avoir employé inutilement un temps si considérable, qu'on aurait pu donner à l'acquisition de connaissances solides. Cependant je ne négligeai point de lui apprendre l'histoire et les différentes choses qui peuvent orner l'esprit : elle apprit aussi, avec succès, l'anglais et l'italien ; mais, en sacrifiant la musique, j'aurais pu lui donner une instruction véritablement extraordinaire.

Mais elle tenait de la nature, ce qui vaut mille fois mieux que les talents les plus brillants, une âme noble, désintéressée et la sensibilité la plus touchante ; je n'en citerai qu'un trait, qui pourra seul en donner l'idée. Elle avait quinze ans, nous étions à Belle-Chasse, je savais qu'elle prenait soin d'une pauvre vieille femme qui logeait dans notre rue, et je croyais que ce soin se bornait à lui donner la plus grande partie de ses menus plaisirs et de l'argent que lui donnaient, à sa fête et au jour de l'an, son père et mon beau-frère. Nous étions en hiver et le froid était excessivement rigoureux. Comme j'avais réglé à Belle-Chasse toute espèce de dépense, j'avais décidé qu'on me porterait dans sa chambre, pour toute la matinée, que trois bûches, et je m'aperçus que tous les matins en descendant chez moi elle avait un air frileux que je ne lui avais jamais vu, elle grelottait, se mettait dans le feu, se brûlait, etc. J'avais beau la gronder, elle ne répondait rien et recommençait le lendemain, ce qui dura plus de six semaines ; enfin mon fidèle Horain, qui avait toujours l'œil aux intérêts de la maison, vint m'avertir qu'il avait découvert qu'un marmiton nommé Albinori emportait de Belle-Chasse, tous les matins, de très bonne heure, une certaine quantité de bois, et que, pris sur le fait, il avait refusé insolemment d'entrer en explication ; je fis venir Albinori, je le quetionnai avec une grande sévérité, ce qui ne l'effraya pas du tout ; il me déclara qu'il n'avait agi que par l'ordre de mademoiselle de Genlis (on appelait ainsi madame de Valence depuis le mariage de sa sœur), qui se passait de feu depuis deux mois pour donner tout son bois à sa vieille femme, et Albinori, qui me fit cette confidence avec tout l'orgueil d'un ambassadeur chargé d'une mission honorable, me recommanda de n'en rien dire à mademoiselle de Genlis, parce qu'elle lui avait fait promettre le plus grand secret. On peut juger du plaisir inexprimable que me causa cette découverte ! J'envoyai une voie de bois à la vieille femme, à condition que Pulchérie garderait ses trois bûches.

Quoique ma fille aînée n'eût que quatorze ans, je me décidai enfin à la marier. Le choix de M. de Genlis se fixa sur un Belge, M. le marquis de Becelaer de Lawœstine : il avait vingt ans, une figure charmante aussi agréable que régulière, une grande naissance, il était fils unique ; son père possédait une terre de soixante mille livres de rente auprès de Bruxelles ; enfin M. de Lawœstine devait hériter de la grandesse après la mort de madame la princesse de Ghistelle, sa tante, qui avait cinquante ans et qui n'avait point d'enfants. Le père de M. de Lawœstine était fort avare et ne voulut donner que six mille francs ; mais M. de Genlis donna à son gendre sa place de capitaine des gardes, mon logement tout meublé du Palais-Royal ; ce qui, joint à la place de dame de ma fille et à l'assurance d'être riche un jour, leur formait un sort très convenable. Je donnai pour le trousseau de ma fille une quantité de belles robes en pièces, que j'amassais depuis dix ans, avec ce dessein ; en outre, j'avais une très grande quantité de porcelaine et de vermeil ; j'en fis un partage à peu près égal entre elle et sa sœur, sans me réserver une seule tasse. Je mis sur-le-champ Pulchérie en possession de son lot, que je fis porter dans sa chambre. Je fis acheter pour moi un cabaret de terre de pipe ; on ne m'a jamais vue depuis à Belle-Chasse sortir de cette simplicité, que j'ai attribuée à madame d'Alnane, dans *Adèle et Théodore*. Enfin je donnai à ma fille aînée ce que j'avais de plus beau en diamants et en bijoux, de très beaux bracelets, entre autres, et un papillon de diamants ; je donnai tout le reste à sa sœur : j'avais trente-trois ans ; j'aurais fait, sans aucun effort, les mêmes sacrifices à vingt. Huit jours avant le mariage, on m'apporta, de la part de M. le duc et de madame la duchesse de Chartres, de magnifiques bracelets et une superbe aigrette de diamants, présent de noce pour ma fille.

Ma tranquillité fut troublée par un événement

qui me causa une vive affliction. L'aînée des deux
petites princesses, mademoiselle d'Orléans, prit la
rougeole ; comme il fallait séparer d'elle sa sœur,
j'offris à madame la duchesse de Chartres, ou de
l'emmener à Saint-Cloud, ou de rester à Belle-
Chasse avec la malade. Madame la duchesse de
Chartres, quoiqu'elle n'eût point eu la rougeole,
voulut soigner la malade. Alors j'allai à Saint-Cloud
avec l'autre princesse, qui n'eut point cette maladie ; mais le neuvième jour, le médecin, M. Bar-
thès (M. Tronchin était mort), jugea fort mal à
propos que l'on pouvait transporter la princesse au
Palais-Royal : il faisait froid, ce transport causa
un rechute à l'enfant, qui mourut au bout de six
jours. La princesse qui me restait prit le nom
d'Orléans, elle avait eu jusqu'alors celui de Chartres : elle était âgée de cinq ans. Rien ne peut exprimer la douleur qu'éprouva cette enfant de la mort
de sa sœur ; elle se contraignait devant moi pour ne
pas m'affliger. Souvent, dans la chambre, me tournant le dos et paraissant jouer, elle pleurait en silence. Il fallut faire disparaître tous les joujoux
qui avaient servi à sa sœur, et lui en donner qui
n'eussent aucune ressemblance avec ceux-là.

Cependant M. le duc de Chartres s'occupait du
soin de donner un gouverneur à ses fils. L'aîné,
M. le duc de Valois, avait près de huit ans.

Un soir que M. le duc de Chartres vint, comme à
l'ordinaire, entre huit et neuf heures, à Belle-
Chasse, il me trouva seule, et il me dit sur-le-champ
qu'il n'avait plus de temps à perdre pour nommer
un gouverneur, parce que, sans cela, ses enfants
auraient le ton de garçons de boutique ; et il me
conta que, le matin, M. le duc de Valois lui avait

dit qu'il avait bien tambouriné à sa porte, et que, dans le même entretien, il avait ajouté, en parlant de ses promenades à Saint-Cloud, qu'on y était bien tourmenté par la parenté, ce qui signifiait, par les insectes appelés cousins. Voilà les choses importantes qui décidèrent M. le duc de Chartres à ne plus différer la nomination d'un gouverneur. Il me consulta sur le choix : je lui proposai M. de Schomberg, il le refusa, en disant qu'il rendrait ses enfants pédants ; je proposai le chevalier de Durfort, il dit qu'il leur donnerait de l'exagération et de l'emphase ; je parlai de M. de Thiars, M. le duc de Chartres répondit qu'il était trop léger, et qu'il ne s'en occuperait pas du tout. Alors je me mis à rire, et je lui dis : « Eh bien, moi ! » Pourquoi pas ? reprit-il sérieusement. L'air et le ton de M. le duc de Chartres me frappèrent vivement : je vis la possibilité d'une chose extraordinaire et glorieuse, et je désirai qu'elle pût avoir lieu. Je lui dis franchement ma pensée. M. le duc de Chartres parut charmé et me dit : « Voilà qui est fait, vous serez leur gouverneur. » Ce furent ses propres paroles. Nous décidâmes tous les arrangements ; il fut convenu que l'on conserverait M. de Bonnard et l'abbé Guyot, précepteur, qui avait aussi été placé à ma recommandation ; que ces messieurs amèneraient les princes tous les matins à Belle-Chasse, à midi, et les ramèneraient à dix heures du soir ; que l'on achèterait une maison de campagne pour y passer tous les ans huit mois et que je serais maîtresse absolue de leur éducation. Sachant que je donnerais moi-même les leçons d'histoire, de mythologie, de littérature, etc., ce qui, joint aux leçons que je donnais à mademoiselle d'Orléans, ne me laisserait pas un instant de liberté, M. le duc de Chartres m'offrit vingt mille francs : je lui répondis qu'un tel engagement et de tels soins ne pouvaient être payés que par l'amitié ; il insista, je refusai positivement. J'ai donc fait gratuitement cette éducation de trois princes. Je l'ai consigné dans les *Leçons d'une gouvernante*, que je fis imprimer au commencement de l'année 1790, sous les yeux de M. le duc et de madame la duchesse d'Orléans, qui n'ont jamais nié cette vérité. Madame la duchesse de Chartres vit avec une joie extrême que je me chargeais de tous ses enfants. M. le duc de Chartres, avant de le déclarer publiquement, alla à Versailles en faire part au roi ; nous imaginions qu'il blâmerait cette singularité ; tout au contraire il l'approuva en disant : « Vous faites très bien, et je le trouve bon. » Alors la chose fut déclarée. Cet événement ne produisit pas autant de surprise que je l'avais craint ; en général la chose fut approuvée.

On convint que les matins au Palais-Royal, les princes, levés à sept heures, prendraient avec M. l'abbé leur leçon de latin et leur instruction religieuse, et celle de calcul avec M. Lebrun, qui ensuite les amènerait à Belle-Chasse à onze heures. L'abbé et M. Lebrun y restaient, ou, à leur choix, s'en allaient et revenaient pour le dîner à deux heures. Après le dîner ils étaient maîtres d'aller où ils voulaient ; je me chargeais toute seule du reste de la journée, jusqu'à neuf heures ; ces messieurs revenaient pour le souper et emmenaient les princes à dix heures. Je priai M. Lebrun de faire un journal détaillé de la matinée des princes, jusqu'à onze heures, en laissant une marge pour mes observations. J'écrivis les premières pages de ce journal.

Ces pages contenaient des instructions particulières pour M. Lebrun, sur l'éducation des princes. M. Lebrun m'apportait tous les matins ce journal, je le lisais sur-le-champ ; je grondais ou je louais, je punissais ou je récompensais les princes, en conséquence de cette lecture. J'avais pensé que ces journaux auraient un grand intérêt pour M. le duc et madame la duchesse de Chartres ; mais ils n'ont jamais voulu les lire, disait qu'ils s'en rapportaient entièrement à moi.

M. le duc de Valois, qui, comme je l'ai dit, avait huit ans, était d'une inapplication inouïe. Je commençai par leur faire des lectures d'histoire ; M. le duc de Valois n'écoutait pas, s'étendait, bâillait, et je fus étrangement surprise, à la première lecture, de le voir couché sur le canapé sur lequel nous étions assis et mettre ses pieds sur la table qui était devant nous. Pour faire connaissance, je le mis sur-le-champ en pénitence ; je lui fis si bien entendre raison qu'il ne m'en sut aucun mauvais gré : il avait un bon sens naturel qui, dès les premiers jours, me frappa ; il aimait la raison comme tous les autres enfants aiment les contes frivoles ; dès qu'on la lui présentait à propos et avec clarté, il l'écoutait avec intérêt : il s'attacha passionnément à moi, parce qu'il me trouva toujours conséquente et raisonnable. Il fallut le défaire d'une quantité de mauvaises locutions et d'une infinité de manières ridicules : il craignait les chiens ; je n'eus besoin que d'une seule conversation pour faire sentir à M. le duc de Valois la sottise de cette pusillanimité ; il m'écouta attentivement, m'embrassa et me demanda un chien. Je lui en donnai un ; il vainquit sur-le-champ sa répugnance, qui était devenue très réelle.

Il avait aussi horreur de l'odeur du vinaigre, manie que je lui fis perdre aussi facilement que son antipathie pour les chiens.

Je reconnus promptement qu'il avait une mémoire véritablement étonnante ; je me flatte d'avoir su développer et cultiver en lui ce beau don de la nature.

Je pris pour second valet de chambre à Belle-Chasse un musicien allemand, qui jouait du piano, et qui en outre savait parfaitement sa langue par principes ; ce fut lui qui enseigna l'allemand à M. le duc de Valois, qui en a toujours pris toutes les leçons sous mes yeux et dans ma chambre. Je lui donnai un valet de chambre italien, avec ordre de ne lui jamais parler que dans cette langue, ainsi qu'au prince son frère ; enfin je lui donnai un maître de langue anglaise, dont il prit aussi les leçons dans ma chambre, ainsi que toutes celles qu'il a prises à Belle-Chasse, à l'exception du dessin : on dessinait le soir dans le salon, à la lampe.

M. le duc de Chartres acheta Saint-Leu, maison charmante où nous avons passé tous les ans la belle saison, c'est-à-dire huit mois de l'année. Je fis faire, dans le beau parc de cette maison, un petit jardin pour chacun de mes élèves : ils y travaillèrent et plantèrent eux-mêmes.

J'attachai en outre à leur éducation un pharmacien, nommé M. Alyon, botaniste et excellent chimiste. Il suivait les princes à toutes leurs promenades, pour leur faire cueillir des plantes et leur apprendre la botanique ; en outre il nous faisait tous les étés un cours de chimie, où j'assistais régulièrement ; enfin j'attachai encore à leur éducation un Polonais, nommé M. Merys, qui avait le plus grand talent pour le dessin et pour peindre les sujets à la gouache ; j'imaginai de lui faire faire une lanterne magique historique ; il la peignit sur verre, et il fit, sur mes descriptions par écrit, l'histoire sainte, l'histoire ancienne, l'histoire romaine, celle de la Chine et du Japon ; on n'a rien vu de plus charmant que cette lanterne magique : tous mes élèves la montraient tour à tour, une fois par semaine.

J'inventai pour mes élèves un jeu qui a fait leurs délices. Je leur fis mettre en action et jouer dans le château et dans le jardin, suivant les scènes, les voyages les plus célèbres. Tout le monde dans la maison avait un rôle dans ces espèces de représentations : j'y ai joué moi-même ; nous avions des chevaux *frus* pour les cavalcades ; la belle rivière du parc nous figurait la mer, une suite de jolis petits bateaux formait nos flottes ; nous avions un magasin de costumes. Les plus beaux voyages que nous ayons joués furent ceux de Vasco de Gama et de Snelgrave. Je fis faire en outre un petit théâtre portatif sur lequel on exécutait des tableaux historiques ; je donnais les sujets, et, la toile baissée, M. Merys groupait les acteurs, qui étaient communément les enfants ; ceux qui ne jouaient pas étaient obligés de deviner le sujet, soit historique, soit mythologique ; on faisait ainsi dans la soirée une douzaine de tableaux. Le célèbre David, qui venait souvent à Saint-Leu, trouvait ce jeu charmant, et il avait un grand plaisir à grouper lui-même ces tableaux fugitifs. Je fis bâtir une véritable salle de comédie ; le théâtre était d'une très jolie proportion ; le fond s'ouvrait et laissait voir, quand on le voulait, une longue allée du jardin tout illuminée

et ornée de guirlandes de fleurs. Durant le cours
de l'éducation, nous avons joué successivement
dans cette salle toutes les pièces de mon Théâtre :
les enfants y jouèrent aussi des pantomimes. Il y
en eut une si remarquable, que je ne puis la passer
sous silence : ce fut celle de Psyché persécutée par
Vénus. Madame de Lawœstine, âgée de quinze ans,
représentait Vénus, sa sœur Psyché, et Paméla
l'Amour. On ne verra jamais trois figures réunies
offrir tant de beauté, de charmes et de grâce : David
était enthousiasmé de cette pantomime, qui offrait,
disait-il, la perfection du beau idéal.

L'hiver, à Paris, j'avais rendu tous les moments
utiles ; j'avais mis un tour dans une antichambre,
et aux récréations, tous les enfants, ainsi que moi,
nous apprenions à tourner. J'appris avec eux ainsi
successivement tous les métiers auxquels on peut
travailler sans force : celui de gainier ; j'ai fait avec
eux une énorme quantité de portefeuilles de maroquin, aussi bien faits que ceux d'Angleterre ; le
métier de vannier, où j'ai excellé ; nous avons fait
des lacets, des rubans, de la gaze, du cartonnage,
des plans en relief, des fleurs artificielles, des gril-
lages de bibliothèque en laiton, du papier marbré,
la dorure sur bois, tous les ouvrages imaginables en
cheveux, jusqu'aux perruques ; enfin, pour les garçons, la menuiserie. M. le duc de Valois y surpassa
tous les autres : avec la seule aide de M. le duc de
Montpensier, son frère, il fit pour l'ameublement
d'une pauvre paysanne de Saint-Leu, dont il prenait
soin, une grande armoire et une table à tiroir, aussi
bien travaillées que si elles eussent été faites par le
meilleur menuisier. Toutes ces choses ne prenaient
point sur leurs études ; c'était leur unique amuse-

ment, et jamais enfants ne se sont trouvés si heureux durant leur éducation.

Tous les samedis, nous recevions du monde à Belle-Chasse ; ce que j'avais établi pour former les princes à la politesse et à savoir écouter la conversation.

Quand mademoiselle d'Orléans eut atteint l'âge de sept ans, nous eûmes de la musique et des spectateurs tous les samedis. A cet âge, mademoiselle d'Orléans, que j'avais commencée sur la harpe à cinq ans, jouait d'une manière véritablement surprenante. Aussitôt qu'on me réveillait, elle entrait dans ma chambre avec sa harpe et elle en jouait sans interruption pendant mon déjeuner et ma toilette, et pendant qu'on me coiffait ; ce qui était toujours long parce que j'ai conservé mes grands cheveux jusqu'à l'émigration.

Je puis dire avec vérité que je n'ai jamais connu un seul défant à mademoiselle d'Orléans. Elle avait naturellement une vive piété et toutes les vertus. Elle faisait des fautes, mais, je le répète, elle n'avait pas un seul défaut, c'est-à-dire un mauvais penchant.

J'ai déjà parlé du caractère de M. le duc de Valois ; ses deux frères en avaient de fort différents : M. le duc de Montpensier était peu communicatif, mais son âme était sensible et généreuse ; il y avait une élégance naturelle dans toute sa personne et quelque chose de romanesque dans sa figure, son caractère et ses manières.

Le dernier des trois princes, M. le comte de Beaujolais, qu'on me donna à trois ans, était charmant de figure, d'esprit et de caractère : ses défauts même étaient aimables, chose que je n'aime pas qu'on dise, mais qu'il était impossible de ne pas

trouver en lui. Nous trouvions aussi qu'il avait beaucoup de ressemblance avec Henri IV, que chaque
Français croit avoir connu.

On lui demandait pourquoi il donnait toujours à
sa sœur de lait, lorsqu'elle venait le voir, ses plus
beaux joujoux : « Eh mais, répondit-il, ce sont ceux
que j'aime le mieux, et je pense que ceux-là lui
feront plus de plaisir. » Comme il caressait beaucoup cette petite fille, on parut s'en étonner, en
ajoutant qu'elle était bien laide. « Ah ! s'écria-t-il,
si elle était décrassée, on verrait !... »

Au milieu de tous ces soins, je poursuivais avec
plus d'ardeur que jamais mes études particulières ;
j'avais donné *Adèle et Théodore*, qui me causa mes
premiers chagrins littéraires.

La critique du monde dans *Adèle et Théodore* me
fit beaucoup d'ennemis, parce qu'elle était piquante
et sans exagération. Toutes les parfileuses se déchaî-
nèrent contre moi ; j'avais le droit de les critiquer,
car, malgré l'universalité de la mode, je n'avais
jamais voulu parfiler ; cette manière de demander
des galons à tous les hommes, pour en tirer l'or et
le vendre, ces présents de parfilage qu'on recevait
au jour de l'an, me paraissaient les choses du monde
les plus ignobles... Ce fut un trait de parfilage qui
acheva de me gagner le cœur de M. le prince de
Condé à Chantilly, lorsque je pariai contre le comte
de Coigny vingt-quatre bobines d'or, de douze
francs chacune, que je monterais sans tomber une
des cascades en escalier : je gagnai, et le soir dans
le salon je distribuai les bobines à toutes les dames,
qui les reçurent de fort bonne grâce, quoiqu'elles
eussent affecté d'être excessivement scandalisées,
lorsque je m'engageai à monter la cascade. Ma cri-

tique fit tomber sans retour cette mode ; on n'a pas vu depuis, dans la société, une seule femme pour oser demander de l'or à un homme pour le parfiler. Tous ces énormes sacs de parfilage disparurent, et l'on substitua à ce travail la tapisserie et la broderie, qui occupaient si agréablement nos mères et nos grands-mères.

Dans ce temps, M. le duc d'Orléans mourut à Sainte-Assise. M. le duc de Chartres prit le nom d'Orléans, et l'aîné de mes élèves celui de Chartres. Ma tante, madame de Montesson, revint à Paris. M. le duc d'Orléans y alla six jours de suite et se conduisit pour elle de la manière la plus parfaite. Elle me reçut personnellement avec amitié, ce qui a duré depuis cette époque jusqu'à mon départ de France. Le roi fit défendre à ma tante de draper, et de mettre ses gens en deuil. Alors elle prit le parti de s'établir au couvent de l'Assomption, pendant toute l'année de son veuvage ; elle ne reçut qu'à un parloir, dont elle fit dorer les grilles, chose dont on se moqua, non sans raison.

Mon ouvrage sur la religion, que je fis pour la première communion de l'aîné de mes élèves, me rendit l'objet de la haine la plus implacable, la plus envenimée des philosophes : c'est l'ouvrage qui est intitulé *la Religion considérée comme l'unique base du bonheur et de la véritable philosophie.* Pendant que j'y travaillais, j'éprouvai le plus grand malheur de ma vie ; je perdis ma fille aînée à vingt et un ans. Après avoir passé cinq ans dans le plus grand monde, sans guide, sans mentor, avec une éclatante beauté, des talents ravissants, l'esprit le plus distingué, elle n'avait jamais donné lieu à la plus légère médisance, elle était universellement aimée.

Elle mourut, comme elle avait vécu, avec le calme et la piété d'un ange. Elle fut regrettée dans la société, comme je n'ai vu aucune jeune personne l'être. Je n'oublierai point que le roi même en fut douloureusement frappé ; il mit ses deux mains sur ses yeux, en s'écriant : « C'est affreux ! » C'est d'elle que la reine avait dit qu'elle avait le visage de Vénus, et la taille de Diane. Ce mot était joli parce qu'il la peignait réellement. Après sa mort on découvrit que plusieurs hommes qui n'avaient jamais osé montrer leurs sentiments, avaient été passionnément amoureux d'elle ; quelques-uns d'entre eux en tombèrent malades de chagrin, entre autres le vicomte de Gand, et M. de Florian qui avait fait son portrait fort détaillé, charmant et très ressemblant, dans l'héroïne de son poème de *Numa*.

Le chagrin altéra tellement ma santé que les médecins m'ordonnèrent d'aller à Spa ; mais je ne le voulus pas, pour ne point quitter mes élèves ; alors M. le duc et madame la duchesse d'Orléans décidèrent qu'ils iraient avec moi et tous les enfants. Je fus touchée comme je devais l'être de cette preuve d'amitié et de bonté.

Je fis donner à Spa, par mes élèves, une fort belle fête à madame la duchesse d'Orléans. Les eaux de la Sauvinière lui ayant fait du bien, ses enfants firent autour de cette fontaine une promenade réellement ravissante, dans un bois qui était inculte et plein de pierres et de rochers. On traça des routes, les bois furent éclaircis et ornés de bancs, des ponts furent posés sur des torrents, et les bois parsemés de bruyères en fleur. A l'extrémité de cette promenade, on trouvait un bosquet qui avait une percée qui donnait sur un précipice d'une grande beauté par sa profondeur, et parce qu'il était parsemé de rochers majestueux, de sources, de verdure et d'arbres. Au delà de ce précipice, on découvrait une vue très belle et très étendue. Dans ce bosquet nous plaçâmes sur un tertre de gazon un autel à la Reconnaissance, en marbre blanc.

Le jour de la fête j'avais invité les plus jolies personnes de Spa en les priant de se rendre à la fontaine à une heure après midi, vêtues de blanc, avec des plumes blanches, des bouquets, des écharpes de fleurs de bruyères et des rubans violets. Je fis placer, dans l'intérieur de la promenade, toutes les femmes différemment groupées, les unes se promenant, les autres assises, etc. Madame la duchesse d'Orléans vint après nous ; elle trouva tous les hommes à l'entrée. La musique du Vaux-hall joua dès qu'elle parut, et m'avertit de son arrivée. Aussitôt, suivie de ses quatre enfants, j'allai la recevoir à l'entrée de la promenade. Ses enfants tenaient des râteaux, pour marquer qu'ils venaient d'achever cette promenade, dont ils lui faisaient l'hommage, ce qu'exprima M. le duc de Chartres de très bonne grâce. Après cette explication, ses enfants la quittèrent, et par le chemin le plus court, furent se rendre au bosquet de l'autel. Toutes les allées étaient décorées de guirlandes de bruyères, dont la couleur violet tendre formait un effet charmant avec la verdure. Les tapis des mêmes fleurs couvraient en entier le bois, une profusion de guirlandes s'entrelaçaient aux arbres, les ruisseaux qui coupaient le gazon formaient des cascades ; une trentaine de jolies femmes, dispersées dans cette promenade, la beauté du ciel, tout cela formait un ensemble dont il est difficile de se faire une idée. Nous fîmes promener madame la duchesse d'Orléans environ un quart d'heure. Au bout de ce temps la musique cessa, et nous arrivâmes au bosquet. Là elle retrouva, autour de l'autel, ses quatre enfants, formant le plus charmant groupe. L'autel et tout le bosquet étaient ornés de guirlandes de fleurs. Les enfants en tenaient qu'ils posaient sur l'autel. M. le duc de Chartres, assis au pied, tenait un style, et paraissait écrire sur l'autel le mot Reconnaissance. Après avoir laissé le temps de contempler ce tableau, les enfants de madame la duchesse d'Orléans se jetèrent dans ses bras. Tout ce qui était là fondait en larmes : ce qui prouve que les émotions les plus vives sont souvent produites par les choses les plus plus simples.

De Givet, M. le duc et madame la duchesse d'Orléans voulurent bien revenir à Paris par Sillery, où ils restèrent au château une quinzaine de jours, avec beaucoup d'autres personnes que M. de Sillery invita. Il donna de superbes fêtes à madame la duchesse d'Orléans : il avait déjà fort embelli Sillery, où il avait fait une chose unique sur les étangs, qui sont plus beaux qu'ailleurs, parce qu'une rivière les traverse. M. de Genlis y avait fait faire autant de petites îles que j'avais d'élèves ; mais elles aboutissaient toutes par des ponts charmants à une grande île qui portait mon nom.

L'année suivante, M. le duc d'Orléans acheta la terre de Lamothe, sur le bord de la mer ; nous allâmes y passer six mois. L'on nous apportait successivement, chaque matin, tous les coquillages et poissons de mer que nous voulions voir vivants. Mes élèves y acquirent toutes les connaissances locales qu'on pouvait y prendre.

Nous fîmes de nombreuses excursions dans les environs. Nous assistâmes au baptême d'un vaisseau neuf, qui n'était pas encore nommé. On désira que M. le duc de Chartres lui donnât son nom, et qu'il en fût sur-le-champ le parrain ; j'y consentis avec d'autant plus de plaisir que je n'avais jamais vu cette cérémonie. Il y avait sur le gaillard d'arrière un table couverte d'une nappe garnie de dentelle, et sur cette table un bénitier et des assiettes contenant du sel et du blé. Des prêtres en habits sacerdotaux, entouraient la table. M. le duc de Chartres et Mademoiselle furent les parrain et marraine. Le curé leur fit un discours touchant, après quoi les prêtres ont chanté des prières. Ensuite le curé bénit le vaisseau. Il en fit le tour en y répandant du sel et du blé, symbole de l'abondance. Il me semble que cette bénédiction d'un vaisseau neuf, prêt à partir pour une longue et périlleuse navigation, est en effet un très beau sujet de discours adressé à un jeune prince. On expliqua à mes élèves, avec le plus grand détail, la manœuvre d'un vaisseau. Nous visitâmes aussi le chantier, où nous vîmes deux bâtiments en construction.

Nous visitâmes un village très singulier, à trois petites lieues de Lamothe, nommé Cayeu. Il est sur le bord de la mer, et composé d'environ huit cents maisons. Le bord de la mer est là très élevé, et n'est formé que par du sable excessivement fin que le vent y porte du rivage. Il en résulte que le vent, repoussant ce même sable de ce bord escarpé très au loin, il couvre en totalité, non seulement tout l'espace occupé par le village, mais encore une grande étendue par-delà ; de manière qu'en marchant dans ce triste lieu on enfonce dans le sable jusqu'au-dessus de la cheville du pied, et que, dans cette vaste étendue il ne peut croître ni un arbre, ni un buisson, ni un seul brin d'herbe, ni de mousse. On se croit là transporté dans les déserts arides et brûlants de l'Afrique ; et lorsque le vent est violent, ce qui est fréquent sur les côtes de la mer, le sable s'élève dans les airs en épais tourbillons et couvre entièrement ce malheureux village. Mais la pêche, et par conséquent une subsistance assurée, retiennent là ces infortunés habitants, malgré tant de calamités et malgré la privation de la verdure, des fruits, des légumes, de l'eau douce, et de tout ce que la nature offre partout aux paysans les plus pauvres. Leur situation nous parut d'autant plus affreuse, qu'à cinq cents pas du terrain qu'ils occupent on trouve des prairies et des champs cultivés, et qu'ils ont ainsi sous les yeux un objet de comparaison bien affligeant pour eux. Je n'ai rien vu qui m'ait autant attristée que l'aspect de ce village. D'un côté, à son extrémité sur le bord de la mer, cette immense étendue d'eau sans limites ; de l'autre, une vaste plaine de sable blanc, parsemée de méchantes cabanes de pêcheurs ; pas une pointe de verdure ; un soleil ardent qui se réfléchit sur un sable éclatant, un air obscurci et souillé par une poussière éternelle, le lugubre mugissement des flots, tout concourt à rendre ce village le plus affreux séjour de l'univers. Cependant on y vit, on y reste, et même la population y est très considérable ; on y trouve une multitude d'enfants. Quel est donc le pouvoir de l'habitude et de l'attachement à la vie ! La subsistance de ces pêcheurs est assurée, et ils consentent à tout souffrir à condition d'être sans inquiétudes sur les moyens

de prolonger cette pénible existence. Que dis-je ?
peut-être même que la plus grande partie de ces
habitants, objet de notre pitié, préfère cette terre
dépouillée qui les a vus naître, aux champs fer-
tiles de leurs voisins ; car comme l'a dit un poète
connu :

> E instinto di natura
> L'amor del patrio nido (1).

De Lamothe nous allâmes au Havre-de-Grâce, où
nous visitâmes les arsenaux et ensuite la jetée. Nous
y vîmes un horrible monument de la cupidité et de
l'iniquité des hommes ; c'était un gros vaisseau très
lourd, qu'on appelle un *négrier*, bâtiment destiné à
faire la traite des nègres ; il était très massif, parce
qu'il était plein de cachots pour renfermer les malheureux nègres.

Du Havre nous nous rendîmes à Pontorson, où
nous changeâmes de chevaux pour aller au mont
Saint-Michel. Il n'y a que trois lieues ; mais, pendant plus d'une lieue, les chemins étaient excessivement mauvais. Nous fûmes obligés d'en faire la
plus grande partie à pied. Pour arriver au mont
Saint-Michel, dans de certains temps, et le plus
communément, il faut saisir l'heure de la marée,
où la mer abandonne cette plage ; mais, dans le
moment où nous étions en marche, la mer s'était
retirée depuis quelques heures. Nous arrivâmes à la
nuit tout à fait fermée : c'était un spectacle surprenant que les approches de ce fort, au milieu de la
nuit, sur cette plage sablonneuse et nue, avec des
guides portant des flambeaux et poussant des cris

(1) « L'amour du nid paternel est un instinct de la nature »

horribles, pour nous faire éviter des trous profonds et des endroits dangereux, de manière qu'il fallait faire mille et mille détours avant d'arriver. On voyait de très près ce fort, qui était tout illuminé, dans l'attente des princes ; on croyait qu'on y touchait, et l'on tournait toujours sans l'atteindre. Nous entendions un bruit lugubre de cloches qu'on sonnait en l'honneur des princes ; et cette triste mélodie ajoutait beaucoup à l'impression mélancolique que nous causaient tous ces objets nouveaux. C'est bien de ce château qu'on peut dire qu'il est posé

> Sur un rocher désert, l'effroi de la nature,
> Dont l'aride sommet semble toucher aux cieux :

car en effet son élévation est prodigieuse, on ne peut s'en faire une idée. Son aspect est très imposant par ses tours, ses fortifications et son architecture gothique qui le rend plus vénérable. Nous entrâmes d'abord dans une citadelle où des gens du lieu, habillés en soldats, et avec des fusils, attendaient mes élèves. On n'envoyait dans cette forteresse des troupes qu'en temps de guerre ; mais en temps de paix, c'était le prieur qui était commandant du fort. Après avoir passé la citadelle, nous entrâmes dans la ville, qui était très petite et fort pauvre : c'est une longue rue extrêmement étroite, qui va toujours en montant et en tournant, et dans laquelle on ne peut aller qu'à pied. Tout le monde avait éclairé sa maison, et était sur le pas de sa porte. Après avoir ainsi grimpé pendant une demiheure, escortés de tous les religieux et de gens qui portaient des lanternes, nous quittâmes la ville, et nous trouvâmes des escaliers très raides et très hauts, tout couverts de mousse et de ronces ; il fallut monter environ quatre cents marches. De temps en temps on trouvait des repos, c'est-à-dire de petites esplanades remplies d'herbages et de ronces, et allant toujours en montant. Cette grimpade est la chose la plus fatigante qu'on puisse imaginer ; nous étions tous en nage, quoiqu'il ne fît pas chaud. Enfin, nous entrâmes dans une vaste église dont le chœur était très beau et d'une grande noblesse : nous étions alors dans le couvent. Après avoir traversé l'église, il fallut encore monter un escalier qui nous conduisit aux appartements, qui sont grands et propres. Au-dessus de ces logements il y avait encore quatre cents marches qui menaient à un belvédère placé au sommet de ce fort. L'air y était très vif, mais sain ; on y buvait de l'eau de citerne, qui n'était pas mauvaise. L'hiver y est extrêmement rigoureux, et commence avec l'automne ; il n'y fait jamais bien chaud. Quelques maisons de la ville ont de très petits jardins, et quelques habitants, des vaches ; mais les religieux étaient obligés de prendre ailleurs leurs provisions, même du pain, parce qu'à cause de la cherté du bois, on n'en faisait point au mont Saint-Michel ; on le faisait venir de Pontorson. On n'a du poisson sur cette plage que très rarement et par hasard : ainsi, au milieu de la mer, on est encore obligé de l'acheter. Les religieux avaient, à une lieue et demie du fort, une maison de campagne avec un superbe jardin qui les fournissait de légumes. Ils étaient douze religieux, et ne recevaient point de novices. Il me parut qu'en général ils cherchaient, autant qu'ils le pouvaient, à adoucir le sort des prisonniers. Ils nous assurèrent qu'ils ne les renfermaient point à moins d'ordres très positifs du roi, et détaillés sur ce point ; et que, même très communément, ils les mènent promener aux environs.

Je les questionnai sur la fameuse cage de fer ; ils m'apprirent qu'elle n'était point de fer, mais de bois, formée avec d'énormes bûches laissant entre elles des intervalles à jour de la largeur de trois à quatre doigts. Il y avait environ quinze ans qu'on n'y avait mis de prisonniers à demeure, car on y en mettait assez souvent (quand ils étaient méchants, me dit-on) pour vingt-quatre heures ou deux jours, quoique ce lieu fût horriblement humide et malsain, et qu'il y eût une autre prison aussi forte, mais plus saine. Là-dessus je témoignai ma surprise. Le prieur me répondit que son intention était de détruire un jour ce monument de cruauté. Alors Mademoiselle et ses frères se sont écriés qu'ils auraient une joie extrême de le voir détruire en leur présence. A ces mots, le prieur nous dit qu'il était le maître de l'anéantir, parce que monseigneur le comte d'Artois, ayant passé, quelques mois avant nous, au mont Saint-Michel, en avait positivement ordonné la démolition ; le prieur ajouta que diverses raisons l'avaient forcé de différer, mais qu'il allait accorder aux princes cette satisfaction le lendemain matin, et que ce serait certainement la plus belle fête qu'on leur eût jamais donnée.

Quelques heures avant notre départ du mont Saint-Michel, le prieur, suivi des religieux, de deux charpentiers, d'un des suisses du château, et de la plus grande partie des prisonniers (nous avions désiré qu'ils vinssent avec nous), nous conduisit au lieu qui renfermait cette terrible cage. Pour y arriver, on était obligé de traverser des souterrains si obs-

curs, qu'il y fallait des flambeaux ; et, après avoir
descendu beaucoup d'escaliers, on parvenait à une
affreuse cave où était l'abominable cage, d'une petitesse extrême et posée sur un terrain humide où
l'on voyait ruisseler l'eau. J'y entrai avec un sentiment d'horreur et d'indignation, tempéré par la
douce pensée que du moins, grâce à mes élèves, aucun infortuné désormais n'y réfléchirait douloureusement sur ses maux et sur la méchanceté des
hommes. M. le duc de Chartres, avec l'expression
la plus touchante, et une force au-dessus de son âge,
donna le premier coup de hache à la cage, ensuite
les charpentiers en abattirent la porte et plusieurs
pièces de bois. Je n'ai rien vu de plus attendris-
sant que les transports, les acclamations et les
applaudissements des prisonniers pendant cette
exécution. C'était sûrement la première fois que ces
voûtes retentissaient de cris de joie. Au milieu de
tout ce tumulte je fus frappée de la figure triste et
consternée du suisse du château, qui considérait ce
spectacle avec le plus grand chagrin. Je fis part de
ma remarque au prieur, qui me dit que cet homme
regrettait cette cage, parce qu'il la faisait voir aux
étrangers. M. le duc de Chartres donna dix louis à
ce suisse, en lui disant qu'au lieu de montrer à
l'avenir la cage aux voyageurs, il leur montrerait la
place qu'elle occupait, et que cette vue leur serait
sûrement plus agréable... Après la messe, nous par-
courûmes toute la maison ; nous vîmes une énorme
roue, au moyen de laquelle, avec des câbles, on montait par une fenêtre les grosses provisions pour le
château ; on attachait ces provisions sur la grève
avec des câbles qui tiennent à cette grande roue
posée dans l'intérieur du fort à une ouverture de

fenêtre, et la roue, en tournant, hisse et enlève tout ce qui est attaché au câble. De là, nous allâmes nous promener sur les terrasses ou parapets qui sont excessivement élevés. De ce lieu, la vue est admirable de tous côtés ; on voit le mont Tombelaine, qui est plus grand que le mont Saint-Michel, et qui n'est point habité. Il est couvert de bons lapins, et à trois quarts de lieue du mont Saint-Michel, ce qui semble incroyable ; car, comme il est isolé dans la mer ainsi que ce premier mont, et qu'on n'a point aux environs d'objet de comparaison qui puisse faire juger de sa grandeur, il nous paraissait d'une petitesse extrême et à cent pas de nous. Ensuite nous vîmes ce qu'on appelle la salle des Chevaliers, qui est vaste et belle, et soutenue par des colonnes ; elle tire son nom de l'usage qu'avaient les chevaliers de Saint-Michel d'aller à ce mont. La bibliothèque était fort médiocre ; ce qui me fit de la peine, en songeant combien une bonne collection de livres serait utile et même nécessaire à des prisonniers.

La tradition superstitieuse rapportait que saint Michel avait fait des miracles sur ce mont alors habité par des ermites ; qu'ensuite le saint ordonna d'y bâtir, et que ce mont s'appela d'abord mont de Tombe, à cause de sa forme. Les anciens ducs de Normandie, et d'autres princes, firent des pèlerinages à ce mont, et des présents que nous vîmes dans le trésor de l'église. On y faisait encore des pèlerinages, et on nous chargea de médailles et de petites coquilles d'argent, comme on en donne aux pèlerins. Nous obtînmes pour plusieurs prisonniers une permission qu'ils désiraient ardemment, celle de nous suivre jusqu'au bas du château. Il y en avait un qui, enfermé depuis quinze mois, n'avait pas eu jusqu'à ce jour la liberté de sortir du haut du fort : lorsqu'il se trouva hors du couvent sur la petite esplanade, et surtout lorsqu'il eut aperçu l'herbe qui couvre les marches de l'escalier, il éprouva un mouvement de joie et d'attendrissement impossible à dépeindre : il me donnait le bras, et à chaque pas que nous faisions il s'écriait avec transport : — O quel bonheur de marcher sur l'herbe !

Je fus charmée d'avoir vu ce lieu si triste mais singulier, ce château amphibie, rejeté tour à tour par la mer et par la terre ; car ce mont est pendant une partie du jour une île isolée au milieu des flots, et pendant l'autre partie il se trouve posé sur une vaste étendue de sable aride.

En quittant le mont Saint-Michel, nous passâmes à Saint-Malo, où nous vîmes un exemple très singulier de ce que peut l'activité réunie à l'industrie. Il y avait dans cette ville, quinze ans auparavant, un négociant nommé Dubois qui se ruina ; n'ayant plus rien au monde, il se disposait à passer aux Indes, lorsqu'un vaisseau qu'on croyait perdu entra dans le port. Dubois avait des intérêts sur ce bâtiment qui avait gagné des richesses immenses, et qui rapportait à Dubois six cent mille livres ; avec cette somme il fit d'autres entreprises qui prospérèrent. Alors il obtint la permission de construire un port à ses frais à une petite lieue de Saint-Malo, dans un endroit nommé Montmarin. Ce port était achevé, et était en petit exactement semblable à celui de Brest. Dubois fit bâtir là un joli château qu'il habitait, et il se mit à construire des vaisseaux, qu'il vendait ; de manière que cette portion de terre, conquise par l'industrie, était devenue la propriété de

Dubois, et une espèce de république fondée et gouvernée par lui.

Depuis longtemps la révolution se préparait, elle était inévitable ; le respect pour la monarchie était tout à fait détruit, et il était de bon air de braver en tout la cour. On n'allait faire sa cour à Versailles qu'en se plaignant et en gémissant ; on répétait que rien n'était ennuyeux comme Versailles et sa cour, tout ce que la cour approuvait était désapprouvé par le public ; les pièces de théâtre applaudies à Fontainebleau étaient communément sifflées à Paris. Un ministre disgracié était sûr de la faveur du public, et, s'il était exilé, tout le monde s'empressait de l'aller voir, non par véritable grandeur d'âme, mais pour suivre cette mode de blâmer tout ce que faisait la cour. Les finances étaient en fort mauvais état ; on imagina, pour y remédier, d'assembler les états généraux.

Le désir de faire tout voir à mes élèves (ce qui, dans cette occasion, m'entraîna dans une démarche imprudente) m'engagea à revenir de Saint-Leu passer quelques jours à Paris, pour voir, du jardin de Beaumarchais, tout le peuple de Paris se relayer pour abattre et démolir la Bastille. Il est impossible de se faire une idée de ce spectacle ; il faut l'avoir vu pour se le représenter tel qu'il était : ce redoutable fort était couvert d'hommes, de femmes et d'enfants travaillant avec une ardeur inouïe, et jusque sur les parties les plus élevées du bâtiment, et de ses tours. Ce nombre étonnant d'ouvriers volontaires, leur activité, leur enthousiasme, le plaisir de voir tomber ce monument affreux du despotisme, ces mains vengeresses, qui semblaient être celles de la Providence, et qui anéantissaient avec tant de rapidité l'ouvrage de plusieurs siècles, tout ce spectacle parlait également à l'imagination et au cœur. Personne n'a été plus épouvanté que moi des excès commis à la prise de la Bastille ; mais, comme aussi j'ai été témoin pendant plus de vingt ans des emprisonnements arbitraires, comme je n'avais jamais jeté les yeux sans frémir sur cette citadelle, j'avoue que sa démolition m'a causé l'émotion et la joie la plus vives. J'eus aussi la curiosité de voir le club des Cordeliers.

Dans ces premiers temps de la révolution, l'aîné de mes élèves eut un mouvement de générosité et de grandeur d'âme que je ne puis passer sous silence : il apprit, en ma présence, qu'un décret venait d'annuler les droits d'aînesse ; aussitôt il embrassa M. le duc de Montpensier, en s'écriant : — Ah ! que cela me fait plaisir ! Il fut reçu au club des Jacobins, par la volonté de M. le duc d'Orléans, et non assurément par la mienne ; et cependant ce fut là le prétexte qu'on employa pour détacher de moi madame la duchesse d'Orléans.

Dès que M. le duc de Chartres eut atteint sa dix-septième année, M. le duc d'Orléans me déclara que son éducation était finie, et l'on forma sa maison ; mais M. le duc de Chartres eut assez de raison et d'attachement pour moi pour me dire qu'il viendrait tous les jours, jusqu'à l'âge de dix-huit ans, prendre ses leçons à Belle-Chasse, et il n'y a jamais manqué.

Parmi un grand nombre de conseils que j'écrivis pour mes élèves au cours de leur éducation, sous forme de réprimande, en voici une que j'adressai à M. le duc de Chartres : « M. le duc de Chartres est un « peu plus à la société et moins occupé de me pour-

« suivre et de se mettre dans ma poche ; il sait com-
« bien de prix j'attache à son amitié, mais il ne doit
« attribuer qu'à la mienne la manière fâcheuse dont
« je le reçois souvent lorsqu'il oublie tout ce qu'il
« doit aux autres pour me suivre, se mettre à côté
« de moi, et enfin ne s'occuper que de moi, ce qui
« lui donne l'air niais d'un petit garçon qui n'ose
« pas s'éloigner une minute de son mentor ; rien de
« plus puéril, de moins fait pour un homme, que
« cette manière d'aimer que vous avez continuelle-
« ment avec moi, et qui fait que vous n'écoutez et
« ne regardez que moi ; que vous avez une tris-
« tesse invincible quand vous ne pouvez vous placer
« en voiture à côté de moi, etc., etc. Vous n'ima-
« ginez pas à quel point ces manières vous rendent
« maussade pour les autres ; si vous avez envie de
« me plaire, soyez aimable pour tout le monde. »

A Belle-Chasse j'eus des liaisons avec madame
Necker ; et, avant la révolution, elle me prévint,
m'écrivit les lettres les plus obligeantes, et vint me
voir : elle m'amena sa fille, qui n'était point encore
mariée, et qui avait seize ans. Cette jeune personne
n'était pas jolie, mais elle était très animée et parlait
beaucoup trop, mais avec esprit. Je me souviens que
je fis une lecture à madame Necker d'une de mes
pièces du *Théâtre des jeunes personnes*, celle qui a
pour titre *Zélie ou l'Ingénue ;* sa fille était en tiers
avec nous. Je ne puis exprimer l'enthousiasme de
cette jeune personne pendant cette lecture ; elle pleurait, faisait des exclamations à chaque page, me bai-
sait les mains à toutes minutes ; elle m'embrassa
beaucoup. J'étais loin d'imaginer que cette même
personne serait un jour mon ennemie. Madame Necker l'avait fort mal élevée, en lui laissant passer

dans le salon les trois quarts de ses journées, avec la foule des beaux esprits de ce temps ; et tandis que sa mère s'occupait des autres personnes, et surtout des femmes qui venaient la voir, les beaux esprits dissertaient avec mademoiselle Necker sur les passions et sur l'amour. La solitude de sa chambre et de bons livres auraient mieux valu pour elle.

J'ai beaucoup critiqué madame de Staël, dans mes ouvrages, sur des principes qu'elle a jugés elle-même répréhensibles plus tard, mais, loin d'avoir jamais attaqué sa personne et ses talents, j'ai toujours trouvé un grand plaisir à lui rendre une entière justice, et même à conter plusieurs traits de sa vie qui n'étaient pas connus, et qui honorent également son âme et son caractère.

Ce fut à Belle-Chasse que m'arrivèrent les événements les plus brillants de ma vie, les mariages de mes deux filles. Ce fut madame de Pont, intendante de Moulins, une de mes amies, qui me donna l'idée du mariage de la seconde. M. de Genlis n'avait point encore hérité de madame la maréchale d'Étrée ; ses dettes l'avaient forcé de vendre la terre de Sissy. Les grâces que j'avais obtenues au Palais-Royal pour le mariage de ma fille aînée m'ôtaient la possibilité d'en demander de nouvelles pour celui de la seconde. Ainsi, je ne pouvais espérer de lui faire faire un bon mariage, et c'était pour moi le sujet d'une inquiétude continuelle. Madame de Pont me conseilla de profiter de l'amitié que madame de Montesson avait pour M. le vicomte de Valence, qui l'engagerait facilement à lui donner ma fille en mariage et à la doter. Madame de Pont se chargea de lui en parler ; et, comme elle l'avait prévu, ma tante, qui n'aurait pas fait la moindre chose pour tout autre mariage, fit pour celui-là au delà de tout ce que nous avions chez elle. Pulchérie fut mariée par l'évêque de Comminges, dans la chapelle de la maison de ma tante, et, quelques jours après, elle l'emmena à sa terre de Sainte-Assise. M. de Valence avait vingt-neuf ans, ma fille en avait dix-sept ; sa figure était charmante, son cœur excellent, ses principes aussi purs que son âme. Elle avait de l'instruction, des talents ; elle peignait les fleurs, elle lisait tout haut, avec une perfection rare, la prose et les vers ; il y avait dans son esprit un mélange de finesse et de délicatesse qui lui a donné par la suite un charme particulier dans la société ; enfin, corrigée de l'excès de vivacité qu'elle avait montré dans son enfance, elle était devenue aussi douce, aussi facile à vivre, qu'elle était naturellement bonne, obligeante et sensible. Voilà ce qu'elle était quand je me séparai d'elle, et ce qu'elle est toujours à mes yeux.

La révolution éclata le 9 juillet ; c'était la veille de ma fête, que l'on célébrait à Saint-Leu par de charmants spectacles.

M. le duc de Chartres, quelque temps après la révolution, alla à son régiment, qui était à Vendôme. Il s'était baigné à midi dans la rivière ; comme il se rhabillait, un homme, saisi d'une crampe, cria au secours ; M. le duc de Chartres s'élança dans l'eau, et eut le bonheur de le sauver. Cette action, qui eut beaucoup de témoins, lui valut une couronne civique. M. le duc de Chartres m'envoya une feuille de chêne de sa couronne que j'ai encore. Dans la lettre qui contenait cet envoi, il me remerciait de lui avoir fait apprendre à nager ; je leur avais beaucoup répété que c'était une chose qu'il fallait savoir pour soi et pour les autres, et c'est ainsi que je leur fis apprendre à saigner et à panser des plaies.

Peu de temps après, j'éprouvai la plus déchirante douleur que l'on puisse ressentir : je perdis ma mère. Mes élèves l'aimaient, et ils partagèrent ma douleur de la manière la plus touchante.

J'eus dans ce temps toutes les espèces de mécontentements. M. le duc d'Orléans me fit la proposition la plus étrange : il me dit que M. le vicomte de Ségur lui avait demandé une place de secrétaire des commandements auprès de M. le duc de Chartres pour M. de Laclos, auteur des *Liaisons dangereuses* ; je restai confondue. Après un moment de silence, je lui répondis que s'il donnait cette place à un tel homme, je quitterais le lendemain l'éducation de ses enfants. La place ne fut point donnée, mais il avait vu plusieurs fois M. de Laclos, qui lui avait plu : il forma avec lui une liaison intime ; il le consulta sur beaucoup de choses importantes, pendant la révolution ; on a vu les suites de cette confiance.

Le triste changement de madame la duchesse d'Orléans pour moi, après vingt ans de l'amitié la plus tendre et de la confiance la plus intime, devint tel que je pris enfin le parti de me retirer. La révolution seulement l'augmenta, et surtout y servit de prétexte.

Madame de Chastellux était sans cesse avec madame la duchesse d'Orléans, soit chez elle, soit en voiture, et Mademoiselle n'eut plus le bonheur de se trouver seule avec sa mère. J'avais laissé passer trois semaines sans aller dîner au Palais-Royal ; mais, au bout de ce temps, je priai Mademoiselle de prévenir madame la duchesse d'Orléans que j'aurais l'honneur de l'y conduire et d'y dîner le lendemain. Madame la duchesse d'Orléans répondit simplement que, dans ce cas, elle n'irait pas chercher Mademoiselle, puisque je la mènerais. Mais le lendemain, jour du dîner, elle me fit dire à deux heures après-midi qu'elle ne dînerait pas chez elle, parce qu'il lui était survenu une affaire ; je ne soupçonnai point encore la vérité. M. le duc d'Orléans était à la campagne ; il revint et m'apprit avec beaucoup d'émotion et de mécontentement qu'il avait retrouvé madame la duchesse d'Orléans plus aigrie que jamais, sans qu'elle en eût pu dire la cause ; mais qu'elle avait déclaré qu'elle ne pouvait se résoudre à me recevoir davantage chez elle. Qu'alléguait madame la duchesse d'Orléans ? rien, sinon une répugnance invincible à me voir et à me recevoir. M. le duc d'Orléans n'employa encore, dans cette occasion, que les prières et les représentations, qui furent également vaines.

Le dimanche suivant, je laissai aller mes élèves sans moi au Palais-Royal, et depuis cette époque je n'y ai pas remis le pied. Les traitements de ce genre se multiplièrent à l'infini ; M. le duc d'Orléans donna à dîner à ses enfants, à Mousseaux ; leur mère n'y voulut pas venir, parce que j'y étais. Elle venait toujours chercher Mademoiselle avec deux ou trois personnes dans sa voiture, la menait promener chez des marchands, suivie de madame de Chastellux et d'autres personnes. Mademoiselle donna dans l'hiver, non des bals, le peu d'étendue de son logement ne le permettait pas, mais quatre goûters dansants ; M. le duc d'Orléans vint à tous ; madame la duchesse d'Orléans, malgré la prière de ses enfants, n'y voulut jamais paraître ; les témoignages de sa haine devinrent si éclatants et si bizarres, qu'après avoir

souffert et toléré avec une douceur et une patience
inaltérables pendant si longtemps des injustices si
étranges, M. le duc d'Orléans résolut d'y mettre un
terme. Il alla trouver un matin madame la duchesse
d'Orléans, pour lui déclarer qu'il exigeait d'elle ce
qu'elle avait constamment refusé à ses prières, c'est-
à-dire une explication positive et détaillée avec moi ;
madame la duchesse d'Orléans, après beaucoup de
difficultés, y consentit. Elle vint chez moi le lendemain matin à neuf heures. Madame la duchesse
d'Orléans parut, et à peine eus-je jeté les yeux sur
elle qu'une partie de mes espérances s'évanouit. Elle
s'avança brusquement, s'assit, m'imposa silence,
tira de sa poche un papier, en me disant du ton le
plus impérieux qu'elle allait me déclarer ses intentions, et aussitôt elle me fit à haute voix, et avec
une extrême volubilité, la lecture de l'écrit du monde
le plus surprenant. Madame la duchesse d'Orléans
me signifiait dans cet écrit que, vu la différence de
nos opinions, je n'avais d'autre parti à prendre, si
j'étais honnête, que de me retirer sans délai ; je
prendrais les précautions nécessaires pour que Mademoiselle n'en fût pas trop affligée, ce qui me serait
bien facile, en disant que j'allais en Angleterre
prendre les eaux pour ma santé, mais que si je
résistais, comme elle était au désespoir que ses enfants fussent entre mes mains, il n'y avait point d'é-
clat auquel je ne dusse m'attendre. Quand l'excès
de ma surprise put me permettre de parler, je répondis qu'après une déclaration aussi positive, je
n'avais en effet d'autre parti à prendre que celui de
me retirer. J'ajoutai que mon respect pour madame
la duchesse d'Orléans, et la connaissance que j'avais
de son caractère et de sa délicatesse ne me permet-

taient pas de lui attribuer l'étrange écrit qu'elle venait de me lire, dont les sentiments étaient si peu dignes d'elles. Je terminai, en assurant madame la duchesse d'Orléans que je quitterais Belle-Chasse aussitôt que Mademoiselle aurait fait ses Pâques. Je promis de partir secrètement et de prendre toutes les précautions possibles pour lui adoucir l'amertume de cette cruelle séparation. Cependant M. le duc d'Orléans attendait au Palais-Royal madame la duchesse d'Orléans ; il croyait, d'après la parole qu'il avait reçue d'elle, qu'elle s'expliquerait avec moi, et son étonnement fut égal au mien lorsqu'elle lui déclara la vérité, et lui montra l'écrit qu'elle m'avait lu et qu'elle n'avait pas voulu laisser entre mes mains.

M. le duc d'Orléans, pour dernière ressource, employa auprès de madame la duchesse d'Orléans, M. le duc de Chartres, qu'il instruisit de tous les détails ; le cœur de madame la duchesse d'Orléans, naturellement si bon et si sensible, fut vivement ému par les prières et les larmes de son fils ; on craignit sans doute cet attendrissement, et on l'entraîna tout à coup loin de lui ; elle partit subitement pour la ville d'Eu, suivie seulement de madame de Chastellux. Alors M. le duc d'Orléans, envoyant un courrier, écrivit au véritable auteur de tant de troubles, à madame de Chastellux, pour lui déclarer que, n'attribuant qu'à ses conseils les procédés de madame la duchesse d'Orléans, il la priait de choisir une autre demeure que sa maison, et de lui faire remettre sous quinze jours les clefs de son appartement, au Palais-Royal. Je pris alors le parti de m'éloigner.

Mon projet était de voyager six semaines en Auvergne et en Franche-Comté, de revenir ensuite à

Paris, à l'insu de Mademoiselle, d'y rester seulement un mois, pour y faire imprimer sous mes yeux les *Leçons d'une gouvernante*, de partir après pour Sillery, jusqu'aux approches de l'hiver, que je comptais passer en Angleterre.

Je reçus des lettres qui commençaient à m'inquiéter vivement sur l'état de mademoiselle d'Orléans ; mais, arrivée à Lyon, j'y trouvai des lettres si alarmantes, que je renonçai à mon voyage de Franche-Comté, et je pris la résolution de retourner, sans délai, à Paris. A six lieues d'Auxerre, je rencontrai un courrier de M. le duc d'Orléans, qui avait ordre d'aller à Besançon, où on me croyait arrivée ; il me donna un paquet qui contenait des lettres de M. le duc d'Orléans, de M. de Sillery, de ma fille, de mes élèves, de M. Pieyre et de quelques autres personnes, qui toutes me mandaient que les évanouissements et les convulsions de Mademoiselle, loin de diminuer, s'aggravaient tous les jours, qu'elle dépérissait à vue d'œil, qu'enfin l'on craignait pour ses jours, pour peu que cet état affreux se prolongeât.

Comment aurais-je pu balancer à reprendre ma place auprès de Mademoiselle, quand je la savais dans cet état affreux, et que M. le duc d'Orléans me mandait qu'elle mourrait si ses espérances étaient trompées : je revins, et je trouvai effectivement ma chère élève dans un état qui me perça le cœur. Mes soins et ma tendresse lui rendirent bientôt la santé ; mais rien ne me rendit la tranquillité que j'avais perdue. Le motif d'éloignement subit de madame la duchesse d'Orléans pour moi était évidemment la différence d'opinions politiques ; je reconnais aujourd'hui que toutes ses craintes n'étaient que trop fondées. Telles devaient être les suites inévitables des principes répandus depuis un demi-siècle en France, par la fausse philosophie. Madame la duchesse d'Orléans jugea mieux que moi ; elle sut lire dans l'avenir.

Arrivée à cette grande époque de la révolution, je n'ai nullement le projet de réfuter d'absurdes inculpations. Ma conscience et l'examen de l'emploi de ma vie me donnent la certitude que l'on peut me calomnier, qu'il est impossible de me noircir.

De ma vie je ne me suis mêlée d'affaires de politique ou d'ambition ; dès la convocation des états généraux, prévoyant que le mécontentement général produirait beaucoup de troubles, je déclarai publiquement que j'irais à Nice avec mes élèves. Leurs parents y consentirent. Malheureusement, on censura tellement ce projet dans les papiers publics, il parut porter une telle atteinte à la fragile et funeste popularité de la maison d'Orléans, qu'il fallut y renoncer, du moins pour le moment.

Cependant j'obtins la promesse qu'on nous laisserait faire un voyage en Angleterre aussitôt que la Constitution serait finie ; on croyait alors que ce travail serait terminé sous peu de mois ; il fut beaucoup plus long. Malgré le désir ardent que je conservais de quitter la France, l'époque de mon départ se reculait toujours.

Après la fuite du roi à Varennes et son retour forcé à Paris, M. le duc d'Orléans me le permit enfin. Les médecins ordonnèrent à Mademoiselle d'aller en Angleterre prendre les eaux de Bath. Nous partîmes en toute règle avec des passeports qui exprimaient la permission de rester en Angleterre aussi longtemps que la santé de Mademoiselle l'exigerait. Nous partîmes le 11 octobre 1791.

Mon séjour en Angleterre fut troublé par les

craintes les plus sinistres ; l'esprit de parti me donnait tout à craindre des ennemis de la maison d'Orléans ; je recevais les lettres anonymes les plus effrayantes. J'en reçus entre autres une en anglais, dans laquelle on m'appelait *salvage furie* (féroce furie), et l'on me menaçait de mettre le feu à notre maison pendant la nuit.

Dans les derniers jours du mois de septembre 1792, étant dans la province de Suffolk, je vis par les journaux français qu'un parti puissant formait les plus sinistres projets et voulait faire juger le roi et la reine.

Après le massacre des prisons, au mois de septembre 1792, je reçus une étrange lettre de M. le duc d'Orléans qui me mandait de revenir en France pour lui ramener sa fille. J'hésitais à le faire et je me trouvais dans la situation la plus embarrassante.

Dans les premiers jours de novembre, M. le duc d'Orléans m'envoya M. Maret, depuis duc de Bassano, et que je ne connaissais pas du tout. Il était chargé d'une procuration de M. le duc d'Orléans, qui l'autorisait à me demander de lui remettre Mademoiselle, si je ne voulais pas consentir à la reconduire moi-même sur-le-champ en France. J'étais au désespoir, ou d'être obligée d'envoyer Mademoiselle en France, ou de l'y mener. Il n'était pas digne de moi de ne pas remettre moi-même ce dépôt si cher entre les mains de celui qui me l'avait confié. Il fut décidé que je reconduirais Mademoiselle, que je la remettrais à son père, en lui donnant ma démission de gouvernante. Nous partîmes en effet le lendemain pour retourner en France, le 20 octobre 1792.

Notre trajet sur mer fut très orageux ; nous avions le vent en poupe, mais il était de la violence la plus effrayante ; nous fîmes ce voyage en cinq quarts d'heure et douze minutes, chose qui a peu d'exemples. Quand nous débarquâmes un peuple immense était attroupé sur le rivage : il accueillit Mademoiselle avec de grandes acclamations et des transports qui allaient jusqu'à l'enthousiasme ; c'est le dernier hommage que son nom malheureux ait reçu en France.

Je trouvai à Belle-Chasse M. le duc d'Orléans, M. de Sillery et cinq ou six autres personnes. Je remis Mademoiselle entre les mains de son père ; je lui dis, en présence de tout le monde, que je lui rendais avec douleur ce dépôt si cher, que je donnais ma démission de gouvernante, et que je repartais le lendemain matin pour l'Angleterre. M. le duc d'Orléans eut l'air consterné ; il m'emmena dans une chambre voisine, et là il m'apprit que sa fille, par un décret tout nouveau et d'un effet rétroactif, se trouvait par son âge (elle avait quinze ans) dans la classe des émigrés, pour n'être pas revenue à l'époque prescrite ; il ajouta que c'était ma faute, parce que je n'avais pas voulu la ramener sur-le-champ la première fois qu'il l'avait demandé, mais il assura qu'on ferait des exceptions à cette loi, et qu'il était certain que sa fille serait à la tête ; qu'en attendant il fallait qu'elle se soumît à la loi, et qu'elle allât en pays neutre attendre ce décret sur les exceptions ; qu'en conséquence il me conjurait de la conduire à Tournay (la Belgique n'était point encore réunie à la France) ; que le décret d'exception serait sûrement publié sous huit jours, qu'il irait lui-même chercher sa fille, et qu'alors je serais libre ; il se flattait que je n'aurais pas la cruauté de lui refuser cette dernière preuve d'attachement à une enfant à laquelle j'en avais donné tant. Je répondis sèchement que je conduirais Mademoiselle à Tournay, mais sous la condition que si le décret d'exception n'était pas publié sous quinze jours, il enverrait une personne à Tournay, pour me remplacer auprès de Mademoiselle ; il m'en donna sa parole d'honneur.

J'eus un long entretien avec M. de Sillery ; je le conjurai, en versant des larmes, de quitter la France ; il lui était facile de s'évader et d'emporter au moins deux cent mille francs : il m'écouta sans m'interrompre, il parut ému. Il me répondit qu'il abhorrait tous les excès de la révolution, mais que je voyais trop en noir l'avenir ; que Robespierre et ses adhérents étaient trop médiocres pour ne pas perdre promptement tout leur ascendant. J'insistai, mais toutes mes prières, toutes mes instances furent inutiles. Il me parla de M. le duc d'Orléans, et il me dit qu'il se perdait, parce qu'il mettait toute son espérance dans les jacobins qui se plaisaient à l'avilir afin de pouvoir ensuite le sacrifier plus facilement, qu'au fond il se repentait de s'être engagé dans une telle route, mais que, croyant impossible d'en sortir, il s'y jetait à corps perdu, se flattant de trouver ainsi l'enthousiasme qu'il n'avait nullement.

Nous partîmes le lendemain matin ; M. le duc d'Orléans, plus sombre que jamais, me donna le bras pour me conduire à la voiture : j'étais fort troublée, Mademoiselle fondait en larmes, son père était pâle et tremblant. Lorsque je fus dans la voiture, il resta immobile à la portière, et les yeux fixés sur moi ; son regard lugubre et douloureux semblait implorer la pitié !... « Adieu, Madame ! » me dit-il. Le son altéré de sa voix porta au comble mon saisissement ; ne pouvant proférer une seule parole, je lui tendis la main, il la prit, la serra fortement, ensuite, se tournant et s'avançant brusquement vers les postillons, il leur fit un signe et nous partîmes.

M. de Sillery, M. le duc de Chartres et mon neveu César du Crest nous accompagnèrent jusqu'aux frontières ; j'en fus bien aise, car le peuple, par son ton et ses manières, était devenu effrayant. J'avais laissé à Belle-Chasse la valeur de plus de cinquante mille francs en meubles, en argenterie, en bijoux, en tableaux, en livres, instruments, histoire naturelle, etc. J'étais si troublée en partant, que je laissai une quantité de choses ; lors de la confiscation, tout fut vendu.

Cependant, trois semaines s'étaient écoulées à Tournay, et M. le duc d'Orléans n'envoyait personne pour me remplacer auprès de Mademoiselle. Au mois de décembre, Mademoiselle eut une maladie très sérieuse, une fièvre bilieuse. Je la soignai avec toute l'affection que pouvait inspirer la tendresse maternelle la plus vive. Cette maladie, dont la convalescence fut languissante et longue, m'ôta toute idée de m'éloigner d'elle dans un tel moment. Enfin, le mois de janvier arriva, ainsi que la funeste catastrophe de la mort du roi. M. le duc de Chartres, qui était venu nous rejoindre à Tournay, reçut une lettre de son père, qu'il me montra et qui commençait ainsi : « J'ai le cœur navré, mais pour l'intérêt de la France et de la liberté, j'ai cru devoir... ! etc... »

Cette lettre fit sur M. le duc de Chartres la même impression que sur moi : nous fûmes saisis d'horreur et consternés. Mon malheureux mari m'écrivit à la même époque ; il m'envoyait un grand nombre d'exemplaires de son opinion sur le procès du roi.

M. de Sillery terminait ainsi sa lettre : « Je sais parfaitement qu'en prononçant cette opinion, j'ai prononcé mon arrêt de mort... » Aussi, en sortant de l'assemblée, saisi d'horreur et pénétré d'indignation, il alla sur-le-champ se mettre volontairement dans la prison de l'Abbaye !... Hélas ! il aurait pu encore se sauver !... Cette lettre me déchira le cœur ; cependant, comme je ne voyais nul prétexte pour lui ôter la vie, je me persuadai qu'il en serait quitte pour une captivité de quelques mois. Je ne songeais pas à la cupidité des jacobins, et que l'infortuné avait plus de cent mille livres de rente !

La Belgique fut réunie à la France, et quoiqu'on ait beaucoup écrit qu'elle ne le fut que par son vœu, je puis assurer qu'elle n'en avait nulle envie, et qu'elle y fût forcée.

Le général Dumouriez arriva à Tournay le mardi 26 mars 1793. Ainsi que tous les Français qui passaient à Tournay, il vint chez mademoiselle d'Orléans. Je fus charmée de voir cet homme si célèbre ; quoiqu'il fût vaincu, et que je le crusse poursuivi par les Autrichiens, sa seule présence me rassurait.

Je vis que la Belgique allait retomber au pouvoir des Autrichiens, et que la fuite serait impossible pour nous, soit en France ou soit dans les pays étrangers. Je sollicitai donc vivement mon retour ; on m'écrivit, au mois de mars 1793, que M. le duc d'Orléans allait obtenir le rappel de mademoiselle d'Orléans, mais que le mien était encore ajourné. Croyant que mademoiselle d'Orléans allait rentrer, je devais m'occuper des moyens de me mettre en sûreté, et il faut convenir que rien n'était plus difficile, et que ma position était affreuse. J'avais fait quelques avances d'argent pour mademoiselle d'Orléans, qui me devait cent trente-deux louis ; elle avait écrit à M. le duc et à madame la duchesse d'Orléans

sur cet objet et pour leur demander de lui envoyer de
l'argent pour elle ; c'est ce qu'ils ne purent faire, ni
à cette époque, ni à aucune autre. Ce fut alors que
M. le duc de Chartres, qui n'a jamais eu de vues
ambitieuses, et qui n'en avait d'autre que celle d'être
utile à son pays, prit la résolution d'écrire à la Convention, pour demander la permission de quitter à
jamais la France ; depuis la mort du roi, il était tombé
dans le plus grand découragement.

Après avoir écrit cette lettre à la Convention, il me
dit qu'il ne croyait pas pouvoir l'envoyer sans l'aveu
de son père, qui était alors député à la Convention.
M. le duc de Chartres envoya cette requête à son père,
en le conjurant de trouver bon qu'il la fît. Nous espérions que M. le duc d'Orléans ne s'opposerait pas
à ce que désirait son fils ; mais il répondit sèchement
que cette idée n'avait pas de sens, et qu'il n'y fallait
plus penser. M. le duc de Chartres a respecté cet
ordre ; il n'en fut plus question.

M. le duc de Montpensier, son frère, désirant passionnément voir l'Italie, avait demandé à servir à
Nice, ce qui lui fut accordé ; il partit de Tournay,
où il était aussi avec nous.

Cependant l'armée dut évacuer Tournay et se re-
plier sur la frontière. Nous la suivîmes ; nous quittâmes Tournay le 31 mars, de grand matin ; nous
étions dans une berline dont les stores étaient baissés, et en outre de grands chapeaux avec des voiles
cachaient entièrement nos visages. Nous suivîmes
l'armée. Les troupes marchaient sans ordre ; les soldats étaient excessivement bruyants ; leur ton, leurs
discours m'effrayaient ; je n'avais jamais fait jusqu'alors un voyage aussi désagréable. Pour éviter de
tomber dans les mains des ennemis, j'allai à Saint-

Amand. Je logeai, avec mademoiselle d'Orléans et ma nièce, dans la ville même de Saint-Amand, et le général Dumouriez logea à un quart de lieue, dans un endroit appelé les Boues-de-Saint-Amand, où se trouvent les bains et les étuves pour les malades.

S'il m'eût laissée dans une ville reprise par les ennemis, il est évident que mademoiselle d'Orléans et moi nous aurions été pour bien longtemps privées de notre liberté. Le 2 avril, le général Dumouriez intercepta un paquet rempli de mandats d'arrêt lancés contre presque tous les principaux officiers de l'armée, entre autres le mari de ma seconde fille, M. de Valence, M. le duc de Chartres, et contre le général lui-même que l'on accusait d'être de connivence avec l'ennemi. Ces ordres arbitraires envoyés par un simple comité (et non par la Convention), étaient signés Duhem. Je ne pouvais plus m'abuser sur le système de proscription qui s'établissait en France, si l'on avait proscrit le général Dumouriez sur de simples soupçons.

D'un autre côté, je frémissais en pensant que selon toutes les apparences, le camp allait se partager en deux partis ; que les premiers rayons du soleil éclaireraient vraisemblablement des scènes sanglantes ; si j'avais le bonheur de sortir du territoire français, que deviendrais-je dans les pays étrangers, sans recommandation, sans protection, sans amis ? Que pourrais-je opposer en outre à la haine, aux persécutions des émigrés qui ne laissait pas échapper une occasion de se manifester contre nous depuis la mort du roi. La situation de mademoiselle d'Orléans achevait de me percer le cœur. J'étais décidée, n'étant plus sa gouvernante, à ne l'associer ni à ma misère, ni à mes périls, et à la laisser entre les mains

de son frère ; mais quelle affreuse séparation ! Tandis
que je faisais en silence ces douloureuses réflexions,
elle était couchée à côté de moi, et je l'entendais
gémir sourdement : elle avait vu les préparatifs de
mon départ ; elle ne comprenait que trop que mon
projet n'était pas de l'emmener : elle se taisait et
elle pleurait.

A sept heures, je fis mes adieux à M. le duc de
Chartres ; il me renouvela les instances qu'il m'avait
faites la veille de me charger de sa sœur ; il me répéta qu'il ignorait encore le parti qu'il prendrait ;
que tout annonçait dans le camp une prochaine révolte, et que, dans de telles circonstances, sa sœur
le gênerait mortellement et serait exposée à mille
dangers affreux. Je répondis qu'à moins d'une espèce
de prodige, il me paraissait impossible de passer tous
les postes français, sans être reconnue et arrêtée :
que, dans ce dernier cas, on nous conduirait à Valenciennes dont nous étions si près, et qu'alors per-
dues sans retour, nous serions envoyées à l'échafaud ;
il valait mieux peut-être que mademoiselle d'Orléans
se rendît à Valenciennes seule et comme de son propre
mouvement, après ma fuite ; qu'alors je croyais que
la plus grande rigueur à son égard se bornerait à la
déporter et à la conduire hors des frontières, ce qui
la ferait sortir de France sans danger. Je fus inébranlable dans mes refus jusqu'à l'instant de mon
départ ; mais, au moment où je montais en voiture,
M. le duc de Chartres revint tenant dans ses bras sa
sœur baignée de larmes ; je la reçus dans la voiture
à côté de moi, et nous partîmes sur-le-champ et avec
tant de précipitation que ni mademoiselle d'Orléans
ni moi ne songeâmes à prendre avec nous quelques-
uns de ses effets, du moins ses bijoux; nous oubliâmes

tout. Mademoiselle d'Orléans sortait de son lit, n'avait sur elle qu'une simple robe de mousseline ; ce fut ce qu'elle emporta, et sa montre, qui était fort belle et qu'elle n'oublia point, parce qu'elle était au chevet de son lit ; elle laissa à Saint-Amand ses malles, ses robes, son linge, son écrin ; tout fut perdu, à l'exception seulement de sa harpe qu'un domestique fit charger sur un chariot qui passa, et qui nous rejoignit quelques jours après ; mais, du reste, on ne lui rapporta pas un habit, pas une chemise ; comme j'avais sauvé la plus grande partie de ce qui m'appartenait, je me trouvai heureuse de pouvoir suppléer à ce dénûment.

Nous étions quatre dans la voiture, mademoiselle d'Orléans, ma nièce, M. de Montjoye et moi. Je ne connaissais M. de Montjoye que depuis peu de jours, il voulait fuir aussi, et aller en Suisse, où il avait des parents.

Au bout de deux heures de marche, nous nous trouvâmes dans des chemins de traverse si mauvais que la voiture y cassa. Comme nous tournions autour de Valenciennes, nous n'en étions, dans ce moment, qu'à une petite demi-lieue, et nous nous trouvions dans un village rempli de volontaires, notre inquiétude fut extrême ; il fallut entrer dans un cabaret, et attendre là, plus d'une heure et demie, que la voiture fût raccommodée. Les chemins devenant toujours plus mauvais, et la nuit survenant, nous fûmes obligés, malgré le froid qui était excessif, de descendre de voiture. Nous avions fait près d'une lieue à pied, lorsque tout à coup nous fûmes arrêtés par un capitaine de volontaires et des soldats qui de loin avaient aperçu la lanterne de notre guide. Ce capitaine, peu satisfait de nos réponses, nous dit qu'il nous soupçonnait émigrées, et qu'il était décidé à nous conduire à Valenciennes. On peut juger de ce que j'éprouvai dans ce moment, mais j'eus l'air d'y consentir. Je pris le commandant sous le bras, et, dans un baragouin très peu intelligible, je lui fis mille plaisanteries sur son peu de complaisance ; tout en parlant et en riant, je marchais toujours comme si je n'avais pas le dessein de le faire changer d'avis. Au bout d'un demi-quart d'heure, il s'arrêta, me dit qu'il voyait bien que j'étais véritablement une Anglaise ; qu'il ne voulait pas nous déranger, et que nous pouvions continuer notre route vers Quiévrain. Il nous conseilla d'éteindre la lumière de notre lanterne, qui pourrait encore nous faire arrêter ; et nous conduisit dans un petit sentier détourné, par lequel nous pouvions, nous dit-il, arriver aux postes autrichiens sans rencontrer de nouvelles troupes.

Aussitôt que nous fûmes entrées dans Quiévrain, on nous demanda nos passeports. Je dis que j'étais une dame irlandaise nommée madame de Verzenay, voyageant avec mes nièces ; mais qu'étant partie dans toute la déroute du camp, je n'avais point de passeports, et, comme il en fallait pour être reçue, je demandai à parler à M. le commandant le baron de Vounianski. On me dit d'attendre dans la voiture, et qu'on allait prendre ses ordres. Un moment après, le baron vint lui-même, nous fit descendre de voiture, me donna la main, et nous conduisit chez lui, où il nous reçut à merveille. Le lendemain il nous donna une escorte et nous fit accompagner jusqu'à Mons. Un nouveau malheur m'empêcha de quitter Mons. Je couchais dans la chambre de mademoiselle d'Orléans ; je ne dormais point, et je l'entendis se plaindre et tousser toute la nuit ; je me levai au point du jour pour l'aller regarder, et je vis qu'elle avait la rougeole ; je passai dans le cabinet où couchait ma nièce, pour l'instruire de ce triste événement, et je la trouvai dans le même état. Elles étaient toutes deux si malades et avaient une fièvre si violente, que bien peu de choses m'ont causé de plus vives inquiétudes. Nous n'avions point de femme de chambre, je ne pus avoir un médecin que le soir, et il me fut impossible d'obtenir une garde, avant le quatrième jour : cependant elles furent bien soignées. Je connaissais le traitement de cette maladie. Je passai les trois premières nuits sans me coucher ; et quand j'eus une garde, je restai toujours dans la chambre de mademoiselle d'Orléans ; et pendant les neuf jours je la veillai jusqu'à trois ou quatre heures du matin. Deux jours après notre départ, M. le duc de Chartres et M. Dumouriez ne se sauvèrent de Saint-Amand qu'après avoir couru les plus grands dangers, essuyé des coups de fusil, etc.; que serait devenue cette malheureuse enfant, au milieu d'un tel désordre avec le germe d'un grande maladie (car elle partit de Saint-Amand avec la fièvre) ; la rougeole se serait déclarée de même le lendemain, et qu'aurait-on pu faire dans cet état ! Mes jeunes compagnes se trouvant en état de soutenir la voiture, quoiqu'elles fussent encore extrêmement faibles, nous partîmes de Mons le samedi 13 avril, avec M. de Montjoye. Après sept jours de marche, nous arrivâmes à Schaffhouse, en Suisse, le 26 mai. Ma joie fut extrême de me trouver dans un pays neutre.

Le besoin extrême de repos qu'avait mademoiselle d'Orléans nous fit séjourner à Schaffhouse ; M. le duc de Chartres était venu nous y rejoindre ; nous

avions été reconnus par plusieurs émigrés qui nous
firent beaucoup de méchancetés. Entre autres, un
soir que nous nous promenions sur la place de Zu-
rich, un émigré, avec un air très impertinent, passant auprès de Mademoiselle, accrocha exprès avec
son éperon un grand pan de sa robe de gaze. Il fallut
partir. Nous allâmes à Zug le 14 de mai, et nous
nous établîmes dans une petite maison isolée, sur
les bords du lac, à peu de distance de la ville. Nous
avions pris toutes les précautions nécessaires pour
n'être pas connus. Nous passâmes un mois à Zug
dans la plus parfaite tranquillité, lorsque des émigrés passèrent. Ils avaient vu M. le duc de Chartres
à Versailles ; ils le reconnurent et, le même jour
toute la petite ville de Zug sut qui nous étions. Quelques jours après, on vit paraître dans les gazettes
allemandes quelques articles sur mes élèves. Cette
publicité commença à déplaire aux magistrats de
Zug : bientôt on leur écrivit de Berne pour leur
reprocher d'accorder un asile à mademoiselle d'Orléans et à son frère. Le premier magistrat de Zug
s'inquiéta, et finit par prier mes malheureux élèves
de chercher une autre retraite. Où aller, sans recom-
mandations, sans amis, n'ayant pu rester dans les
deux cantons les plus tolérants de la Suisse ? M. de
Montesquiou ayant rendu des services à Genève, jouissait en Suisse de beaucoup de considération, et y avait
un très grand crédit. J'imaginai de lui écrire ; je
lui peignis la situation de mes malheureux élèves,
et je lui demandais si mademoiselle d'Orléans pouvait être reçue à Bremgarten, dans un couvent à
peu de distance de cette petite ville. M. de Montesquiou se chargea de faire recevoir mademoiselle
d'Orléans, ma nièce et moi, dans le couvent de

Sainte-Claire, à Bremgarten. M. le duc de Chartres se décida à faire à pied le voyage entier de la Suisse ; ce qu'il a exécuté, passant partout pour un Allemand.

Au moment de partir de Zug, quand mes élèves furent obligés de payer tous les petits mémoires, ils ne se trouvèrent plus assez d'argent ; heureusement que j'en avais assez pour satisfaire à ce qu'il fallait, et pour me charger de payer au couvent, pendant un an, la pension de mademoiselle d'Orléans, outre la mienne et celle de ma nièce. La veille de mon départ de Zug, une méchanceté véritablement atroce me causa une des plus grandes frayeurs que j'aie éprouvées de ma vie. Mademoiselle d'Orléans restait tous les soirs dans le salon, au rez-de-chaussée, jusqu'à dix heures trois quarts ; elle était établie dans l'embrasure de la fenêtre, et pendant la conversation elle travaillait à de petits ouvrages ; comme depuis sa rougeole, elle avait un peu mal aux yeux, elle gardait toujours sur sa tête un grand chapeau qui lui cachait la lumière. Le 26 juin, veille de mon départ, j'étais à dix heures un quart du soir dans ma chambre, qui se trouvait précisément au-dessus du salon ; M. le duc de Chartres, suivant sa coutume, était couché, ainsi que le seul domestique qu'il y eût dans la maison. Mademoiselle d'Orléans eut quelque chose à me dire : elle se leva, laissa sa lumière sur la table, ôta son chapeau, le mit sur une des pommettes du dossier de sa chaise, et monta chez moi avec ma nièce. Je la pris sur mes genoux ; à peine étions-nous assises que nous entendîmes un bruit causé par une énorme pierre lancée contre la fenêtre du salon : une demi-minute après, plusieurs autres pierres furent de même lancées contre la fenêtre que je venais de quitter, et cassèrent les vitres avec un tel fracas que M. le duc de Chartres éveillé sauta à bas de son lit, prit un bâton (qui est une fort bonne arme dans ses mains), et courut à la porte, en appelant le domestique, qui se leva aussi : l'un et l'autre sortirent de la maison en criant après les assassins, qui se sauvèrent à toutes jambes. Nous descendîmes dans le salon, et nous vîmes que le premier coup de pierre avait été lancé vers la place qu'occupait ordinairement mademoiselle d'Orléans. On avait visé avec beaucoup de justesse ; car le carreau était brisé, le chapeau renversé, et la pierre, grosse comme le poing, suivant sa direction en ligne droite, avait été fracasser un carreau de faïence d'un poêle placé à l'extrémité du salon. J'ai conservé soigneusement ce caillou ; je le fis polir et tailler en plaque de médaillon, sur laquelle ces deux mots sont gravés : innocence, providence. La même nuit on coupa par petits morceaux deux harnais de chevaux appartenant à M. le duc de Chartres.

M. de Montesquiou nous fit recevoir au couvent de Sainte-Claire ; mais il nous recommanda de cacher avec soin qui nous étions.

Au milieu de ces peines de tout genre, j'eus la consolation de rétablir parfaitement la santé délabrée de mademoiselle d'Orléans. Je lui avais caché la mort de son infortuné père ; je connaissais son extrême sensibilité, et sa tendresse pour un père dont elle était adorée ; cependant je l'habillai de deuil, en lui disant que c'était celui de la malheureuse reine de France. Nos jours s'écoulaient tristement, mais sans ennui. Lorsque nous apprîmes par hasard que madame la princesse de Conti, tante de mademoiselle d'Orléans, habitait la Suisse et était à Fribourg, j'écrivis à Fribourg pour m'en informer. Rien n'était plus vrai. Sans l'extrême tendresse que j'avais pour mademoiselle d'Orléans, je me serais jamais restée un an dans un lieu où j'étais horriblement persécutée, et qui d'ailleurs ne m'offrait nulle ressource ; il m'était absolument nécessaire, pour subsister, de me rapprocher d'une imprimerie ; je sentis que mademoiselle d'Orléans devait faire, auprès de madame la princesse de Conti, une démarche. Docile à la voix de la raison, elle se décida à écrire à sa tante, en lui demandant d'aller la rejoindre, en me rendant ma liberté. Huit ou dix jours après madame la princesse de Conti répondit à mademoiselle d'Orléans une lettre tendre et touchante pour lui annoncer qu'elle la recevait ; mais que cela ne pourrait être que dans un mois. Ce temps se passa bien tristement. Au moment de notre séparation la douleur de mademoiselle d'Orléans fut inexprimable. Rien ne me retenant plus à Bremgarten je le quittai à mon tour.

Mon gendre, M. de Valence, était établi dans les environs d'Utrecht. Nous avions toujours entretenu une correspondance suivie : je lui avais écrit dans les derniers temps de mon séjour à Bremgarten ; quand je sus que j'allais me séparer de mademoiselle d'Orléans, je le conjurai de me chercher, sous un nom supposé, une place de concierge dans un château. J'aurais laissé ma nièce au couvent de Sainte-Claire, entre les mains de madame l'abbesse, à laquelle j'aurais payé une demi-année de pension ; j'aurais été dans mon château, où je n'aurais rien dépensé, et dans lequel j'aurais pu travailler en secret ; j'aurais envoyé mes ouvrages en Angleterre, à Sheridan, qui les aurait parfaitement vendus ; de cette manière, j'échappais aux persécutions, et j'au-

rais pu amasser beaucoup d'argent. Une chose dans
ce plan m'embarrassait, c'était ma harpe ; je ne
pouvais me résoudre à m'en séparer ; j'étais décidée à l'emporter, en déguisant dans l'emballage la
forme de l'étui, et j'espérais trouver dans le château
le moyen d'en jouer incognito dans quelque coin
isolé. M. de Valence rejeta cette proposition qu'il
appelait une folie romanesque ; j'insistai vivement,
et je donnai de si bonnes raisons qu'il me répondit
promptement qu'il avait trouvé ce que je pouvais
désirer ; des maîtres instruits, spirituels, très riches,
ayant une fille non mariée, à laquelle j'aurais pu
donner des soins d'institutrice, un château antique
et vaste ; et, pour que rien ne manquât au bonheur
de cette trouvaille, il m'assurait que le château contenait une superbe bibliothèque. Cette lettre m'enchanta ; mais, quelques jours après, il m'en écrivit
une autre, pour se dédire formellement, en me disant
qu'il ne pouvait se résoudre à se donner le ridicule
de faire de moi une concierge ; il me conjurait de
venir le trouver près d'Utrecht, et que là nous for-
merions des projets plus raisonnables. Je lui représentai qu'il existait un nombre infini d'émigrées,
qui me valaient, et dont les unes, sans aucun ridicule,
étaient marchandes de modes, les autres institutrices : il fut inexorable.

Nous arrivâmes donc à Utrecht : M. de Valence
vint nous chercher, et nous mena à Oud-Naarden,
une charmante maison de campagne qu'il avait louée
sur le bord de Zuyderzée. Je me reposai là environ
cinq semaines, je me décidai à m'aller établir sous
la domination danoise. J'avais encore un peu d'argent, je n'en demandai point à M. de Valence : je
convins seulement que je laisserais ma nièce chez

lui, avec une dame étrangère qui s'y trouvait, et que je préparais l'établissement de M. de Valence à Altona, car il avait aussi le projet de s'y fixer. Je partis d'Oud-Naarden sans femme de chambre et sans domestique. Je ne savais où débarquer à Altona ; une marchande fort communicative me nomma l'auberge de Plock. J'eus lieu de m'applaudir de ce choix ; le maître de la maison était la probité même, et sa fille remplie de douceur, d'esprit, de sensibilité, ayant reçu la meilleure éducation, devint bientôt mon amie.

Sur la fin de juillet, j'allai m'établir avec ma nièce chez M. de Valence, à Sielk, à cinq lieues d'Hambourg, dans une jolie maison de campagne qu'il avait louée. J'y consentis à la condition que je lui payerais une pension. J'avais vendu au libraire Fauche trois cents frédérics d'or *les Chevaliers du Cygne ;* il y avait longtemps que je n'avais touché autant d'argent à la fois ; ce fut le prix que m'en offrit Fauche, qui a toujours été pour moi de la plus parfaite honnêteté. J'étais dans un tel dénûment que s'il ne m'en eût offert que cinquante frédérics, je n'aurais pas hésité à le lui donner.

M. de Valence cultivait lui-même son jardin : nous menions une vie douce et solitaire ; nous n'avions près de nous qu'un seul voisin (le seigneur du lieu), et ce voisin était pour nous l'ami le plus aimable.

Après avoir tant souffert, je me trouvais aussi heureuse que je pouvais l'être, avec d'affreux souvenirs si récents encore. J'étais fort liée avec madame Matthiessen et toute sa famille. Son fils, l'un des négociants d'Hambourg les plus distingués par son mérite, sa fortune, et la considération dont il jouissait, devint amoureux de ma nièce Henriette de Sercey : sa mère me la demanda en mariage pour lui. Ma nièce avait vingt et un ans, M. Matthiessen en avait quarante-quatre. Au bout de six mois ce mariage se fit. Je déclarai, dès le même jour, malgré les regrets de ma nièce et les offres obligeantes de M. Matthiessen, que je ne resterais point avec eux, ni à Hambourg, ni même à Sielk.

Huit jours après son mariage, je partis pour Berlin, où je me mis en pension chez mademoiselle Bocquet, qui tenait une maison d'éducation la plus fameuse de la ville. Elle me reçut à bras ouverts ; elle s'était passionnée pour moi, par mes ouvrages. Son accueil me charma, ainsi que sa conversation ; elle avait une société très aimable, composée des personnes les plus spirituelles de Berlin.

Le premier mois de mon séjour à Berlin fut un véritable enchantement. Chacun s'occupa de mon amusement. Nous allâmes jusqu'à Sans-Souci, où j'allai recueillir une quantité de souvenirs du grand Frédéric.

M. de Volney, dans un de ses ouvrages, dit que, pour juger un homme qui n'existe plus, avec lequel il n'aurait jamais eu le moindre rapport, il lui suffirait d'examiner avec une attention philosophique ses meubles, ses habits, ses bijoux, ses livres. Si l'on eût transporté M. de Volney, ce profond penseur, dans les appartements du grand Frédéric, comme il n'y aurait vu que des meubles et des draperies couleur de rose et argent, que des gravures et des tableaux mythologiques et une collection de tous les bijoux les plus fragiles, et de tous les colifichets des boutiques françaises, comme il aurait trouvé dans la bibliothèque un nombre infini d'ouvrages licencieux et de poésies frivoles, il aurait certainement pensé

que le défunt était un jeune sybarite dépourvu de
mérite et d'esprit : ce prétendu sybarite était un vieux
guerrier, le plus grand capitaine de son temps, le
roi le plus vigilant, le plus laborieux, et qui, au
milieu de ses draperies couleur de rose, couchait
toujours avec ses bottes.

On nous conta de ce monarque et de sa cour plusieurs traits. En voici trois qui me paraissent assez
plaisants. Lorsque le roi faisait de petits voyages, il
avait coutume d'emmener avec lui Voltaire. Dans
une de ses courses, Voltaire, seul dans une chaise de
poste, suivit le roi. Un jeune page, que Voltaire avait
fait gronder avec sévérité, s'était promis de s'en
venger ; en conséquence, comme il allait en avant
pour faire préparer les chevaux, il prévint tous les
maîtres de poste et les postillons que le roi avait un
vieux singe qu'il aimait passionnément, qu'il se plaisait à faire habiller à peu près comme un seigneur
de la cour, et qu'il s'en faisait suivre dans ses voyages ; que cet animal ne respectait que le roi, et qu'il
était fort méchant ; que s'il voulait sortir de la voiture, on se gardât bien de le souffrir. D'après cet
avertissement, lorsqu'aux postes Voltaire voulut descendre de sa voiture, tous les valets d'hôtellerie s'y
opposèrent formellement ; et, lorsqu'il étendait la
main pour ouvrir la portière, on ne manquait jamais
de donner sur cette main deux ou trois coups de
canne, et toujours en faisant de longs éclats de rire.
Voltaire, ne sachant pas un mot d'allemand, ne pouvait demander l'explication de ces étranges procédés,
sa fureur devint extrême et ne servit qu'à redoubler
la gaieté des maîtres de poste, et, d'après les rapports du petit page, tout le monde accourait pour
voir le singe du roi et pour le huer. Le voyage se

passa de la sorte ; et ce qui mit le comble à la colère de Voltaire, c'est que le roi trouva le tour si plaisant qu'il ne voulut point en punir l'inventeur.

On sait combien ce prince aimait la musique. Un soir, il crut entendre une symphonie lointaine et charmante. Aussitôt il ouvre une fenêtre et reconnaît que cette musique *pianissimo*, à deux parties, s'exécute près de la guérite de la sentinelle en faction sous son appartement. Il appelle cette sentinelle, l'interroge, et son étonnement redouble en apprenant que c'est ce soldat qui produit l'illusion de cette prétendue symphonie en jouant à la fois, et avec perfection, de deux guimbardes. Le roi, ne concevant pas ce prodige, ordonne au soldat de monter chez lui. Le soldat répond : « C'est impossible ; je dois garder ma consigne. — Mais je suis le roi. — Je le sais ; mais je ne puis être relevé que par mon colonel. » A ces mots le roi, du premier mouvement, se fâcha ; mais la sentinelle lui dit que s'il obéissait, il le ferait punir le lendemain pour avoir manqué à la discipline. Alors le roi loua sa fermeté, referma sa fenêtre, se coucha, et, le jour suivant, fit venir ce soldat, l'entendit avec admiration, lui donna cinquante frédérics et son congé. Ce musicien d'un genre si nouveau a fait fortune en parcourant l'Allemagne. Quelques années après, je l'ai entendu à Hambourg. Il allait jouer dans les maisons, il exigeait qu'on éteignît toutes les lumières, et, lorsqu'il jouait, on croyait véritablement entendre une belle symphonie dans le lointain.

Un autre trait est l'anecdote sur notre fameux Duport, le premier violoncelle de l'Europe. Appelé en Prusse par le roi, il comptait ne passer à Berlin que cinq ou six mois. Le roi, sachant qu'il se disposait à partir, chargea quelques-uns de ses musiciens de lui donner une espèce de fête et de l'enivrer. Lorsqu'il fut dans cet état, on lui fit signer un engagement par lequel, entrant dans un régiment du roi, il s'y trouvait au nombre des tambours, de sorte qu'il n'aurait pu quitter la Prusse sans s'exposer à la peine de mort comme déserteur. Ce fut ainsi que ce grand artiste se fixa dans le Brandebourg. Il fut d'abord désespéré ; mais une forte pension, un excellent mariage le consolèrent. Il habitait Sans-Souci avec sa famille lorsque j'allai visiter cette maison royale.

Pendant mon séjour à Berlin, ma correspondance avec mademoiselle d'Orléans fut rompue. Lui ayant envoyé dans une lettre une petite miniature représentant sur un fond bleu une rose blanche et une rose rouge dans une caisse verte, madame la princesse de Conti dit que c'étaient les trois couleurs, par conséquent un signe révolutionnaire. Mademoiselle d'Orléans eut beau protester que c'étaient les cinq couleurs, puisqu'il y avait du vert et des tiges brunes ; madame la princesse de Conti persista dans son idée et lui défendit de m'écrire. Mademoiselle d'Orléans trouva le moyen d'obéir et de me donner de ses nouvelles ; elle confia son chagrin à son confesseur et le pria de m'écrire de sa part ; ce qui dura plus de dix-huit mois. Je lui envoyais mes lettres qu'il remettait.

A l'époque dont je parle, je reçus une lettre d'une personne qui m'était inconnue, et qui me mandait de ne plus écrire à ce prêtre, parce qu'il venait de mourir. Je le pleurai sincèrement, puisque je n'eus plus de nouvelles de mademoiselle d'Orléans.

On me remit dans ce temps une lettre qui, par un

enchaînement particulier de circonstances, traîna prodigieusement en chemin, ce qui arrivait souvent alors. Elle montre si bien toute la bonté de l'âme de mademoiselle d'Orléans, que je la place ici. Elle est sur la mort de son malheureux père, que je lui avais cachée et qu'elle n'apprit que peu de jours après notre séparation.

Voici comment elle s'exprime :

« Fribourg, 10 octobre 1794.

« Oh !... amie chérie, à quel comble de malheurs le ciel m'a réduite ! Hélas ! je les connais tous ! Ah !... quelles douleurs... et quelles souffrances... mon trop malheureux cœur n'éprouve-t-il pas ? que cette vie est cruelle !... Mais la religion et mon cœur, amie bien-aimée, m'ordonnent de la supporter pour ceux que j'aime ; elle est à eux, et non à moi, et je la soigne comme un dépôt qu'ils m'ont confié. Hélas ! il n'y a plus que ces chers objets que j'aime si tendrement, qui puissent m'y attacher. Oh ! mon amie, pensez-vous que ceux qui sont tout à fait malheureux, et qui ne se tuent pas, soient sans religion ? Non, je ne le puis croire : sans ce motif tout-puissant, qui pourrait ne pas se débarrasser d'une existence devenue douloureuse dans tous les moments ?... Mais, grâce aux principes que vous m'avez donnés, ne soyez pas inquiète, amie bien chère, Dieu soutient votre infortunée Adèle et lui donne un courage et une force véritablement surnaturels. Ma tante me témoigne une tendresse et une sensibilité dont je suis bien touchée, et m'adoucit, par son excessive bonté, autant qu'il est possible, mon affreuse et cruelle situation. Adieu, amie tendre et chérie, je vous embrasse avec toute la tendresse de mon malheureux cœur. Je ne puis vous écrire une plus longue lettre aujourd'hui, ce sera pour la première fois. Donnez-moi souvent de vos chères nouvelles ; hélas ! j'en ai tous les jours plus besoin.

« ADÈLE D'ORLÉANS. »

Je dois dire que j'ai omis, sans le vouloir, un fait intéressant : c'est qu'étant à Sielk, j'appris que mes deux derniers élèves étaient encore détenus à Marseille.

Je reçus enfin mon rappel en France ; ma joie fut fort troublée par le chagrin de quitter mes amis, qui étaient réellement au désespoir, et ce pays hospitalier dont le roi était si vertueux, et le gouvernement si doux et si équitable. Dans le second volume des *Souvenirs de Félicie*, je fais de la Prusse et de son roi le même éloge. Je fis paraître ce volume à l'époque où l'empereur Napoléon triomphant était à Berlin qu'il venait de conquérir.

Je trouvai à Bruxelles ma fille, madame de Valence. Après neuf ans d'absence, ma joie de la revoir fut inexprimable ; car les dangers qu'elle avait courus, les cruelles inquiétudes qu'elle m'avait causées, avaient quadruplé pour moi la longueur des douloureuses années de l'absence.

Je retournai à Paris avec ma fille ; je n'essayerai point de peindre les émotions que j'éprouvai en passant la frontière, en entrant en France, en entendant le peuple parler français, en approchant de Paris, en apercevant les tours de Notre-Dame et en passant les barrières.

Tout me paraissait nouveau ; j'étais comme une

étrangère que la curiosité force à chaque pas de s'arrêter. J'avais peine à me reconnaître dans les rues,
dont presque tous les noms étaient changés ; je trouvais des philosophes substitués aux saints ; j'avais été
préparée à cette métamorphose en lisant l'*Almanach
national*, où j'avais vu les saints remplacés par les
sans-culottides et par des oignons, des choux, du
fumier, des ânes, des cochons, des lièvres, etc., etc.

Je retrouvai à peine effacées les inscriptions qu'on
avait écrites sur les façades des anciens édifices :
maison ci-devant Bourbon, maison ci-devant Conti,
propriété nationale, etc. Je lisais encore sur quelques
murs cette phrase républicaine : La liberté, la frater-
nité ou la mort. Je voyais passer des fiacres que je re-
connaissais pour les voitures confisquées de mes
amis ; je m'arrêtais sur les quais, devant de petites
boutiques, dont les livres reliés portaient les armes
d'une quantité de personnes de ma connaissance, et
dans d'autres boutiques, j'apercevais leurs portraits
étalés en vente publique. J'entrai un jour chez un
petit brocanteur qui en avait au moins une vingtaine ;
je les reconnus tous, et mes yeux se remplirent de
larmes en pensant que les trois quarts de ces infortunés que ces peintures représentaient avaient été
guillotinés et que les autres, dépouillés de tout et
proscrits, erraient peut-être encore dans les pays
étrangers !...

En sortant de cette boutique, j'allai me promener
sur le boulevard : un marchand, portant de charmants petits paniers d'osier, passa près de moi ; je
l'arrêtai pour en choisir une demi-douzaine ; mais je
n'avais pas d'argent. J'entrai dans le comptoir d'un
marchand de vin auquel je demandai de l'encre et
un peu de papier ; j'écrivis rapidement mon adresse

que je lus tout haut au marchand de paniers. Alors
le cabaretier s'écria : « Eh ben ! vous êtes cheux vous !
— Comment ? — Pardi oui ; vous êtes dans ci-devant
hôtel de Genlis !... » En effet, c'était la maison
qu'avait occupée, pendant quinze ans, mon beau-
frère, le marquis de Genlis. Il me fut impossible de
le reconnaître ; tout le rez-de-chaussée était divisé en
plusieurs boutiques, et la façade des autres logements
tout à fait méconnaissable. Je me hâtai de m'éloigner
de ce lieu si triste pour moi.

Je vis beaucoup de parvenus qui, nés dans la
classe de simples ouvriers, avaient fait les plus brillantes fortunes.

Je revis avec plaisir le fils d'un de mes anciens
gardes-chasse, devenu capitaine, qui avait servi dans
nos armées avec la plus grande distinction ; sa belle
tournure et son bon air me rappelèrent ce mot de
La Rochefoucauld : « L'air bourgeois se perd rarement à la cour, il se perd toujours à l'armée. »

Je vis des femmes qui haïssaient naturellement
toute conversation intéressante et spirituelle, parce
qu'elles n'y pouvaient prendre part ; du commérage
ou de la médisance formaient tout leur entretien ;
elles avaient refroidi tous les amis de leurs maris par
leur insipidité, leur sécheresse et leur susceptibilité,
défauts de toutes les femmes qui manquent d'esprit
et d'éducation. La plupart de ces personnes, ridiculement vaines, comptaient les visites et marchan-
daient une révérence, toujours inquiètes de la manière dont on les traitait, sans savoir positivement
comment on doit être traitée. Je ne retrouvai plus
de bureaux d'esprit. On appelait ainsi jadis, en déri-
sion, les maisons dont la société était principalement
composée de gens de lettres, de savants et d'artistes

célèbres, et dont les conversations n'avaient pour objet que les sciences, la littérature et les beaux-arts :
voilà ce que les ignorants et les sots tâchèrent toujours
de tourner en ridicule.

J'eus bien d'autres sujets de mécontentement : je
trouvais tout changé, tout jusqu'au langage.

On parle mal en disant, la capitale, pour dire Paris ;
du champagne, du bordeaux, au lieu de vin de Champagne ; ou les Français, au lieu de la Comédie-Française. Lorsqu'on dit : un louis d'or, on parle mal ;
de même pour son équipage, au lieu de sa voiture ; il
roule carrosse ; une bonne trotte, pour une bonne
course ; son dû, pour son salaire.

Je ne fus pas moins surprise en entendant dire
votre demoiselle, pour mademoiselle votre fille ; Madame, tout court, en parlant à un mari de sa femme ;
en usez-vous ? (du tabac), pour en prenez-vous ? j'y
vais de suite, pour j'y vais tout de suite ; il a des
écus, pour il est riche. Il lui fait la cour, c'est-à-dire
il en est amoureux, ce qu'on exprimait jadis plus
délicatement en disant : il est occupé d'elle.

Les étrangers disent souvent qu'ils ont bu du café,
du thé, c'est mal parler : boire ne se dit que des
liqueurs faites pour désaltérer : l'eau, le vin, la bière,
le cidre, etc., et on dit : prendre du café, du thé, du
chocolat.

Ce qui me choqua surtout, c'était d'entendre des
femmes appeler leur cabinet un boudoir, car ce mot
bizarre n'était pas employé jadis par les grandes
dames. Je trouvais encore que, lorsqu'on faisait les
honneurs d'une maison, il ne fallait pas offrir d'une
manière vague, comme le faisaient beaucoup de personnes qui avaient l'air de ne pas savoir les noms de
ce qu'elles proposaient, disant seulement : voulez-

vous du poisson, ou de la volaille ? On appelait les marchandes de modes des modistes, et un livre de souvenir un album ; en parlant de l'habillement de quelqu'un, sa mise, une mise décente, etc. Voici encore des phrases du langage révolutionnaire, qui ne me déplurent pas moins : aborder la question ; en dernière analyse ; traverser la vie.

Dans l'ancienne société, éteinte ou dispersée, on entendait partout des exclamations qui exprimaient l'étonnement, la désolation, l'horreur ou l'enchantement et l'enthousiasme : tout était inconcevable, inouï, monstrueux, horrible, ou charmant et céleste. Lorsqu'on rencontrait quelqu'un auquel on avait fait fermer sa porte, on ne manquait jamais de lui protester qu'on était désespéré de ne s'être pas trouvé chez soi. Aujourd'hui, ces exagérations sont fort affaiblies ; les femmes surtout sont beaucoup plus froides, moins affectueuses, moins accueillantes.

On ne soupait plus, parce que les usages n'étaient pas moins changés que la langue ; les spectacles ne finissaient qu'à onze heures du soir.

Le souper jadis terminait la journée ; on ne craignait plus le mouvement et l'interruption des visites ; au lieu de compter les heures, on les oubliait, et l'on causait avec une parfaite liberté d'esprit, et par conséquent avec agrément.

Autrefois, les soupers de Paris étaient renommés pour leur gaieté.

Le grand seigneur qui invitait à un souper la femme d'un fermier général et celle d'un duc et pair les traitait avec les mêmes égards, le même respect. Lorsqu'on allait se mettre à table, le maître de la maison ne s'élançait point vers la personne la plus considérable pour l'entraîner au fond de la chambre, la faire passer en triomphe devant toutes les autres femmes, et la placer avec pompe à table à côté de lui. Les femmes d'abord sortaient toutes du salon ; celles qui étaient le plus près de la porte passaient les premières ; elles se faisaient entre elles quelques petits compliments, mais très courts, et qui ne retardaient nullement la marche. Tout le monde arrivé dans la salle à manger, on se plaçait à table à son gré, et le maître et la maîtresse de la maison trouvaient facilement le moyen d'engager les quatre femmes les plus distinguées de l'assemblée à se mettre à côté d'eux. Voilà des mœurs sociales et des manières véritablement polies, parce qu'elles obligent celles que l'on veut particulièrement honorer, et qu'elles ne blessent personne ; nous avons changé tout cela.

Autrefois les femmes, après le dîner ou le souper, se levaient et sortaient de table pour se rincer la bouche ; même les princes du sang ne se permettaient pas, pour faire la même chose, de rester dans la salle à manger ; ils passaient dans une antichambre. Aujourd'hui, cette espèce de toilette se fait à table dans beaucoup de maisons. On voit des Français, assis à côté des femmes, se laver les mains et cracher dans un vase... C'est un spectacle bien étonnant pour leurs grands-pères et leurs grand'mères.

Dans la bonne compagnie, jadis, les femmes étaient traitées par les hommes avec presque tous les usages respectueux prescrits pour les princesses du sang ; ils ne leur parlaient en général qu'à la tierce personne ; ils ne se tutoyaient jamais entre eux devant elles ; et même, quelque liés qu'ils fussent avec leurs maris, leurs frères, etc., ils n'auraient jamais, en leur présence, désigné ces personnes par leurs noms tout court. Lorsqu'on leur adressait la parole, c'était toujours avec un son de voix moins élevé que celui qu'on avait avec des hommes. Cette nuance de respect avait une grâce qui ne peut se décrire. Toutes ces choses n'étaient plus d'usage à mon retour ; chaque homme pouvait dire :

De soins plus importants mon âme est agitée.

De leur côté, les femmes n'étant plus traitées avec respect, avaient perdu la retenue qui doit les caractériser.

Une chose qui me déplut particulièrement fut la suppression des couvre-pieds de chaises-longues. Je vis les dames les plus qualifiées et les plus à la mode de cette époque recevoir parées et couchées sur un canapé, et sans couvre-pieds. Il en résultait que le plus léger mouvement découvrait souvent leurs pieds et une partie de leurs jambes. Le manque de décence qui ôte toujours du charme, donnait à leur maintien et à leur tournure une véritable disgrâce.

Mes visites me firent connaître le mauvais goût de ceux qui remeublèrent les hôtels et les palais abandonnés et dévastés. On plissait sur les murs les étoffes, au lieu de les étendre ; cela était beaucoup plus magnifique. On savait que la symétrie était bannie des jardins ; on en avait conclu que l'on devait aussi l'exclure des appartements, et l'on posait toutes les draperies au hasard. Ce désordre affecté donnait à tous les salons l'aspect le plus ridicule. Pour montrer que les nouvelles idées n'excluaient ni la grâce, ni la galanterie, les hommes et les femmes rattachaient les rideaux de leurs lits avec les attributs de l'amour, et transformaient en autels leurs tables de nuit.

Après avoir passé quelque temps à Paris, je fis une infinité de courses à la campagne et dans les châteaux ; j'avoue qu'en général on trouvait beaucoup plus de popularité et de libéralité dans nos anciens châteaux. Je ne trouvai plus ces chapelles qui étaient jadis d'un si bon exemple pour les paysans. Je ne vis aller à l'église paroissiale que les dames ; les hommes n'y mettaient presque pas le pied ; et les paysans, pour les imiter, n'y allaient jamais. Je fus aussi scandalisée des fêtes qu'on leur donnait : le maître du château leur ouvrait ses jardins, avec la permission d'y inviter des cabaretiers, des traiteurs, auxquels ils achetaient les vins et les repas que nous leur donnions jadis avec tant de générosité, mais qui, distribués avec sagesse, prévenaient l'ivresse, les querelles, les scènes scandaleuses et souvent sanglantes qui en résultaient. Une chose encore qui me parut ridicule fut la morgue des dames de châteaux, qui, dans ces réjouissances, ne voulaient point danser avec les paysans. Je me rappelai qu'autrefois, à ces bals champêtres, nous ne voulions danser qu'avec eux, et que nous défendions aux hommes de notre société de nous inviter, en leur prescrivant de ne danser qu'avec des paysannes. Tout ceci n'est assurément point sans exception ; j'ai vu dès lors, dans les campagnes et dans les châteaux, exercer dans toute son étendue la charité de tout genre que j'admirais jadis.

Madame de Montesson, ma tante, ne m'avait pas donné signe de vie dans les pays étrangers, quoique je fusse partie en fort bonne intelligence avec elle. Je la trouvai dans la plus grande faveur par sa liaison avec madame Bonaparte, femme du premier consul, qui lui avait fait rendre toute sa fortune. Cependant, j'allai la voir le surlendemain de mon arrivée ; je trouvai du monde chez elle ; elle me reçut avec une sécheresse qui alla jusqu'à l'impertinence ; elle parla beaucoup de madame Bonaparte et des déjeuners qu'elle lui donnait. Ma visite fut courte et silencieuse ; M. de Valence me reconduisit. Je lui dis, en m'en allant, que j'étais beaucoup trop vieille pour me laisser traiter ainsi, et que je ne reviendrais plus ; il excusa madame de Montesson, il me dit qu'elle serait mieux une autre fois ; qu'elle avait pris de l'humeur en voyant que je n'étais pas du tout vieillie ; que c'était un petit tort de femme qu'il fallait pardonner.

J'étais établie dans la rue d'Enfer. Maradan vint me trouver, pour me prier de m'intéresser en faveur d'un jeune homme nommé M. Fiévée, auteur de deux romans intitulés, l'un *Frédéric*, et l'autre *la Dot de Suzette*, et qui était en prison pour ses opinions politiques ; je m'occupai avec ardeur du soin de lui faire rendre sa liberté, et j'eus le bonheur d'y réussir.

Je ne restai que neuf mois dans la rue d'Enfer. Trouvant la vie de Paris trop chère, j'allai m'établir à Versailles, où je louai une petite maison dans l'avenue de Paris.

Je fus assez malade à Versailles, et cependant je travaillai toujours : ma situation m'y forçait, et comme je n'en convenais qu'avec ma personne, on me faisait des remontrances sur ma déraison ; je fus très sérieusement malade pendant deux mois ; décidée à retourner à Paris, je sollicitai du gouvernement un logement ; on m'en donna un à l'Arsenal ; il était très beau et contigu à la bibliothèque ; le ministre Chaptal donna l'ordre de me prêter tous les livres que je demanderais, ce qui fut exécuté.

Pendant les deux premières années de mon séjour à l'Arsenal, je continuai de travailler à la *Biblio-*

thèque des Romans; ensuite, voulant finir sans distraction le roman de *la Duchesse de La Vallière,* que j'avais commencé, je cessai de travailler à la *Bibliothèque des Romans,* qui perdit alors ses souscripteurs. Un peu avant la publication de *Madame de La Vallière,* M. Fiévée, qui était en correspondance avec le premier consul, sachant que je n'avais fait aucune démarche auprès du chef du gouvernement, dit qu'il était décidé à lui écrire que je n'avais rien retrouvé en France et que je vivais absolument de mon travail ; je remerciai M. Fiévée, en le conjurant de ne point faire une telle démarche. M. Fiévée persista généreusement, et le fruit de sa lettre fut que le premier consul m'envoya M. de Rémusat, préfet du palais, pour me dire que le premier consul venait d'apprendre ma situation ; que, s'il l'avait sue, je n'y serais jamais restée, et qu'il me faisait demander ce qui pouvait me rendre heureuse ; je répondis que je vivais fort bien de mon travail, et que je ne demanderais jamais rien.

Quelque temps après M. de Lavalette m'écrivit que le premier consul, devenu empereur, désirait que je lui écrivisse tous les quinze jours, sur la politique, les finances, la littérature, la morale, sur tout ce qui me passerait dans la tête. Je ne lui ai jamais écrit tous les quinze jours, ni sur la politique, ni sur les finances ; je ne lui ai jamais demandé une seule grâce pour moi ; je lui en ai demandé beaucoup pour d'autres ; il me les a presque toutes accordées sans m'écrire une seule ligne. J'ai su par M. de Talleyrand et par quelques autres personnes qu'il aimait beaucoup mes lettres, parce qu'il y trouvait de la raison, du naturel, et quelquefois de la gaieté.

Je n'ai pas gardé de copie de ma correspondance

avec l'empereur, mais j'ai conservé quelques notes morales et religieuses qui en faisaient partie.

J'écrivis dans ce temps les *Mémoires de Dangeau*. Je fis cette lecture immense sur un manuscrit in-quarto en quarante et tant de volumes, copié d'après l'original in-folio, qui est dans la maison de Luynes.

Cet abrégé est certainement l'ouvrage qui fait le mieux connaître la grandeur et la bonté de Louis XIV, et les mœurs du beau siècle où il a vécu ; mais il fallait la patience dont je suis capable pour entreprendre la lecture de ce prodigieux ouvrage ; il fallait avoir lu tous les mémoires connus du temps pour en faire un bon extrait, afin de ne pas tomber dans des répétitions fastidieuses ; il fallait encore, pour y joindre des notes utiles, avoir vécu à la cour et dans le grand monde, et connaître toutes les traditions de ce règne et celui de la régence. Je crois avoir rendu un important service à la littérature par ce prodigieux travail, qui, comme on le verra par la suite, a été double pour moi. J'ai mis neuf mois pour lire cet ouvrage, que je lisais constamment tous les soirs depuis onze heures jusqu'à trois ou quatre heures du matin. Ce travail fini, la permission de l'imprimer, sur laquelle j'avais dû compter, me fut positivement refusée. Je donnai mon manuscrit à l'empereur, en l'assurant que je ne gardais aucune espèce de copie, ce qui était parfaitement vrai.

Quelques jours après, je reçus de M. de Lavalette une lettre ainsi conçue :

« Sa Majesté m'ordonne, madame, de vous prévenir qu'elle accepte l'offre que vous lui faites des mémoires manuscrits du marquis de Dangeau ; elle désire que je les lui envoie à Boulogne. Je vous prie, madame, de vouloir bien me les adresser promptement.

« J'ai reçu aussi l'ordre de vous annoncer que Sa Majesté vous accorde une pension de six mille francs sur sa cassette.

« Je me trouve heureux, madame, d'être, dans cette circonstance, l'organe des volontés de l'empereur, etc.

« LAVALETTE. »

En voyant que je ne pouvais faire imprimer les *Mémoires de Dangeau*, je saisis un moyen de prouver ma reconnaissance à l'empereur, en les lui offrant. Ainsi je fis ce don avec plaisir, puisqu'il m'acquittait de la pension que j'allais recevoir. L'empereur fit le plus grand cas de ces Mémoires ; je sus par M. de Talleyrand qu'il les lisait avec un extrême plaisir.

Depuis quatre ou cinq ans, je voyais beaucoup plus de monde que je ne voulais. Parmi les étrangers, il y en eut un pour lequel je pris une amitié particulière ; ce fut un Polonais, M. le comte de Kosakoski. Persuadé que Napoléon rétablirait la dignité de son pays, il s'était attaché à lui par cette seule idée. Après la prise de Paris, il le suivit à Fontainebleau ; il ne le quitta qu'au moment où il monta en voiture pour aller à l'île d'Elbe. Tous ses biens avaient été confisqués. Il vit à Paris l'empereur de Russie, qui lui demanda s'il était vrai qu'il eût suivi Napoléon à Fontainebleau : « Oui, Sire, répondit M. de Kosakoski, et s'il m'eût demandé de le suivre, je l'aurais suivi sans hésiter. » L'empereur Alexandre loua cette réponse, et demanda à M. de Kosakoski ce qu'il désirait de lui. « Sire, répondit M. de Kosakoski, la restitution de mes biens en Pologne. — Ils vous seront rendus », reprit l'empereur. Et en effet l'empereur donna sur-le-champ des ordres, et tous les biens furent restitués.

Une autre étrangère bien charmante, et qui a été pour moi remplie de bonté, est madame la duchesse de Courlande. L'impératrice Joséphine avait une énorme quantité de lettres de Bonaparte, écrites de sa main, adressées durant ses campagnes d'Italie, et pendant son séjour à Turin ; Joséphine avait oublié la cassette qui les renfermait ; un valet de chambre infidèle les recueillit et imagina de les offrir à madame de Courlande. Elle me confia ces lettres pour en prendre copie. Je les lus avec avidité et je les trouvai toutes différentes de ce que j'aurais imaginé.

Voici un mot charmant que je trouvai dans une de ces lettres : Bonaparte reprochait à Joséphine la faiblesse et la frivolité de son caractère, et il ajoutait : « La nature t'a fait une âme de dentelle ; elle m'en a donné une d'acier. » Dans une autre lettre il montrait beaucoup de jalousie sur la société de Joséphine et surtout sur la quantité de jeunes muscadins qu'elle recevait journellement, et il lui ordonnait avec sévérité de les expulser tous. On voyait dans les lettres suivantes que Joséphine obéissait, mais qu'ensuite elle se plaignait continuellement de sa santé et de maux de nerfs ; alors Bonaparte imagina que l'ennui causait ce dérangement de santé et il lui manda qu'il aimait mieux être jaloux et souffrir que de la savoir malade et qu'il lui permettait de rappeler tous les muscadins.

Elles étaient d'une écriture fort difficile à lire, mais cependant j'en vins parfaitement à bout ; ces lettres étaient spirituelles et touchantes. On n'y voyait point d'ambition et elles exprimaient une extrême sensibilité ; elles prouvaient que Bonaparte avait eu pour sa femme la passion la plus vive et la plus tendre.

M. Fiévée était rentré en grâce. Napoléon lui donna une place d'auditeur qui le fit entrer au conseil. M. Fiévée me dit dans ce temps qu'il était étonné de l'esprit, de la finesse et de la bonhomie que l'empereur montrait au conseil ; on pouvait l'y contredire et même l'interrompre quand il parlait, sans qu'il eût l'air de le trouver mauvais ; c'est un fait qui rend plus coupables ceux qui l'entouraient d'habitude et qui n'osaient presque jamais lui dire la vérité.

Dès les premiers temps de mon retour en France, M. de Cabre me fit faire connaissance avec madame Cabarus, jadis madame Tallien, et depuis madame de Caraman. Je la trouvai ce qu'elle est, belle, obligeante et aimable ; je trouvais aussi dans cette même personne celle qui a véritablement affranchi la France des fureurs de Robespierre ; quelqu'un contait que l'on avait donné à madame Bonaparte le surnom de Notre-Dame-des-Victoires ; M. de Valence dit qu'il fallait donner à madame Tallien celui de Notre-Dame-de-Bon-Secours.

Le prince Jérôme, depuis roi de Westphalie, vint plusieurs fois me voir ; je lui trouvai les manières les plus agréables, une grande politesse, et une très aimable conversation.

Je venais de finir un ouvrage commencé depuis longtemps, auquel j'avais mis tout le soin que pouvait faire valoir ce petit talent. C'était toutes les fleurs de la mythologie, peintes à la gouache, et de grandeur naturelle ; deux ou trois lignes tracées au bas de chaque plante en expliquaient la métamorphose. Souvent plusieurs plantes se trouvaient dans le même tableau peint sur papier vélin, entouré d'un encadrement qu'on appelle passe-partout. Le tout formait soixante-douze tableaux. Quelque temps après, ayant besoin d'argent, j'eus envie de les vendre. J'étais bien sûre qu'en les proposant au roi de Westphalie il les aurait achetés magnifiquement ; je trouvai le moyen de lui faire parler de cette collection comme étant faite par un artiste inconnu. Il eut envie de la voir ; l'idée et l'exécution lui plurent, et il en offrit six mille francs, ce qui fut accepté. Le roi de Westphalie, en apprenant qu'il avait acheté mon ouvrage, me fit d'obligeants reproches à ce sujet. Je répondis de manière à le convaincre que la délicatesse qui m'avait fait cacher mon nom ne me permettrait jamais de rien changer au marché conclu.

Plusieurs années après, la reine de Westphalie, qui était à Meudon, me fit inviter à y aller ; j'y ai été plusieurs fois, et je me félicite d'avoir pu connaître cette princesse, charmante à tous égards, et dont la conduite comme épouse a été depuis si exemplaire et si parfaite.

Je m'étais tracé des occupations qui furent toujours très réglées et très suivies. J'avais lu et relu tous les bons ouvrages, tous nos chefs-d'œuvre, je me jetai dans les livres curieux. Je fis alors une lecture nouvelle bien intéressante ; ce fut l'ouvrage de M. de Bonald intitulé *la Législation primitive*, ouvrage plein de talent, d'excellents principes et de génie.

Quand le livre de M. Bonald parut, Napoléon était sur le trône depuis quelques années, et il avait eu la gloire de rétablir la religion et d'abattre la fausse philosophie. Les disciples de Voltaire et des autres n'osaient plus montrer leurs principes. La philosophie moderne était universellement décriée et méprisée.

On aurait dû croire que la restauration aurait achevé d'anéantir la fausse philosophie, et le contraire est arrivé. C'est un fait qui donne lieu à des réflexions bien affligeantes.

Le Génie du Christianisme, de M. de Chateaubriand, parut deux ou trois ans avant *la Législation primitive ;* cet ouvrage fit une grande sensation, et il le méritait ; on y trouve d'admirables morceaux, entre autres le bel épisode d'Atala ; et cet ouvrage a fait beaucoup de bien à la religion, et par conséquent à la monarchie ; car la royauté légitime, ainsi que la morale, n'a de base véritablement solide que la religion. Celui des ouvrages de M. de Chateaubriand que j'admire le plus, c'est son *Itinéraire de Jérusalem ;* il y a dans ce voyage des descriptions délicieuses, et d'un bout à l'autre un sentiment religieux toujours vrai, toujours touchant.

Je ne connaissais point M. de Chateaubriand, lorsqu'il m'envoya, quand il parut, *le Génie du Christianisme*, en m'écrivant le billet le plus obligeant. *Le Génie du Christianisme* fut, à son apparition, le sujet des louanges les mieux fondées et du dénigrement le plus injuste. Je défendis M. de Chateaubriand avec toute la vivacité dont je suis capable ; il avait contre lui les gens sans religion et les littérateurs envieux, qui formaient une multitude d'ennemis. Je savais avec certitude, par M. de Cabre, que M. de Chateaubriand était tout le contraire pour moi, ce qui ne m'a pas empêchée d'écrire dans ce sens à l'empereur, dans le temps où il fut si irrité contre lui par M. de Lavalette, chargé de ma correspondance avec l'empereur.

Puisque je parle de la littérature, je dois consacrer un article à madame de Staël. Je ne l'ai critiquée dans mes ouvrages, que parce qu'elle a attaqué ouvertement dans les siens la morale et la religion. Madame de Staël eut le malheur d'être élevée dans l'admiration du phébus, de l'emphase, et du galimatias. Le premier ouvrage qui ait commencé la réputation de madame de Staël fut celui intitulé : *De l'influence des passions sur les nations et sur les individus*. Le but est de prouver l'utilité des passions ; c'était la doctrine des encyclopédistes, qui entourèrent l'enfance et la jeunesse de madame de Staël.

Le premier roman de madame de Staël, *Delphine*, n'eut aucune espèce de succès. Celui de *Corinne*, ainsi que tous les ouvrages de madame de Staël, n'eut pas davantage le succès du débit ; car, malgré tous les efforts de ses amis, elle n'a jamais pu avoir le succès d'une seule édition enlevée en quelques jours par le public. Son second roman, *Corinne*, avec tous les défauts de style que l'auteur a toujours conservés, passe pour être son meilleur ouvrage : il manque d'invention, de vraisemblance et d'intérêt. L'héroïne, amante passionnée, n'aime ni son pays, ni sa famille ; elle brave toutes les bienséances et tous les usages reçus ; elle se livre avec fureur à une passion forcenée, et j'avoue qu'il me paraîtra toujours inexcusable de créer des héroïnes pour les peindre aussi extravagantes, et de nous les proposer comme modèles dignes de toute notre admiration.

Madame de Staël sera toujours comptée au rang des femmes célèbres ; mais ses productions ne seront pas rangées parmi les ouvrages classiques, quoiqu'on y trouve souvent un esprit supérieur. Souvent, en pensant à elle, j'ai regretté sincèrement qu'elle n'eût pas été ma fille ou mon élève ; je lui aurais donné de bons principes littéraires, des idées justes et du naturel ; et, avec une telle éducation, l'esprit qu'elle avait et une âme généreuse, elle eût été une personne accomplie et la femme auteur la plus justement célèbre de notre temps.

Pendant mon séjour à l'Arsenal, je passai un été à Sillery. Je ne revis pas sans une profonde émotion ce lieu où j'avais passé les plus heureuses années de ma première jeunesse. Je le trouvai bien déplorablement changé ; les superbes bois du Mesnil étaient coupés, ainsi que les beaux arbres de la cour ; une aile du château contenant la belle galerie et la chapelle était abattue ; les îles délicieuses et leurs charmantes fabriques, si obligeantes pour moi, faites par M. de Genlis, étaient détruites, et n'offraient que de tristes marécages ; le reste du château était démeublé ; les beaux parquets du rez-de-chaussée, qui avaient été refaits avec magnificence, en bois précieux, par madame la maréchale d'Estrées, avaient été arrachés par la rage révolutionnaire, parce qu'on y avait vu représentées des armoiries avec le bâton de maréchal de France. Je n'y retrouvai avec plaisir que la chambre où Henri IV avait couché trois nuits ; tous les vieux meubles y étaient encore ; le damas cramoisi qui les formait était si usé qu'il n'avait pu tenter la cupidité des révolutionnaires. Enfin je ne pouvais que m'attrister dans cette habitation, jadis si brillante et si belle, qu'un Anglais célèbre (M. Young), dans son voyage de France fait avant la révolution, dit qu'il n'a rien vu en France qui lui ait plu autant que Sillery. Je fis faire, dans l'église de la paroisse, un service funèbre pour mon mari, aussi magnifique qu'il est possible de le faire dans un village. Il fut annoncé au prône et pas un seul paysan ne manqua de s'y rendre. L'église fut tellement remplie, qu'une partie des paysans ne put y entrer et resta sous le porche et autour de l'église, et sans exception ils donnèrent à la quête, et perdirent une demi-journée de travail : il n'y a point de discours académique qui puisse valoir un tel éloge !

Cependant à l'Arsenal, l'eau s'étant infiltrée dans les vieux murs de mon appartement, il arriva plusieurs accidents ; plusieurs parties du mur se détachèrent. Je demandai qu'on y fît les réparations nécessaires ; on me répondit que la Bibliothèque n'avait pas les fonds nécessaires : il fallut bien se résoudre à quitter l'Arsenal. Comme le gouvernement s'était engagé à me loger toute ma vie, et qu'il n'y avait pas de logement vacant à sa disposition qui pût me convenir, j'étais autorisée à demander une indemnité ; je ne la demandai que de huit mille francs. J'obtins sur-le-champ ces huit mille francs, et mon logement devenant tous les jours plus menaçant et plus périlleux, j'en sortis à la hâte. Je fus obligée de prendre, faute d'autre, un appartement très incommode, rue des Lions : il était assez grand, au premier, mais gothique, ridiculement distribué et fort malsain par l'humidité.

Je vis beaucoup, dans cet hiver, M. le comte Amédée de Rochefort, parent de M. de Genlis, et que je n'avais pas vu depuis sa première jeunesse, où, étant à Belle-Chasse, je le fis entrer capitaine dans le régiment de M. le duc de Chartres ; il était devenu, depuis ce temps, aussi distingué par la perfection de sa conduite, que par la rare instruction qu'il avait acquise ; il avait passé tout le temps de la Terreur en France, mais dans un vieux château, dont il ne sortit

pas une seule fois ; on l'y oublia, malgré sa naissance : il n'éprouva aucune espèce de persécution, et
ce temps ne fut pas perdu pour lui ; il était enfermé
avec un savant ecclésiastique. Le jeune Rochefort,
qui avait beaucoup d'esprit, et qui avait fait d'excellentes études, savait très bien le latin, mais n'avait
aucune connaissance du grec ; il conjura son compa-
gnon d'infortune et de solitude de lui enseigner cette
langue, et l'ardeur de son application lui fit faire
les progrès les plus surprenants et les plus rapides ;
il avait heureusement des livres, et se perfectionna
dans l'italien et l'anglais ; il acquit, dans cette profonde retraite, plus d'instruction en dix-huit mois,
que dans le cours ordinaire de la vie on n'en acquiert
communément en cinq ou six années d'études. Ainsi,
tandis que la révolution ruinait sa fortune, il s'enri-
chissait d'une autre manière, et il acquérait les biens
que le sort ne peut ravir : exemple de sagesse et de
courage bien digne d'être cité dans un jeune homme
qui n'avait alors que dix-sept ans. Le comte de Rochefort, son père, avait été mon ami : je l'avais beaucoup
vu à Sillery dans ma jeunesse ; c'est le seul homme
sans exception, à ma connaissance, qui ait entretenu
un long commerce de lettres avec Voltaire, sans devenir impie ; il avait des sentiments religieux que
rien n'altéra jamais : il fallait, pour cela, un grand
caractère ; il a transmis ses excellents principes à son
fils, qui s'est toujours fait gloire de les suivre.

J'ai toujours, depuis mon enfance, tendrement
aimé M. de Sercey, plus jeune que moi de cinq ans ;
je l'ai toute ma vie regardé comme un second père.

Je vis aussi beaucoup plus souvent dans cet hiver
M. de Sabran ; il est impossible de réunir plus de
qualités aimables aux qualités les plus solides ; il y

a dans son esprit un tour original qui lui donne, dans la conversation, des saillies heureuses que sa distraction habituelle rend plus piquantes et plus inattendues. Sa douceur dans la société n'a rien de fade, et elle sert à augmenter l'agrément des mots ingénieux que l'on peut citer de lui. Un jour que je lui disais qu'il était le seul homme véritablement distrait que je connusse, il me répondit : « Qu'en savez-vous ? » Ce mot si obligeant rappelle, par sa précision, la finesse de celui du maréchal de Luxembourg, qui, sachant que le prince d'Orange l'appelait le petit bossu, dit : « Bossu ! qu'en sait-il ? »

Les années qui s'écoulent produisent peu de plaisirs réels, et beaucoup de pertes douloureuses ! Depuis l'année dont je viens de parler, j'ai vu mourir quatre personnes plus jeunes que moi et que je regretterai toujours : madame du Brosseron, M. de Treneuil, M. de Charbonnières et M. de Choiseul !... Ce dernier avait constamment donné à la famille royale les preuves de l'attachement le plus noble, le plus vrai et le plus désintéressé. Tout le monde connaît le mérite rare de M. de Choiseul comme savant et comme écrivain, son goût pour les arts, et ses talents charmants dans ce genre. Personne n'a jamais été plus aimable que lui dans la société : il était le modèle des anciennes grâces françaises, et celui de la politesse et du bon ton de l'ancienne cour ; il avait beaucoup voyagé, et toutes les choses intéressantes qu'il avait vues avaient dans sa bouche un intérêt de plus, par la manière dont il les racontait ; enfin, il est le premier grand seigneur de son temps qui ait prouvé que l'on peut à la fois montrer beaucoup d'habileté comme négociateur, et se distinguer avec éclat dans la carrière des sciences et des arts ; il est aussi le premier

qui ait donné à un voyage le titre de pittoresque. Il a
fait beaucoup de mauvais imitateurs de ce genre ;
personne ne l'y a surpassé.

Cependant nous approchions du temps où l'on
allait voir une grande révolution ; Napoléon la pré-
para lui-même par sa folle expédition de Russie. Je
parlerai avant d'arriver là sur une des choses qui
m'intéressent le plus, l'éducation publique et l'éducation particulière. D'abord on éleva à la Jean-
Jacques ; point de maîtres, point de leçons ; les enfants de la première jeunesse furent livrés à la nature ; et comme la nature n'apprend pas l'orthographe
et encore moins le latin, on vit paraître tout à coup
dans le monde des jeunes gens de l'ignorance la plus
surprenante. Alors on se jeta dans une autre extrémité ; on surchargea les enfants d'instruction et
d'études ; on voulut en faire des prodiges, surtout
dans les sciences. La géométrie, la physique, la
chimie étaient à la mode. On montait à cheval à l'anglaise ; on se déclarait gluckiste ou picciniste, on
pouvait parler des expériences sur l'air fixe, etc. :
cela s'appelait être bien élevé. A la révolution, on se
précipita dans la politique ; tous les jeunes gens devinrent des hommes d'État. Depuis 1791 jusqu'en
1796, toute éducation fut suspendue ; l'enfance res-
pira ; on la laissa grandir sans l'inquiéter. Enfin on
se rappela qu'il devait exister une foule d'adolescents
auxquels on n'avait pas eu le temps d'apprendre à
lire et à écrire. On nomma des professeurs qui
n'eurent qu'un désir, celui de rendre leurs disciples
aussi éloquents que les orateurs modernes de nos tri-
bunes.

Combien aujourd'hui l'on doit excuser les gens de
trente à quarante ans qui n'ont pas le sens commun !

Combien on doit admirer ceux de cet âge qui ont de bons principes et des idées justes !...

Cependant on fit dans l'éducation publique une utile réforme. On changea les professeurs ; on mit à la tête des écoles un chef qui, par ses principes et ses talents, était digne de les relever ; mais la conscription vint détruire de si douces espérances.

L'éducation des jeunes personnes a éprouvé aussi un nombre infini de vicissitudes. On n'a songé pendant longtemps qu'à leur donner les talents de la danse, de la musique et de la peinture, sans s'occuper le moins du monde de la culture de leur esprit. Après avoir employé douze ans à leur apprendre à se parer avec élégance, à danser avec grâce, à chanter et à jouer des instruments de la manière la plus brillante, on les mariait par ambition ou par pures convenances, et on les mettait dans le monde en leur disant gravement : Allez, soyez simples, sans prétention ! n'ayez que des goûts solides et raisonnables ; ne séduisez personne, ce serait un crime ; et surtout soyez toujours insensibles aux louanges que vous recevrez sur votre figure et sur vos talents. On conçoit l'effet que peut produire cette belle exhortation sur une personne de seize ans, qui n'a jamais pu penser, dans les intervalles de ses occupations, qu'au bonheur et à la gloire d'obtenir de grands succès à un bal ou dans un concert. On passa de ce genre d'éducation à une autre extrémité. On voulut, pendant quelque temps, ne faire des jeunes personnes que de bonnes ménagères. On décida que les femmes ne doivent ni lire, ni écrire, ni cultiver les beaux-arts.

Cependant ne serait-il pas fâcheux que mesdames de Grollier et Le Brun, que mademoiselle Lescot n'eussent jamais peint ; que madame de Mongeroux n'eût jamais joué du piano, et que quelques autres n'eussent jamais écrit ?

Lorsqu'on eut fait en France tous les essais dont on vient de parler, les institutrices eurent ensuite la manie des sciences, les cuisinières même voulurent faire de leurs filles des grammairiennes. Enfin, après tant d'erreurs, le seul goût constant depuis trente-cinq ans, celui de la nouveauté, fera peut-être entrer dans la bonne route : puisse-t-on s'y fixer ! car l'éducation aura toujours la plus puissante influence sur les mœurs.

Dans le siècle de Louis XIV et celui qui l'a précédé, on ne demandait point de l'adoration à sa fille, on n'était point jalouse de son attachement pour un mari, pour une belle-mère, pour des belles-sœurs, comme nous l'avons vu depuis et dans le moment actuel. Une mère ne sait-elle pas qu'elle élève sa fille pour une autre famille, et qu'elle ne jouira personnellement ni des vertus, ni du caractère qu'elle se plaît à former en se consacrant à l'éducation de cette enfant ?

Les parents ne menaient point jadis dans la société des enfants de sept à huit ans ; on y menait même bien rarement une fille de quinze ou seize. Aujourd'hui on ne peut plus se séparer de ses enfants ; on en est idolâtre, on en est esclave ; ce qui n'empêche pas les veufs et les veuves de se remarier, et souvent de mettre une partie de leurs biens à fonds perdu. Autrefois des parents allaient souvent s'enfermer pour trois ou quatre ans dans un vieux château délabré, à cent lieues de Paris, afin d'y économiser la dot de leur fille, ou pour y amasser la somme nécessaire à l'établissement de leur fils. Aujourd'hui une mère tendre ne va passer que quelques mois dans ses terres, parce qu'on ne trouve point en province de bons maîtres de danse ou de piano. Autrefois, quand on bâtissait, on voulait bâtir pour deux ou trois cents ans ; on meublait la maison avec des tapisseries qui devaient durer autant que l'édifice ; on respectait ses plantations comme l'héritage de ses enfants ; c'étaient des bois sacrés. Aujourd'hui on coupe ses futaies, et on laisse à ses enfants des dettes, des tentures de papier, et des maisons neuves qui s'écroulent !...

Je vais essayer d'égayer ce tableau par le détail des amusements de nos jours ; ils furent brillants et nobles dans la plus grande partie du siècle dernier. Il régnait alors une grande magnificence dans les maisons des princes, et même dans celles des particuliers riches ; on y donnait des fêtes, on y jouissait d'une parfaite liberté. Il y avait à Paris une grande quantité de maisons ouvertes. Dans les sociétés particulières on faisait de la musique, on jouait des proverbes ; ce qui était plus ingénieux et plus spirituel que de jouer des charades. Tout à coup les prétentions à l'esprit mirent les charades à la mode ; on fit pendant les hivers des cours de chimie, de physique, d'histoire naturelle ; on n'apprit rien, mais on retint quelques mots scientifiques ; les femmes prirent une teinte de pédanterie ; elles devinrent moins aimables, et se préparèrent ainsi à disserter un jour sur la politique.

Une mode que nous avons toujours vue en France dans le grand monde, et qui vraisemblablement ne passera jamais, est celle de se plaindre, et d'affecter la lassitude de la dissipation et des plaisirs bruyants. A croire les gens du monde, on doit être persuadé qu'ils n'aspirent qu'à la retraite, et qu'une vie simple, champêtre et solitaire est l'unique objet de leurs désirs. Les femmes surtout sont inépuisables en gémissements et en phrases sentimentales et philosophiques, sur le bonheur de l'indépendance et de la tranquillité sédentaire. A les entendre, elles ne sont que des esclaves infortunées, forcées d'agir en tout malgré leur volonté secrète et contre leur inclination. Vont-elles au spectacle, elles en sont excédées, elles trouvent la Comédie Française insipide, l'Opéra ennuyeux. Cependant elles ont des loges, ou elles en empruntent sans cesse. Sont-elles invitées à un grand dîner : quelles lamentations sur la nécessité de se parer, et sur l'ennui mortel de la représentation ! et elles passent journellement trois ou quatre heures à leur toilette, et se ruinent en schalls, en habits et en chiffons. Reviennent-elles du bal ou d'une fête : quelle tristesse ! quel abattement ! quelles déclamations sur la cohue, la foule, les lumières, le chaud ! quel dénigrement de la fête et de tout ce qui s'y est passé ! Néanmoins elles avaient demandé avec ardeur des billets et, dans les mêmes occasions, elles intrigueront toujours pour en avoir. Font-elles des visites : quelle désolation sur cet usage et sur la perte de temps qu'il cause ! et tous les matins elles sortent régulièrement et ne rentrent qu'à l'heure du dîner. Enfin, donnent-elles des assemblées et reçoivent-elles beaucoup de monde : quelles plaintes amères de la fatigue ! Quand on a des filles de quinze à seize ans, c'est pour elles qu'on va dans le monde et qu'on se trouve à toutes les fêtes, qu'on suit tous les bals. C'est pour elles qu'on se pare à peu près comme elles ; c'est pour elles qu'on leur fait mener un genre de vie qui ôte toute possibilité d'acquérir de vrais talents et une solide instruction. Il y a vingt-cinq ans les jeunes personnes à marier ne paraissaient jamais dans le monde ; elles n'allaient, durant le carnaval seulement, qu'à des bals d'enfants, qui commençaient à six heures et finissaient à dix.

Les jeunes personnes jadis, et même celles qui étaient dans le monde depuis plusieurs années, allaient très rarement aux spectacles, parce qu'alors il fallait louer une loge entière. Les femmes, dans ce temps, étaient beaucoup plus sédentaires ; dans leur jeunesse, elles ne sortaient qu'avec leurs chaperons, et c'était surtout pour remplir des devoirs. Dans l'âge mûr, si elles étaient aimables, elles rassemblaient chez elles une société choisie, qui ne s'y réunissait que pour le seul plaisir de la conversation. Elles attiraient du monde sans aucuns frais, et n'étaient pas obligées de promettre de la musique et des charades. Aujourd'hui, ce qu'on appelle une soirée est un spectacle. On y trouve de tout, excepté de l'aisance, de la confiance, de la gaieté, de la conversation, et l'esprit de société.

En général, aujourd'hui, les jeunes femmes attachent beaucoup trop d'importance à la parure, à la mode ; elles sont infiniment trop avides d'invitations et de spectacles ; elles ne se plaisent point assez chez elles ; de tels goûts ne promettent pour l'âge mûr ni des femmes aimables et sensées, ni d'excellentes mères de famille.

La manie sentimentale dont je me suis moquée dans une de mes pièces du *Théâtre d'éducation* fut outrée sous l'empire, car on y vit des femmes porter des perruques, des ceintures, des bracelets, des bagues en cheveux. Nos grands-pères et nos grand'mères étaient bien loin de cette touchante prodigalité de cheveux. Cependant on lit sur ce sujet, dans les

17

Mémoires de d'Aubigné, un trait qui mérite d'être rapporté. Durant les guerres du temps de Henri IV, d'Aubigné, dans une bataille, combattait corps à corps contre le capitaine Dubourg. Au plus fort de l'action, d'Aubigné s'aperçut qu'une arquebusade avait mis le feu à un bracelet de cheveux qu'il portait à son bras ; aussitôt, sans songer à l'avantage qu'il donnait à son adversaire, il ne s'occupa que du soin d'éteindre le feu et de sauver ce précieux bracelet, qui lui était plus cher que la liberté et la vie. Le capitaine Dubourg, touché de ce sentiment, le respecta ; il suspendit ses coups, baissa la pointe de son épée, et se mit à tracer sur le sable un globe surmonté d'une croix.

Ces parures de cheveux contrastent d'une manière bien bizarre avec les souvenirs qui nous restent du temps de la plus grande décence qui eût existé en France, à la cour et à la ville, depuis la troisième race. Cet âge d'or de la civilisation fut le règne de Louis XIII ; aussi, jamais le peuple français n'a été plus religieux. Que d'aimables fondations dans ce temps ! l'Hôtel-Dieu, les Enfants-Trouvés, les Sœurs de la Charité. Toutes ces fondations furent l'ouvrage d'un homme, de Vincent de Paul, dont l'ardente charité s'étendit jusque sur des criminels, parce qu'ils étaient souffrants, les galériens, dont il voulut être l'aumônier, afin d'adoucir leur sort, de les soigner et de les convertir. Nul particulier n'a eu une telle influence sur le bonheur d'un aussi grand nombre d'individus ; l'imagination se confond en pensant au bien immense qu'il a fait par ses prédications, son dévouement, ses quêtes, par les secours envoyés aux victimes de la guerre, et par ses missions chez les infidèles pour le rachat des captifs chrétiens.

Mais aussi, comme ce héros du christianisme fut secondé par l'esprit public de son siècle !

La décence à la cour ne commença à s'affaiblir qu'après la régence d'Anne d'Autriche. Les femmes se décolletèrent davantage ; mais les veuves conservèrent toute la rigueur de leur costume, et les autres femmes, tous les usages de bienséance établis sous le règne précédent. Toutes les dames avaient, ou des demoiselles de compagnie, ou des brodeuses qui travaillaient toujours auprès d'elles. L'esprit de cet usage était de se mettre à l'abri de toute calomnie, en ne recevant jamais tête à tête un homme, quel que fût son âge. Aussi voyons-nous madame de Maintenon, dans ses lettres à madame de Caylus, âgée de trente-six ans, lui recommander de ne point abandonner cette prudente coutume, quoiqu'elle fût mère d'un jeune homme déjà dans le monde. Ce fut aussi une idée de décence qui fit établir pour les femmes l'usage de ne sortir en voiture qu'avec deux domestiques au moins, et le soir, avec un flambeau.

Dans le siècle de Louis XIII et dans celui de Louis XIV, toutes les femmes qui se faisaient peindre ne donnaient de séance que pour leurs têtes ; le peintre prenait des modèles pour la gorge et la taille. Cette délicatesse de décence a fini à la mort de Louis XIV. A la chute du trône, toute espèce de décence fut abolie ; les femmes s'habillèrent en Vénus de Médicis; les hommes les tutoyèrent, ce qui était fort naturel. Dans ces costumes transparents, on vit rarement des Grecques, mais on ne vit plus de Françaises ; toutes les grâces qui les avaient caractérisées jusque-là les abandonnèrent avec la pudeur.

Le projet de l'expédition de Russie déplaisait à tout le monde, et même aux militaires qui, depuis, ont montré tant de valeur dans cette malheureuse campagne. On disait généralement que Napoléon, certain d'anéantir la Russie, était décidé à passer de là en Asie, pour aller conquérir la Chine ; on en donnait pour une des preuves une commande immense de bésicles qui fut effectivement faite, et qu'il emporta pour son armée, qui, disait-on, devait s'en servir pour se conserver la vue en traversant des déserts sablonneux ; une provision de fourrures eût été beaucoup plus utile.

On ne concevait pas que Napoléon, parvenu alors à un tel degré de puissance et de gloire, pût concevoir des projets si gigantesques. Sa cour rappelait aux gens mêmes qui l'aimaient le moins, les plus beaux vers du premier acte de *Bérénice*.

Tes yeux ne sont-ils pas tout pleins de sa grandeur ?
. . . .
Ces aigles, ces faisceaux, ce peuple, cette armée,
   foule de rois, ces consuls, ce sénat,
. . . .

Cette pourpre, cet or, qui rehaussait sa gloire,
Et les lauriers encor, témoins de sa victoire ;
Tous ces yeux qu'on voyait venir de toutes parts
Confondre sur lui seul leurs avides regards.

On avait poussé l'esprit de conquête jusqu'à l'envahissement des coutumes et des cérémonies royales : enfin le ton d'une partie des grands personnages de cette cour présentait le contraste le plus étrange avec son éblouissante magnificence.

Pendant les trois mois qui précédèrent le départ de Napoléon et de l'armée, mon petit-fils Anatole de Lavœstine venait souvent passer des matinées entières avec moi ; je ne l'ennuyais pas, et j'ai toujours trouvé un charme inexprimable à causer avec lui, et même à le regarder ; car sa charmante figure se compose des traits et de la physionomie de sa mère et de son grand-père, M. de Genlis, dont il a la belle taille ; il tient d'eux aussi la grâce de son esprit et la gaieté de son caractère ; je ne connais pas d'âme plus noble et plus sensible que la sienne ; il n'a jamais démenti, par aucun procédé, et par l'ensemble et les détails de sa conduite, la franchise et la loyauté qui le distinguent particulièrement. Dans un de ses moments de gaieté il imagina, sans m'en avoir prévenue, de m'amener le mardi gras une nombreuse mascarade composée de personnes que je ne connaissais que de nom, et parmi lesquelles se trouvait madame la duchesse de Bassano ; toute cette société, ayant à sa tête Anatole, fondit tout à coup dans ma chambre, à onze heures du soir : j'étais déshabillée et en bonnet de nuit, mais écrivant ; personne ne se démasqua, à l'exception d'Anatole, qui me répondit qu'il n'y avait point de voleurs dans la compagnie, car j'avais eu réellement peur en entendant le vacarme inattendu de cette mascarade lorsqu'elle entra chez moi. Tous les masques m'entourèrent pour me faire promettre de leur donner toute la soirée de la huitaine, en prenant l'engagement de revenir tous à visage découvert. J'y consentis : ensuite ils s'en allèrent sans avoir voulu se démasquer ; et, de très bonne foi, je n'appris que le lendemain les noms de tous ces personnages, qui revinrent au jour indiqué, avec un homme de plus, M. le duc de Bassano. La soirée fut très agréable.

Les idées royalistes se rétablirent comme par miracle ; quant à moi, qui les ai toujours eues, je vis rentrer l'auguste famille des Bourbons avec une joie inexprimable.

Cette révolution me procura le bonheur de revoir mes élèves, Mademoiselle et M. le duc d'Orléans ; l'un et l'autre me montrèrent, dans ces premières entrevues, l'émotion, l'attendrissement, la joie que je ressentais moi-même. Hélas ! il me manquait cependant dans cette réunion deux élèves chéris, M. le duc de Montpensier et son frère M. le comte de Beaujolais, tous deux morts dans l'exil.

Au bout d'un quart d'heure de cette entrevue si touchante pour moi, M. le duc d'Orléans nous quitta en nous annonçant qu'il allait chercher madame la duchesse d'Orléans ; il vint presque aussitôt en la tenant par la main. Cette princesse s'avança, elle me fit l'honneur de m'embrasser, en me disant qu'elle désirait depuis longtemps me connaître, et elle ajouta : « Car il y a deux choses que j'aime passionnément, vos élèves et vos ouvrages. »

Avec les Cent Jours l'annonce de l'arrivée de Bonaparte me jeta dans de nouvelles terreurs, et en inspira beaucoup à Paris ; on s'attendait à des combats, à du sang versé, à des vengeances ; il n'y eut rien de tout cela. En revenant en France, Bonaparte montra un courage qui fit perdre le souvenir de la déroute de Russie ; il entrait sans aucune suite dans les villes; il se précipitait seul au milieu des multitudes de peuple assemblées pour le voir ; et sa tête était à prix. Cette conduite hardie, ce succès incompréhensible, sans armée, sans soldats, et d'un autre côté l'imprévoyance des ministres, tout se réunit pour favoriser son audace ; il annonça partout des sentiments pacifiques et généreux.

Un enthousiasme universel éclatait dans Paris. Il y

a une sorte de magie dans les choses audacieuses et extraordinaires. Les conquêtes et les victoires de l'empereur ne m'avaient point éblouie, mais toutes les circonstances qui accompagnèrent son retour me séduisirent, et j'admirai, dans cette occasion, son caractère et son triomphe.

Je fis connaissance, dans ce même temps, avec deux personnes auxquelles je me suis fort attachée : madame la maréchale Moreau, et madame Récamier.

Madame Récamier fut très assidue dans les visites qu'elle me rendit ; elle est charmante à voir, et plus charmante encore à connaître. Il y a tant de douceur dans son caractère, tant de calme dans son âme qu'elle a conservé presque toute la fraîcheur et le charme de sa première jeunesse. La dissipation dans laquelle elle a vécu lui a ôté toute capacité d'application pour les occupations sérieuses, bien que née avec beaucoup d'esprit. Cependant son indolence ne l'empêche pas de donner de tendres soins à l'éducation de deux jeunes personnes qu'elle élève. Je trouvai un grand plaisir à la seconder à cet égard ; nous convînmes que je donnerais des sujets de lettres à ces jeunes personnes ; que chacune m'écrirait deux fois la semaine, et que je leur renverrais leurs lettres corrigées ; ce qui a eu lieu durant six mois. Toutes les deux avaient de l'esprit et d'excellents sentiments ; elles ont parfaitement profité de mes leçons.

Madame Récamier qui avait passé plusieurs mois à Coppet, chez madame de Staël, me conta un grand nombre de particularités sur la vie qu'on y menait. On s'assemblait les soirs autour d'une grande table, sur laquelle étaient posées autant d'écritoires et de feuilles de papier qu'il y avait de personnes ; on gardait un profond silence, et, au lieu de se parler, on s'écrivait ; on choisissait sa correspondance, et on se jetait réciproquement ses billets et ses réponses, qui ne se lisaient jamais que tout bas, c'est-à-dire seulement des yeux. On peut croire, sans jugements téméraires, que cette table mystérieuse a été le théâtre d'une quantité de déclarations qui n'étaient au fond que de la galanterie bien motivée par un tel usage. Je promis à madame Récamier d'écrire sa vie, dont j'ai fait en effet une nouvelle véritablement historique, assez longue, et que je crois intéressante ; je la lui ai donnée de mon écriture et n'en ai gardé aucune espèce de copie, ni de brouillon.

L'exécrable attentat qui priva la France du duc de Berry, l'héritier du trône, eut lieu le 13 février 1820. Sa mort fut sublime ! La magnanimité, la sensibilité touchante, la piété et le courage qu'il montra dans ses derniers moments ne peuvent être exprimés. La consternation fut générale parmi le peuple et dans toutes les classes.

Le célèbre Dupuytren et les autres chirurgiens qui firent l'ouverture de son corps dirent que, anatomiquement parlant, il était impossible qu'il eût pu survivre quelques minutes au coup mortel qu'il reçut. Il y survécut six heures et demie, avec toute sa tête et sa présence d'esprit jusqu'au dernier moment. C'est un miracle de la grâce divine. M. Dupuytren, qui a vu beaucoup souffrir et beaucoup mourir, n'a jamais rien observé d'aussi frappant et d'aussi sublime. Madame la duchesse de Berry montra dans cette occasion une sensibilité et une élévation d'âme qui achevèrent de lui gagner tous les cœurs. La douleur de toute la famille royale fut bien touchante.

J'eus l'honneur de voir, dans les premiers jours de cette horrible catastrophe, mademoiselle d'Orléans ainsi que M. le duc d'Orléans : l'un et l'autre me contèrent une infinité de traits intéressants de la mort et des sentiments sublimes de monseigneur le duc de Berry. Les dames de madame la duchesse de Berry, qui accoururent dans ce moment fatal, étaient en habits de fête, parce qu'elles sortaient d'un bal ; elles étaient toutes couvertes de fleurs et de clinquants : elles entourèrent dans ces costumes le lit du prince à l'agonie, et la robe blanche de madame la duchesse de Berry, garnie de roses, fut trempée de sang ; les princesses mêmes en avaient des éclaboussures sur leurs vêtements. Pendant ce temps, à deux pas de cette scène d'horreur, l'opéra continuait : on chantait et on dansait ; quand dans le premier petit salon, où l'on établit d'abord le malheureux prince, on ouvrit une porte pour donner de l'air, on entendit distinctement l'orchestre et les voix.

M. de Chateaubriand eut la bonté de m'envoyer une brochure qu'il fit après la mort de monseigneur le duc de Berry. Cet intéressant écrit est un monument précieux par les faits qu'il contient, par le talent et la pureté de principes qui ont illustré les ouvrages précédents du même auteur.

Dans le cours de cette année, parurent les poésies de M. de Lamartine. Ce jeune homme n'avait que vingt-six ans ; il est aussi estimable par sa conduite que remarquable par son talent.

Quant à ses poésies, on y trouve de l'esprit, de beaux vers et des sentiments religieux ; mais le fond de ses méditations est commun ; les regrets d'Young (dans ses *Nuits*) sur la mort de sa fille, sont plus purs et plus touchants.

M. de Lamartine a fait beaucoup de lectures dans les salons, et l'on n'a pas manqué d'y applaudir.

J'ai été frappée, ainsi que beaucoup d'autres personnes, du ridicule des noms donnés par les terroristes à différentes choses ; mais il faut convenir que cette espèce de ridicule a été portée beaucoup plus loin à quelques égards durant les dix années qui ont précédé la révolution, ce qui contrastait d'une étrange manière avec la pruderie que certaines femmes conservaient encore ; comme, par exemple, de ne jamais se permettre de prononcer le mot culotte, et cependant les mêmes personnes parlaient sans cesse des pet-en-l'air que les princes, dans leurs châteaux, permettaient de porter le matin jusqu'au dîner inclusivement.

Les noms donnés à certaines couleurs n'étaient pas plus nobles ni plus raisonnables : caca dauphin, soupirs étouffés, etc. Toutes les femmes sans exception appelaient le gros nœud de ruban qui complétait leur parure, un parfait contentement ; le petit panier qu'on mettait le matin, une considération ; et le ruban qui nouait un bonnet négligé, un désespoir.

Dans le siècle de Louis XIV, aucune de ces dénominations n'existait. Les noms mêmes de modes et de jeux avaient de la noblesse et de l'élégance : on jouait à l'anneau tournant, au papilllon, au portique (1) ; presque toutes les modes avaient des noms de batailles ou de personnages célèbres, et rappelaient des idées de gloire.

Je fus très à la mode pendant l'hiver passé (2), mais je n'eus ni l'envie ni la possibilité de répondre à toutes les avances qu'on voulut bien me faire. Mes éditions de réimpression consumaient un temps qui

---

1. Qu'on a depuis appelé trou-madame.

(Note de l'auteur).

2. En 1820

eût employé celui de dix littérateurs ordinaires, car aujourd'hui personne n'est laborieux. Le travail immense que je m'étais imposé me fatiguait un peu, parce qu'il était sans cesse interrompu par des multitudes de billets auxquels il fallait répondre, par des visites qui se multipliaient tous les jours, par le temps énorme que nous passions à dîner, et par celui que d'ailleurs j'étais obligée de donner souvent à M. de Valence, hors du dîner ; mais, avec de la persévérance et de l'activité, on peut suffire à tout.

J'ai su, à n'en pouvoir douter, que madame la duchesse de Berry, et même feu monseigneur le duc de Berry, avaient daigné montrer quelque désir de me voir ; il m'eût été bien facile de profiter de cette bonté qui, malgré toute ma sauvagerie, m'eût procuré une grande satisfaction ; mais si j'eusse eu l'honneur d'approcher quelquefois de madame la duchesse de Berry, on m'aurait supposé, en dépit de ma caducité, des desseins ambitieux que, même à trente ans, j'aurais été bien incapable de former. Ainsi, pour me soustraire à de nouvelles fables, j'ai dû renoncer au bonheur de voir et d'entendre cette héroïne de la sensibilité, du courage et du malheur le plus tragique.

Pour revenir à la rue Pigalle, je dois dire que j'ai toujours trouvé M. de Valence très modéré dans ses principes politiques : il voulait sincèrement la paix intérieure et le maintien de tout ce qui existait ; mais sa société n'était composée en général que de ceux qu'on appelait alors des libéraux ; et la mienne ne l'était que de ceux qu'on nommait ultras. Au milieu de tout cela, je vivais sans disputes, parce que je ne parlais point de politique, et qu'on ne m'adressait jamais un mot sur ce point. Parmi les personnes qui

venaient chez M. de Valence je distinguai M. de
Lacépède, homme d'un caractère si doux et si parfait,
auquel on n'a pu reprocher, lorsqu'il avait une
grande place, que d'être trop poli, reproche bien
nouveau et bien honorable à un homme en place ;
d'ailleurs cette politesse vient d'une âme bienveillante et généreuse : quand il était grand chancelier
de la Légion d'honneur, il donnait de sa bourse des
sommes considérables en pensions aux officiers malheureux de cette Légion, en leur faisant croire que
ce bienfait leur était accordé par le gouvernement ;
enfin il est savant et modeste et, ce qui est encore
un titre auprès de moi, il aime passionnément la
musique et compose avec beaucoup de talent.

M. Villemain, qui n'a fait que des ouvrages sérieux
et d'un goût sévère, est d'une vivacité qui contraste
agréablement avec son esprit solide et réfléchi. Par
un hasard singulier et romanesque, et par une confidence qu'il ne pouvait se dispenser de me faire,
j'ai eu l'occasion de connaître avec une entière certitude qu'il n'est point d'âme plus sensible et plus
désintéressée que la sienne. C'est une découverte
qui m'enchantera toujours, quand elle sera relative
à une personne dont on doit admirer les talents. Je
n'en dirai pas davantage ; j'ai promis le secret sur
les détails touchants qui expliquent ce fait.

Je dînais souvent, chez M. de Valence, avec M. le
duc de Bassano et, me trouvant plusieurs fois à table
à côté de lui, nous avons beaucoup causé ensemble
et j'ai été charmée de sa conversation. Il a toujours
suivi constamment Napoléon dans ses campagnes,
et il en a profité, en voyant toutes les choses curieuses et intéressantes qui se trouvaient dans les
lieux qu'il a parcourus ; en suivant Napoléon, comme

ministre et comme courtisan, il s'instruisait comme aurait pu le faire un littérateur ou un ami passionné des arts. Il rend compte avec une extrême justesse d'esprit de tout ce qu'il a vu ; il sait donner à ses descriptions un intérêt particulier, et l'on sent qu'elles sont parfaitement véridiques.

Enfin je retrouvai encore cet hiver une ancienne connaissance d'émigration, M. Dampmartin, connu par quelques ouvrages historiques estimables ; sa conduite en Prusse a été bien noble et bien généreuse ; j'en ai déjà parlé : nous fûmes enchantés de nous revoir. Je ne connais pas de société plus douce et plus agréable que celle de M. Dampmartin ; et ceci est un grand éloge, lorsqu'on parle d'un homme qui pourrait avoir si justement des prétentions à l'esprit, c'est-à-dire le désir malheureux de briller dans la conversation.

Je reçus, étant toujours chez M. de Valence, deux dames étrangères charmantes ; l'une madame la comtesse de Potocki, femme du comte François Potocki, et l'autre une Polonaise, madame la comtesse d'Orlofka. Le première est petite-fille du prince de Ligne ; ce titre seul avait de l'intérêt pour moi ; d'ailleurs elle est très spirituelle, et elle a, ainsi que madame Orlofka, un naturel charmant ; il faut convenir que le naturel n'est très aimable que lorsqu'on y joint beaucoup d'esprit et la délicatesse qui l'empêche de dégénérer en niaiserie ou en grossièreté. M. Potocki est l'un des étrangers les plus instruits que j'aie connus, et sans aucune pédanterie ; je passai des heures fort agréables avec ces trois personnes. Je vis aussi deux Anglaises, qui m'arrivèrent sans aucune espèce de recommandation, et que je reçus uniquement sur leur bonne mine ; elles sont sœurs et s'appellent Clorinde et Georgina Byrne ; elles me parlèrent beaucoup de mes deux amies de Langolen, Eléonore Buttler et miss Ponsonby, qui sont toujours sur le sommet de leur montagne ; elles étaient menacées d'un grand malheur : miss Ponsonby est hydropique ; ainsi l'une des deux survivra à l'autre. Ces héroïnes de l'amitié, vivant depuis trente ans dans cette solitude, n'en ont pas découché une seule fois.

J'appris avec plaisir qu'elles ne m'avaient point oubliée ; elles avaient toujours dans leur salon un petit portrait en miniature de mademoiselle d'Orléans, que je leur donnai, et mon profil en miniature aussi, dont ma nièce Henriette leur fit le sacrifice, et elles montrèrent à ces dames tous mes ouvrages magnifiquement reliés dans leur bibliothèque.

Anatole de Montesquiou me fit un présent charmant : c'était un tapis pour mettre devant un lit ; ce tapis éblouissant est un paon tout entier empaillé à plat, il a son cou, ses ailes, sa belle queue ; cela est superbe et d'un agrément infini. Comme il y a près d'un demi-siècle que j'ai renoncé à l'élégance, ce beau tapis serait fort déplacé dans ma chambre ; j'ai écrit à mademoiselle d'Orléans pour le lui offrir, en lui mandant que cette offre était une préférence et non un sacrifice ; car, en effet, si elle n'en eût pas voulu, je l'aurais sûrement donné à un autre ; mais cet hommage ne pouvait être mieux adressé qu'à mademoiselle d'Orléans, qui a toujours été d'un modestie, d'une simplicité remarquables, en possédant les avantages en tout genre qui pourraient donner de l'amour-propre ; j'aimais à penser qu'elle foulerait aux pieds chaque jour le symbole et l'attribut de l'orgueil.

Je n'avais compté faire chez M. de Valence qu'un petit séjour de trois semaines, dans la seule intention d'être utile à mon petit-fils, en amenant M. de Valence à une conciliation ; cette affaire traînant en longueur, je restai beaucoup plus longtemps chez lui ; d'ailleurs M. de Valence avait pris pour moi ce sentiment passionné que les personnes sérieusement malades ont toujours eu pour moi ; ce fut ainsi que, dans ma jeunesse, madame la marquise de l'Aubépine, qui ne m'avait jamais montré que de la malveillance, devenue très malade, me fit écrire par son beau-père une lettre pathétique pour me conjurer d'aller la voir, afin, disait-elle, de lui donner la consolation de m'exprimer, avant de mourir, tous ses sentiments ; confondue de cette bizarrerie, je crus cependant devoir céder à cette fantaisie de malade, parce qu'elle était dans un état fort dangereux ; elle me reçut avec des transports inouïs, et me soutint qu'elle m'avait toujours aimée de préférence à tout ; comme je ne voulais pas la contrarier, j'eus l'air de la croire, et pendant deux mois je lui prodiguai les plus tendres soins ; elle recouvra la santé, retourna dans le grand monde, et m'oublia tellement qu'elle ne se fit même pas écrire chez moi. Depuis, dans l'émigration, madame Cohen, très malade d'une hydropisie incurable, prit pour moi la même affection, et m'offrit, comme je l'ai dit, un superbe écrin de pierreries pour m'engager à rester à Berlin. Je pourrais citer encore d'autres exemples de mon ascendant sur les malades, mais je ne parlerai plus que de M. de Valence ; il me répétait sans cesse que, si je l'abandonnais, il mourrait ; Bourdois, son médecin, me disait qu'il était dans un état dangereux, et je restai ; cependant, pour ne point lui être à charge, j'avais renvoyé ma femme de chambre ; je n'étais servie que par les personnes de sa maison, mais qui toutes étaient à mes ordres avec un zèle qui ne s'est jamais ralenti, car M. de Valence leur avait déclaré que celui qui me donnerait le moindre sujet de mécontentement serait renvoyé sur-le-champ; je n'en ai point fait renvoyer et, tout au contraire, il en a conservé plusieurs à mon instante prière ; j'avais une demoiselle de compagnie, et je l'envoyais tous les jours prendre ses repas à une table d'hôte dans une maison attenant à la nôtre, et tenue par des personnes très distinguées, mais ruinées par la révolution. Quant à ma nourriture, sa partie la plus chère est dans mes déjeuners, et je me les fournissais moi-même. M. de Valence, pendant trois mois, fut assez malade pour se condamner lui-même à la diète la plus austère, et à ne plus se mettre à table ; alors, ne voulant pas que l'on fît une petite cuisine à part pour moi, j'allai avec ma demoiselle de compagnie dîner à la table d'hôte chez mos voisines ; j'y trouvai très bonne compagnie, une conversation fort agréable, et un beau jardin dont nous avions la jouissance, avant et après le dîner ; je n'ai jamais vu de table d'hôte si bien servie et d'aussi bon air en Allemagne, et dont les maîtresses de la maison fissent les honneurs avec tant de noblesse et d'agrément ; cet établissement dure toujours ; il mérite bien d'être recommandé aux étrangers.

J'avais choisi un logement chez M. de Valence ; une vue admirable, un beau balcon, une très grande chambre me tentèrent ; mais cette chambre était au cinquième étage, ce qui désolait ceux qui venaient me voir ; car pour moi, je préfère toujours, à cause du grand air, les étages élevés, que je monte encore

sans être essoufflée. Le pauvre M. de Montyon vint
me voir dans cet appartement ; il avait quatre-vingt-
huit ans et il était asthmatique ; il était dans un si
terrible état en entrant dans ma chambre, que je
crus qu'il allait y expirer ; cette visite, qui me fit
tant de peur, me dégoûta entièrement de ce logement ; je descendis à l'entresol ; c'était un joli appartement composé de plusieurs pièces fort bien ar-
rangées, mais les plafonds en étaient si bas qu'on
y respirait à peine ; d'ailleurs la chambre à coucher
était posée sur la voûte et j'avais au chevet de mon
lit une pompe qui me réveillait à la pointe du jour ;
les secousses données par cette pompe et celles des
voitures qui passaient sous la voûte m'attaquèrent
cruellement les nerfs et me firent perdre entièrement
le sommeil. Je passais une grande partie de mes
journées dans la chambre de M. de Valence.
J'y étouffais et ma santé dépérissait visiblement ;
portes et fenêtres en étaient hermétiquement fermées;
la santé de M. de Valence se rétablit pour quelque
temps, grâce à l'habileté de M. Bourdois et à ma
surveillance sur son régime ; il se remit à table ;
bientôt il sortit pour aller passer ses soirées chez
Robert, où l'on faisait très bonne chère, et où l'on
jouait très gros jeu ; ce qui ne tarda pas à lui faire
grand mal.

Je fis faire mon portrait à l'huile et en grand par
madame Chéradame, qui a un fort beau talent ; je
suis représentée jusqu'aux genoux, écrivant pendant
la nuit, ayant à côté de moi une lumière prête à
s'éteindre et m'arrêtant, en voyant naître le jour ;
cette idée est de Paméla ; je fis mettre sur la table,
à côté de la lumière, un vase de fleurs, et enfin un
seul livre, sur le revers duquel ce mot est écrit :

Évangile ; parce qu'en effet la morale de tous mes ouvrages a toujours eu pour base les préceptes sacrés de ce livre divin. Il y a derrière moi une harpe dans l'ombre. J'avais beaucoup de répugnance à me faire peindre à mon âge, mais M. de Valence désirait mon portrait, et je le fis faire pour lui, avec d'autant plus de plaisir, que je voulais, avant de quitter sa maison, lui offrir quelque chose qui lui fût agréable, et je joignis à ce don une très belle miniature que j'avais encore, et dont il avait envie.

M. de Valence, quoique toujours malade, se rendait régulièrement à la Chambre des pairs pour le procès de Louvel ; j'étais cruellement impatientée lorsque j'entendais un grand nombre de personnes qui avaient, comme tout le monde, la plus grande horreur du crime de ce scélérat, admirer néanmoins ses réponses et son impassibilité ; cette manie de s'extasier sur l'entier abrutissement des monstres est devenue très commune ; pour moi, je trouve fort simple qu'un athée du peuple, ennuyé du travail, de la misère et de son existence, incapable d'ailleurs de sentiment humain, voie sa fin avec indifférence, et soit même satisfait de rentrer, comme il le croit, dans le néant. D'ailleurs, cet infâme assassin trouve une sorte de plaisir dans l'étonnement qu'il cause ; il y a beaucoup de fanfaronnade dans son imbécile indifférence ; l'idée de surprendre tout ce qui l'entoure lui donne au plus haut degré le stoïcisme de l'athéisme et de la stupidité.

Malgré l'ordonnance qui défendait les attroupements, il y en eut encore plusieurs, mon du peuple, mais de presque tous les étudiants et les écoliers de Paris : le mépris de l'autorité royale me parut d'un bien mauvais augure. Au milieu de tout cela, ma santé se dérangeait beaucoup, mais je n'en travaillais pas moins ; et j'eus une peine très vive, celle de voir madame de Choiseul partir pour trois mois. Je craignais qu'elle ne prolongeât davantage son séjour en Franche-Comté, malheureusement je ne me trompais pas.

Louvel fut condamné à mort : il se laissa défendre sans interrompre ses défenseurs. Il avait quelque espérance confuse qu'on pourrait lui faire grâce ; on s'extasiait toujours sur sa fermeté, on tâchait d'embellir ses réponses ; on aurait voulu pouvoir lui prêter des réponses romaines, tout cela sans mauvaise intention, mais par l'effet du goût naturel qu'on a depuis longtemps pour l'extraordinaire. Pour moi, je n'ai jamais vu dans cet assassin que le dernier degré d'une brutale insouciance mêlée à beaucoup de fanfaronnade. Après avoir appris son jugement, il demanda des draps fins, car il voulait passer une dernière bonne nuit et bien dormir. Je suis encore très persuadée qu'il espérait qu'une émeute le sauverait dans le chemin qu'il devait parcourir pour aller au supplice, et que, lorsqu'il fut sur l'échafaud, si on l'eût questionné encore dans ce moment, il aurait eu un langage bien différent. Je fus surprise qu'on eût omis de lui demander, dans l'interrogatoire, s'il ne s'était pas fait recevoir dans quelques sociétés particulières, d'autant plus qu'il avait voyagé en Allemagne ; et l'on sait qu'il y a dans ce pays des sociétés ténébreuses desquelles sont sortis plusieurs assassins, entre autres Sand.

Louvel fut exécuté à six heures du soir. Malgré toutes ses rodomontades, il était d'une excessive pâleur et dans un grand abattement ; il y avait une foule immense pour le voir passer : tout le monde le regardait avec horreur. Arrivé au pied de l'échafaud, il était près de s'évanouir ; il fallut que deux personnes l'aidassent à y monter. Le soir, tout était parfaitement tranquille dans Paris.

Après l'assassinat de monseigneur le duc de Berry vint une loi sur les élections, et ensuite une nouvelle conspiration contre toute la famille royale, qui produisit un grand procès qui occupa tout le monde exclusivement ; tout cela joint à la révolution d'Espagne, à celle de Naples, à celle qui semblait menacer tous les royaumes, acheva bien naturellement d'éteindre tout goût pour la littérature. Toutes mes entreprises de cette époque s'en ressentirent et je ne m'en étonnai pas.

J'allais toujours chez madame de Montcalm, aussi souvent que me le permettaient mes nombreuses occupations. Je lui portai un jour pour l'amuser un gros volume de plantes peintes par moi que je venais d'achever. Ce manuscrit très précieux m'a coûté trente ans de recherches ; c'est un gros livre in-4°, contenant toutes les plantes coloriées dont il est parlé dans la *Bible* et dans les vies des saints, que j'appelle : 1° *l'Herbier sacré ;* 2° *l'Herbier de la reconnaissance et de l'amitié,* contenant les plantes qui portent les noms de personnages fameux ; 3° *l'Herbier héraldique,* contenant toutes les armoiries de la noblesse française qui offrent une ou plusieurs plantes ; et 4° *l'Herbier d'or,* toutes les plantes d'or dont il est parlé dans la fable et dans l'histoire. Je n'ai rien répété dans ce livre de ce que j'ai dit dans ma *Botanique historique et littéraire,* qui est imprimée : le travail de mon livre est tout autre chose ; j'en ai dessiné et peint toute seule, sans aucune espèce d'aide, toutes les plantes, et en outre j'ai orné le texte d'une infinité de vignettes et de culs-de-lampe. J'oublie de dire qu'à *l'Herbier héraldique* je mis sur le revers des pages un grand nombre de devises anciennes tirées du règne végétal, et les ordres anciens qui en sont tirés aussi. Je crois que ce livre, pour toute grande bibliothèque, valait bien au moins 15,000 fr.; tous ceux qui l'ont vu, et même des artistes, en furent charmés. M. le duc de Richelieu, qui le vit chez madame de Montcalm, en parut enchanté ; il se chargea d'en parler au roi pour sa bibliothèque particulière ; j'en demandai seulement 8,000 francs. J'aimais infiniment mieux qu'il restât entre les mains du roi de France, que de l'envoyer dans les pays étrangers (ce qui m'eût été si facile) pour une somme beaucoup plus forte. Je n'avais pas reçu la moindre marque de protection et de bienveillance de la cour ; cependant l'auteur de *Mademoiselle de Clermont*, d'un *Trait de la vie de Henri IV*, de la *Vie de Henri IV*, de trois romans historiques traduits dans toutes les langues, et dans lesquels, sous l'empire de Napoléon, je me suis plu à faire valoir, avec toute la portion de talent que le ciel m'a donnée, la race des Bourbons, l'auteur de plus de trente-cinq volumes sur l'éducation consacrés par près de quarante ans de succès, l'auteur qui a combattu pour la cause de la religion, et enfin l'éditeur des *Mémoires de Dangeau* et des nouvelles réimpressions épurées que je donnais alors au public, ce faible champion de la bonne cause, mais si courageux et si persévérant jusque dans la débilité de l'âge, et ayant élevé avec tant de succès trois princes et une princesse du sang, cet auteur, dis-je, méritait aussi bien une marque de protection du gouvernement que tant d'autres qui en ont obtenu si facilement. Le roi a daigné accepter cet hommage ; je sais qu'il a lu ce volume avec plaisir (et son suffrage est si précieux !), qu'il a gardé ce manuscrit plusieurs jours sur sa table, et qu'ensuite il l'a fait mettre dans sa bibliothèque particulière dans laquelle on ne peut entrer que par billet, et dont M. Valery, homme de lettres distingué, est le conservateur.

J'allais toujours faire ma cour à S. A. S. mademoiselle d'Orléans, qui est toujours aussi bonne et aussi tendre pour moi ; je vis là le petit prince de Joinville, qui n'avait que deux ans, et qui parlait aussi distinctement et aussi bien qu'un enfant de six ou sept ; il était d'ailleurs aussi obligeant qu'intelligent et beau ; en tout, la famille de M. le duc d'Orléans est véritablement la plus intéressante que je connaisse ; elle est charmante par les figures, les qualités naturelles, et l'éducation, et enfin par l'attachement mutuel des parents et des enfants. Je m'applaudis d'avoir proposé à M. le duc d'Orléans madame Mallet pour institutrice des jeunes princesses ses filles. Madame Mallet, par ses vertus et ses talents, est bien digne d'être dirigée par une princesse d'un aussi rare mérite que S. A. R. madame la duchesse d'Orléans ; elle a tout ce qu'il faut pour bien concevoir les ordres qu'elle en reçoit, et pour les exécuter avec une parfaite exactitude. C'est mademoiselle d'Orléans qui, seule, enseigne à jouer de la harpe à l'aînée de ses nièces, la princesse Louise ; mademoiselle d'Orléans crut devoir à sa vieille maîtresse de harpe de lui faire entendre sa jeune écolière, et elle me fit assister à une des leçons, dont je fus charmée.

Mademoiselle d'Orléans me fit l'honneur de m'écrire une charmante lettre en m'envoyant une très jolie pendule, qu'elle appelle une suppléante à ma vieille montre.

Madame la maréchale Moreau me donna un superbe bénitier de cristal, orné de dorures et d'améthystes, etc. Chez M. de Valence, je fus obligée de renvoyer une femme de chambre incorrigible. Je fus servie à bâtons rompus par les gens de la maison qui, ayant beaucoup d'autres choses à faire, m'oubliaient sans cesse ; un soir on m'enferma, sans le vouloir, à la nuit, sans lumière, et pendant trois heures un quart. Je sonnai inutilement quatre fois ; je pris mon parti sans aucune impatience : je composai dans ma tête, je priai Dieu, je méditai, et je ne m'ennuyai point ; je fus délivrée de ma captivité par une visite. Je ne contai point cet incident à M. de Valence, afin de ne pas faire gronder ses gens, mais il en fut instruit quelques jours après, et rien de semblable ne s'est renouvelé depuis. Au contraire, j'étais servie par tous ses domestiques avec un zèle qui ne s'est jamais démenti jusqu'à mon départ ; il est vrai que je sus le reconnaître de manière à le redoubler encore, s'il eût été possible ; malheureusement M. de Valence, si facile à vivre dans la société, était un maître impérieux et violent ; il changeait très souvent de domestiques ; ce qui était fort cher pour moi par les pourboires continuels qu'il fallait sans cesse renouveler ; aussi quand j'employais tous mes soins à l'adoucir pour ses domestiques, il y avait un peu d'intérêt personnel dans ce bon caractère.

Je dînai chez M. de Valence avec madame la princesse de Wagram, que je trouvai fort aimable, et qui fut pour moi d'une extrême affabilité ; elle me fit l'honneur de venir chez moi. Je suis toujours reconnaissante de ces marques honorables de bienveillance.; mais, à l'âge où je suis, je ressemble à ces voyageurs qui trouvent que ce n'est pas la peine de cultiver les bontés qu'on leur témoigne dans des lieux qu'ils vont quitter et qu'ils ne reverront jamais.

Le jour où j'eus soixante-quinze ans accomplis, en remerciant Dieu qui, en prolongeant ainsi ma carrière, daignait me conserver une parfaite santé, une excellente vue qui s'était jusqu'alors passée de lunettes, l'ouïe que j'avais à vingt ans, de bonnes jambes, la mémoire et toutes mes facultés intellectuelles, je repassai sur tous les événements de ma vie, et je me confirmai dans l'opinion que j'avais depuis si longtemps, c'est qu'à l'exception de la perte de ceux que nous aimons, presque tous nos malheurs et toutes nos peines viennent toujours un peu de notre faute.

On célébra à Saint-Denis l'anniversaire de la mort du malheureux duc de Berry ; et, malgré le mauvais temps, il y eut un monde énorme. Les ennemis de la monarchie auront beau faire, il y a dans la masse de la nation un grand fonds d'attachement pour la famille royale. On peut dire qu'il serait difficile de trouver dans une famille particulière plus de vertus et de bons exemples que, depuis la restauration, on en voit dans la famille royale. Madame, duchesse d'Angoulême, Madame, duchesse de Berry, par la pureté de leur vie et par leur conduite, sont des anges ; M. le duc d'Orléans est le modèle des époux et des pères ; madame la duchesse d'Orléans douairière était généralement admirée ; S. A. R. Madame la duchesse d'Orléans et mademoiselle d'Orléans sont révérées et chéries de tout ce qui les approche. Tout le monde rend justice à l'affabilité, aux qualités du cœur et à la bonté parfaite de M. le duc de Bourbon.

Madame la duchesse d'Orléans se refusait tout personnellement pour donner aux pauvres, et pour soutenir les établissements de charité qu'elle avait fondés. La perfection de la vertu n'a dans aucun temps été contestée à madame la princesse de Condé. Si l'on était équitable, on bénirait universellement le ciel qui a rétabli dans ses droits une telle famille, et dont les ancêtres ont illustré la France en la rendant la première nation de l'Europe.

Je dois réfuter ici quelques articles d'un ouvrage estimable à beaucoup d'égards, mais qui contient plusieurs choses inexactes et même fausses ; cet ouvrage est d'un M. Lemaire, qui n'est pas le latiniste. L'auteur de cette histoire raisonne souvent avec beaucoup de sens ; il paraît avoir de la modération et de bons sentiments ; on ne sent point en lui le projet de mentir ou d'exagérer ; mais il a été très mal informé d'une quantité de faits qu'il conte d'une manière inexacte, et souvent, comme je l'ai dit, tout à fait fausse, ce que je puis affirmer avec vérité comme témoin oculaire ; par exemple, le malheureux duc d'Orléans, père de mon élève, est sans cesse calomnié dans cet ouvrage. Voici un des mensonges qu'on y rapporte à son sujet ; celui-là suffira pour donner une idée des autres : on y dit que la principale cause de sa haine contre la cour vient du refus que l'on fit de la main de mademoiselle d'Orléans pour monseigneur le duc d'Angoulême. Toute la cour et tout le monde savent que ce mariage fut positivement arrêté peu de temps avant la révolution, que les paroles furent données, les compliments reçus, et que le mariage ne se fit pas sur-le-champ parce que les futurs époux n'avaient pas tout à fait l'âge fixé par les lois ; il leur manquait à l'un et à l'autre quelques mois pour atteindre cet âge; mais l'entrevue fut faite, la chose publiée de part et d'autre ; et j'ai déjà dit que Monsieur, qui fut depuis Louis XVIII, me fit l'honneur de m'écrire pour me demander d'accorder une place de lectrice auprès de la princesse à une femme qui avait été attachée à son éducation ; car la princesse, en se mariant à douze ans, devait rester à Belle-Chasse jusqu'à seize pour y finir son éducation, et l'on m'avait donné la disposition de toutes les places subalternes de la maison. La révolution vint qui rompit tout.

Je crois avoir peint les mœurs du siècle dernier dans *Adèle et Théodore*, dans mes romans, dans presque toutes mes nouvelles, entre autres *Mademoiselle de Clermont*, *Lindane et Valmire*, etc., etc.; dans les *Souvenirs de Félicie* et dans *les Parvenus*, j'ai peint une partie des mœurs du xixe siècle. Je promis de continuer dans ces Mémoires, et c'est ce que je fais sans humeur, sans regrets gothiques, mais avec la vérité et la plus parfaite exactitude, et le trait qu'on va lire fera connaître la politesse moderne.

Étant toujours chez M. de Valence, je dînai, sur la fin de juin (1), avec treize personnes, parmi lesquelles se trouvaient quatre pairs, quatre maréchaux de France et trois généraux ; il y avait parmi les pairs deux ducs. Je restai, avant le dîner, trois quarts d'heure dans le salon avec toute cette compagnie, qui fut, à sa manière, fort obligeante pour moi, et moi très accueillante pour elle. A dîner, on m'établit entre deux pairs : je n'eus pas la peine de faire les frais de la conversation, car ils ne parlèrent que politique, en s'adressant à ceux qui étaient vis-à-vis d'eux, à

____

1. En 1821.

l'autre extrémité de la table. Après le dîner, nous rentrâmes dans le salon, et, tout de suite, au moment où je venais de m'asseoir, je vis avec surprise m'échapper tous les ducs et pairs et généraux ; chacun d'eux s'empara d'un fauteuil qu'il retourna et traîna à quatre ou cinq pas de moi ; ils formèrent avec ces fauteuils un rond parfait, mais je voyais les visages de l'autre moitié du cercle. Je crus d'abord qu'ils s'étaient mis là pour jouer à ces petits jeux de société dans lesquels il faut s'arranger ainsi ; ce qui me paraissait bien innocent et bien enfantin ; mais point du tout ; c'était pour agiter et discuter les questions d'État les plus épineuses : tous étaient devenus des orateurs véhéments ; ils criaient à tue-tête, s'interrompaient, se querellaient, s'enrouaient. C'était une véritable représentation de la Chambre des députés ; c'était bien pis, car il n'y avait pas de président. J'avais envie d'en usurper les fonctions, et de les rappeler à l'ordre ; mais je n'avais point de sonnette, et ma faible voix n'aurait pas été entendue. Cela dura plus d'une heure et demie ; au bout de ce temps je quittai le salon, charmée d'avoir reçu cette leçon des nouveaux usages du monde et de la nouvelle galanterie française, de cette politesse qui nous a rendus si fameux dans toute l'Europe. J'avoue que, jusqu'à ce moment, je n'avais sur toutes ces choses que des idées bien imparfaites.

Avant la révolution, on voyait dans le monde deux espèces d'impertinents, l'impertinent de province et l'impertinent de cour ; le premier bruyant, confiant, bavard, parlant haut, souvent ridicule, toujours importun et déplacé ; ce caractère se confond avec celui de l'insolent, qui n'est autre chose que l'effronterie d'une impertinence habituelle et sans art. L'impertinent qui n'a pas vécu dans le grand monde et à la cour n'a été que rarement réprimé : il est actif. L'impertinent de cour est passif ; ce n'est point la vivacité qui le décèle, c'est le dédain ; il a tout le calme de l'insouciance, toute la distraction affectée du mépris ; tout en lui vous déplaît et vous blesse, et vous n'en pouvez rien citer de choquant. Ce n'est point avec la brusquerie qu'il vous repousse, c'est au contraire avec une politesse glaciale ; il n'est jamais offensant par ses réponses, ses discours, ou même par ses actions, mais il l'est à l'excès par son indolence, son sourire, son silence et toute l'expression de sa physionomie. Vous ne pouvez ni le supporter ni vous plaindre de lui. A quoi bon tant d'art ? A se rendre odieux et à se faire haïr ; ne vaudrait-il pas mieux plaire et se faire aimer ?

On doit dire à la louange de l'ancienne noblesse qu'en général l'impertinence était plus rare dans sa classe que dans les autres et que, parmi les nobles, ceux mêmes qui pouvaient être impertinents avec leurs égaux ne l'étaient jamais avec leurs inférieurs.

Oh ! le bon temps que celui où, lorsqu'on se rassemblait dans un salon, on ne songeait qu'à plaire et à s'amuser ! où l'on avait de la grâce, de la gaieté et toute la frivolité qui rend aimable, et qui repose le soir du poids de la journée et de la fatigue des affaires ! Aujourd'hui l'on n'est ni plus solide dans ses goûts, ni plus fidèle dans ses attachements, ni plus prudent dans sa conduite ; mais on se croit profond parce qu'on est lourd, et raisonnable parce qu'on est grave ; et, lorsqu'on est constamment ennuyeux, comme on s'estime ! comme on se trouve sage !... Quel est ce salon assiégé où l'on entre en foule, en tumulte ; où tout le monde entassé, pressé, se tient debout ; où les femmes ne peuvent trouver un siège ?... On vante l'esprit de la maîtresse de la maison ; mais à quoi lui sert-il ? Elle ne peut ni parler, ni entendre ; il est impossible de s'approcher d'elle. Un mannequin placé dans un fauteuil ferait aussi bien qu'elle les honneurs d'une telle soirée. Elle est condamnée à rester là jusqu'à trois heures du matin, et elle ira se coucher sans avoir pu apercevoir la moitié des gens qu'elle a reçus... C'est là une assemblée à l'anglaise ! Il faut convenir que les soirées à la française passées jadis au Palais-Royal, au Palais-Bourbon, au Temple, chez madame de Montesson, chez madame la maréchale de Luxembourg, chez madame la princesse de Beauvau, chez madame de Boufflers, madame de Puisieux, etc., valaient mieux que cela.

Mais nous retrouverons sans doute les grâces françaises dans les sociétés particulières : point du tout, vous n'entendrez là que des dissertations, des déclamations et des disputes...

Il n'y a rien de si effrayant que de voir les Français dépourvus de politesse, de galanterie et d'agréments. Quand ils sont sans grâce et sans gaieté, c'est une chose tellement contre nature, qu'il semble que l'on pourrait déclarer que la patrie est en danger.

Je fis hommage à mademoiselle d'Orléans d'un beau présent qu'on venait de me faire, et dont voici l'histoire. Un grand seigneur de Turin, voulant, avant la Restauration, faire une chose agréable à l'empereur Napoléon, imagina d'envoyer au jeune prince qu'on appelait alors roi de Rome, une crèche en bois sculpté faite par un artiste de Turin, qui excelle dans ce genre de sculpture ; toutes les figures, un peu plus grandes que la longueur de la main, sont parfaites par le dessin, les draperies, les attitudes et l'expression ; on y voit l'enfant Jésus, la Vierge, dont le visage évangélique est admirable, saint Joseph, les trois Mages, le petit saint Jean, un ange, et jusqu'aux animaux qui étaient dans l'étable.

Madame de Montesquiou, gouvernante alors du jeune prince, représenta qu'il était trop enfant pour lui donner une telle chose, et, comme elle montra un grand désir de la posséder, l'impératrice Marie-Louise lui en fit présent ; elle l'avait toujours soigneusement conservée, et enfin Anatole de Montesquiou l'obtint d'elle pour me la donner ; et trois ou quatre jours après, je la portai à mademoiselle d'Orléans, qui la reçut avec un très grand plaisir.

Mes travaux furent alors suspendus par l'état toujours plus fâcheux de M. de Valence ; néanmoins, j'avais presque fini le plan de mon nouveau roman, *les Athées conséquents ;* j'y voulais peindre le modèle accompli d'une piété parfaite, et les consolations qu'on peut recevoir de ce sentiment sublime dans les souffrances les plus aiguës de l'âme ; j'y voulais peindre encore les différentes sortes d'irréligion et d'impiété.

Je revoyais alors mes *Heures à l'usage des gens du monde et des jeunes personnes,* qui ont eu tant de succès dans les pays étrangers, et qui n'avaient jamais été imprimées en France. Dans cette nouvelle édition je ne leur donnai point ce titre ; elles furent revêtues de l'approbation de monseigneur l'archevêque de Paris.

Je fis dans la même année les *Heures pour les prisonniers et pour les domestiques,* et je les donnai en pur don à un libraire.

Malgré mon goût pour la retraite, il y eut cette

année surtout un empressement si singulier de me voir, tant de personnes me firent demander à venir chez moi, qu'il me fut impossible de les refuser toutes.

Le prince Paul de Wurtemberg, frère du roi régnant, me fit demander aussi à venir me voir ; on dit que jamais prince n'a eu plus d'esprit que lui ; c'est une chose assez rare, depuis le grand Condé, pour ne pas dédaigner d'en juger.

M. Rothschild, un juif immensément riche, donna un grand bal le dernier jour du carnaval ; il y eut foule si prodigieuse, qu'il fut impossible de danser, mais d'ailleurs la magnificence était extrême ; ce qui a fait dire à l'un des convives de la fête que M. de Rothschild avait enterré la synagogue avec honneur.

Tous les bals de cette année furent presque aussi nombreux ; on y allait pour s'y montrer, pour y étouffer, sans y trouver assez de place pour y danser : tout est tellement en décadence, qu'on ne sait même plus s'amuser.

Au bal de madame d'Osmont on avait invité une telle multitude de personnes qu'on reconnut, en y réfléchissant, qu'il était impossible qu'elles entrassent toutes dans la maison ; on fut obligé d'en contremander un grand nombre, ce qui a été fait par des billets imprimés dans lesquels on priait de ne pas venir ; c'est une chose qui, je crois, n'a jamais eu d'exemple.

Madame la duchesse d'Orléans douairière était, depuis quelque temps, dans un état qui donnait tout à craindre pour ses jours ; ses enfants allèrent s'établir à Ivry, dans le village dont cette princesse occupait la principale maison. Madame la duchesse d'Orléans ne leur proposa point d'appartement chez elle ; ils furent horriblement mal logés dans le village, où ils ne purent trouver que trois vilaines petites chambres.

Madame la duchesse d'Orléans mourait de plusieurs maux devenus incurables : un cancer, une paralysie et l'hydropisie. Il est impossible de mourir avec plus de courage, de douceur et de piété. On disait que son cancer était venu de la maladresse d'un valet de chambre qui, en voulant prendre sur une tablette deux in-folio, en laissa tomber un sur le sein de la princesse ; on ajoutait que, dans la crainte d'affliger mortellement ce valet de chambre, et dans l'espoir que cet accident n'aurait point de suites, elle ne voulut ni se plaindre, ni appeler le secours de l'art, et qu'elle laissa enraciner le mal jusqu'au moment où il devint insupportable et sans ressource. Les gens du monde, en général, ne croient point à cet excès de bonté qui leur paraît hors de toute vraisemblance; pour moi, par la connaissance que j'avais du caractère de la princesse, je fus très disposée à ajouter foi pleine et entière. Voici un fait dont je fus témoin, lorsque j'étais encore au Palais-Royal. Un jour, la princesse, étant à sa toilette, se frottait le dedans de l'oreille avec la tête d'une de ces longues épingles que les femmes employaient jadis dans leur coiffure; dans ce moment, l'une de ses femmes de chambre passa derrière elle, et lui donna maladroitement un coup violent au bras, qui fit tellement enfoncer l'épingle dans l'oreille, qu'elle en perça le tympan ; la douleur fut excessive ; cependant la princesse ne fit pas une plainte, dans la seule crainte de faire de la peine à la femme de chambre qui l'avait involontairement blessée. On ne sut cet accident que plusieurs jours après, parce que la princesse, ne pouvant plus supporter les douleurs les plus aiguës, fit venir un chirurgien qui trouva l'oreille dans un état affreux ; elle en fut malade plus de dix ou douze jours.

Madame la duchesse d'Orléans douairière termina sa carrière un samedi ; M. le duc d'Orléans, S. A. R. et mademoiselle d'Orléans la veillèrent durant les trois derniers jours de sa vie ; ils ne la quittèrent pas un seul instant : elle les traita avec tendresse, elle leur donna solennellement sa bénédiction ; quelques jours avant sa mort, elle refit son testament, qui est touchant, et par conséquent équitable et chrétien.

M. le duc d'Orléans et mademoiselle d'Orléans furent sensiblement affligés ; j'allai à Neuilly. Je fus bien affectée du changement extrême de leurs figures; on voyait sur leurs visages combien ils avaient souffert. M. le duc de Chartres avait la rougeole, mais de l'espèce la plus bénigne. Cet aimable enfant est si sensible qu'il fut aussi touché que frappé vivement lorsqu'il reçut la bénédiction de sa grand'mère ; tout se passa de la manière qui pouvait honorer le mieux la mémoire de la princesse. Le corps resta à Ivry dans une chapelle ardente ; il fut gardé par les dames d'honneur de S. A. R., de mademoiselle d'Orléans et de madame la duchesse de Bourbon.

Monsieur et monseigneur le duc d'Angoulême annoncèrent qu'ils iraient à Ivry jeter de l'eau bénite sur le cercueil. Après la mort de la princesse, le roi reçut M. le duc d'Orléans ; il le traita avec une bonté particulière. Le corps de madame la duchesse d'Orléans fut porté à Dreux, dans la sépulture de M. le duc de Penthièvre, son père. M. le duc d'Orléans accompagna le convoi.

En rentrant en France, la première pensée de S. A. S. madame la duchesse d'Orléans a été de remplir les devoirs sacrés de la nature et de la piété. Elle racheta, pour rétablir la sépulture de son père, ce qui avait été vendu de la collégiale de Dreux ; les travaux commencèrent aussitôt ; ils furent interrompus par les événements de 1815 ; mais on les reprit ensuite avec activité. Le chemin qui conduisait jadis à l'église n'existait plus ; la montagne abandonnée était devenue impraticable. On traça une nouvelle route parfaitement belle et facile ; on aplanit le sol sur lequel est posée la magnifique église que la piété filiale fait élever, et qui doit renfermer le tombeau de M. le duc de Penthièvre.

L'église, qui ne doit être qu'une chapelle funéraire, est digne, par sa beauté, de la main qui l'a fait élever et qui en a posé la première pierre ; elle a cent pieds de long sur soixante de large, et son architecture réunit l'élégance à la majesté sévère qui convient à ce genre d'édifice.

Le général Gérard, mari de ma petite-fille Rosamonde, avait acheté de M. de Valence la terre de Sillery pour la somme de 300.000 francs, sous la condition que si M. Gérard la revendait plus cher, il partagerait avec lui la moitié du profit. A la mort de M. le marquis de Puisieux, cette terre passa, par substitution, à mon beau-frère, le marquis de Genlis, qui, au bout de cinq ans, la vendit dix-huit cent mille francs à M. Randon, financier. Madame la maréchale d'Estrées, fille unique de M. de Puisieux, en fit le retrait, et dans son testament, ayant institué le comte de Genlis son légataire universel, cette terre nous appartint, et M. de Genlis assura mon douaire de la manière la plus solide sur cette belle possession ; il y fit des embellissements admirables, entre autres, dans les jardins ; je crois avoir dit déjà que, profitant des belles eaux qui environnaient le château,

et à travers lesquelles passait une jolie rivière, il
fit autant d'îles que j'avais d'enfants et d'élèves, et
auxquelles il donna leurs noms ; toutes ces îles charmantes, remplies de beaux arbustes et de fleurs,
aboutissaient par des ponts élégants à une grande île
magnifique qui portait mon nom : et l'on y trouvait
un superbe pavillon dans lequel était mon buste en
marbre sur un piédestal ; M. de Genlis avait fait
graver des vers de sa composition que je ne crois
pas avoir cités, les voici :

> Toi qui fais ma félicité,
> Mon cœur, pour toi toujours le même,
> Veut que les traits de ce qu'il aime,
> Passent à l'immortalité.

Ma fille, à laquelle passa cette terre, céda généreusement tous les droits qu'elle y avait à M. de Valence. Quand j'y retournai en revenant des pays étrangers, quel serrement de cœur j'éprouvai en voyant
un vilain marais à la place des belles îles détruites,
et la majestueuse galerie du château et la superbe
chapelle abattues !

Il y a longtemps que j'ai fait une singulière remarque. Je savais, avant la révolution, tous les cris
des marchands des rues de Paris ; on pouvait les
noter, car ils sont tous des espèces de chants ; j'avais
observé que ces chants étaient extrêmement gais, et
que, par une conséquence naturelle, ils étaient presque tous en ton majeur. Depuis la révolution, en
rentrant en France, je reconnus avec surprise que
ces cris que, depuis mon enfance, je n'avais jamais
vu changer, n'étaient plus du tout les mêmes, et
que de plus ils étaient à peine intelligibles, excessivement tristes et lugubres, et presque tous en ton

mineur... Après y avoir réfléchi, voici comment j'explique cette singularité ; ce changement a dû s'opérer durant les années effroyables du règne de la terreur. Qu'on se figure s'il est possible qu'une marchande de pain d'épices, à côté d'une charrette remplie d'infortunés allant à l'échafaud, ait pu crier gaiement : V'là le plaisir, mesdames !... et que tous les autres marchands, au milieu de ces horribles spectacles, aient pu conserver leur accent joyeux. Peu à peu cet accent s'est altéré ; il est devenu sombre, confus, et il est resté lamentable. Cette observation est à la louange du peuple, car elle prouve mieux qu'aucun autre fait combien il était ému, troublé et sensible à la pitié.

Je n'allai point cette année à la campagne, malgré les pressantes invitations de M. de Saulty, dont le beau château me plaît tant, et dont j'aime si sincèrement la respectable famille. J'aurais eu bien envie aussi d'aller à Bligny, chez Anatole de Montesquiou, et chez ma petite-fille Rosamonde ; mais je ne pouvais songer à faire des courses d'amusement, dans l'état de dépérissement où je voyais M. de Valence. Madame Récamier contribuait beaucoup à me dédommager de mon espèce de captivité ; elle venait me voir souvent, et plus je causais avec elle, plus je trouvais d'esprit et d'intérêt dans sa conversation. Si elle n'avait pas été aussi jolie et aussi célèbre par sa figure, elle serait mise au nombre des femmes les plus spirituelles de la société. Il est impossible d'avoir plus de délicatesse dans les sentiments et plus de finesse dans l'esprit ; elle me conta un jour qu'elle avait reçu le matin une lettre dont elle était avec raison extrêmement touchée ; cette petite histoire mérite d'être rapportée : la voici.

Il y avait environ onze ans que madame Récamier,

étant à sa fenêtre sur la rue, vit passer une femme qui jouait de la vielle, et qui ordonnait à une petite fille de cinq ans et demi de danser sous la fenêtre de madame Récamier. La petite fille obéit, mais d'un air honteux et en pleurant, ce qui attendrit tellement madame Récamier, qu'elle fit questionner la femme, qui répondit qu'elle n'était pas la mère de cette enfant, orpheline dès le berceau. Madame Récamier donna de l'argent à la femme, qui consentit à lui céder l'enfant, qui avait une petite figure angélique ; madame Récamier la mit chez une honnête lingère, où elle apprit sa religion, à lire, écrire, compter et coudre. Quand elle eut douze ans, madame Récamier la mit dans un couvent pour faire sa première communion, où elle resta quelques années ; ensuite la jeune personne demanda à y rester. Madame Récamier paya toujours sa pension et n'en entendit plus parler ; elle l'oublia. Mais elle venait d'en recevoir une lettre la plus touchante dans laquelle cette jeune personne, qui avait seize ans et demi, la remerciait avec la plus vive sensibilité de l'avoir retirée de la rue, et de lui avoir donné de l'éducation et de bons principes ; elle lui disait qu'elle était au comble du bonheur ; que son noviciat venait de finir, et qu'elle avait prononcé ses vœux le matin.

Quand on songe à ce que cette enfant aurait été sans madame Récamier, et à ce qu'elle est, on ne saurait trop admirer cette excellente action.

J'étais chargée d'une commission pour M. d'Aligre, pair de France ; et comme il s'agissait d'une bonne action, j'étais sûre d'être bien accueillie. Il vint chez moi à ce sujet, et écouta avec intérêt ce qu'on m'avait chargé de lui dire ; ensuite il me parla avec détail des établissements de charité qu'il comptait

faire, entre autres, un hospice pour les mutilés. Je
le priai d'y joindre une salle pour les pauvres enfants rachitiques bossus, ayant trouvé un moyen très
simple de les redresser, en leur faisant tirer la corde
d'une poulie à laquelle est un seau. J'ai eu cette
invention d'après l'observation faite à la campagne
qu'aucune servante tirant de l'eau depuis son enfance n'est bossue ; j'ai détaillé cette invention dans
les Leçons d'une gouvernante. M. d'Aligre m'apprit
qu'il possédait la terre de Saint-Aubin, qui appartenait jadis à mon père, et dans laquelle j'ai passé
mon enfance jusqu'à ma douzième année. Je savais
que cette terre avait passé entre les mains de M. de
La Tour, intendant d'Aix ; mais j'ignorais qu'à sa
mort sa fille, qui est aujourd'hui madame d'Aligre,
en eût hérité ; on a bâti un nouveau château, on a
abattu l'ancien, à l'exception d'une seule tour qui
faisait partie de mon appartement, et dans laquelle
je couchais. La tradition a conservé ce souvenir, et
madame d'Aligre n'a pas voulu que cette tour fût
abattue ; ce qui est d'autant plus aimable pour moi,
que je n'ai eu ce détail que par hasard. C'était de
cette tour que j'échappais à la vigilance de mademoiselle de Mars pour aller donner des leçons d'histoire de France aux petits polissons qui ont formé
ma première école, et qui m'écoutaient au pied du
mur, sur le bord d'un étang, tandis que je les
haranguais du haut d'une terrasse. Je parlai beaucoup de Saint-Aubin à M. d'Aligre ; il m'assura qu'il
y avait encore des vieillards qui se souvenaient de
m'avoir vue ; j'espérais que parmi ces vieillards il
se trouverait quelques-uns de mes disciples ; je crains
bien qu'ils n'aient oublié mes leçons et les vers
des tragédies de mademoiselle Barbier qu'ils décla-

maient en patois bourguignon. Quant à moi, soixante-quatre ans écoulés depuis cette époque ne m'avaient rien fait oublier de ce qui regarde Saint-Aubin et Bourbon-Lancy. J'étonnai bien M. d'Aligre par ma mémoire à cet égard ; il me conjura d'aller dans le cours de l'automne prochain lui faire une visite à Saint-Aubin. Rien au monde ne m'eût été plus agréable ; mais les joies de la terre sont finies pour moi, et je suis bien persuadée que je n'aurai jamais celle-là. O que de sensations j'éprouverais, que de pensées à la fois douces et mélancoliques j'aurais en me retrouvant dans ces lieux chéris où s'écoula mon heureuse enfance ! Alors l'avenir était tout entier à moi ! J'étais loin de prévoir combien il serait orageux ! Que de regrets et de repentirs se mêleraient aux touchants souvenirs de ce temps de paix, d'innocence, d'espérance et de bonheur ! Combien de fois je répéterai que nous faisons nous-mêmes notre destinée, et que si la mienne n'a pas été plus heureuse, c'est que je l'ai gâtée par mon imprudence et par mes fautes. Ces idées sont tristes, mais elles donnent du courage ; qui oserait se plaindre des peines qu'on a méritées ? Au reste, malgré ces pénibles retours sur moi-même, je trouverais un charme infini à revoir Saint-Aubin. Mais cette idée s'anéantit auprès de celle du voyage de la Terre-Sainte ; car j'avais le projet formel d'en faire le pèlerinage sous quelques mois ; c'était là que tous mes vœux me transportaient. Je jouais presque tous les jours de la harpe, et un soir j'en jouais avec délices ; je commençai la composition (paroles et musique) du morceau que je voulais jouer dans la maison de David, si Dieu me faisait la grâce d'aller à Jérusalem.

Il y avait plus de douze ans que je n'avais essayé

de former un son, et je retrouvai une voix très juste et très douce, mais en chantant de la tête, ce que je ne faisais pas jadis ; ma grande et belle voix était tout à fait naturelle. Je trouvai tant de charme dans cette double composition, qu'il ne me fut possible de m'arracher de ma harpe qu'à trois heures et demie du matin.

J'ai jadis assez bien observé et assez bien peint le monde et la cour du temps de ma jeunesse et de mon âge mûr. Il y avait alors dans la société des conversations charmantes, un ton parfait en général, de la grâce et des ridicules ; car les ridicules sont très remarquables où se trouvent un ton fixe et réputé bon, et un mauvais ton reconnu tel. Mais quand ces deux choses n'existent plus, il n'y a plus de ridicules ; on ne peut les apercevoir que par les souvenirs. Comme j'ai conservé toute ma mémoire, je suis aussi frappée de tout ce que je vois, de tout ce que j'entends, que si j'étais dans la société une jeune débutante née avec du goût et l'esprit d'observation ; rien ne me rappelle ce que j'ai vu dans mes beaux jours et tout me les fait regretter. On ne cause plus ; Labruyère a dit : « Conteur, mauvais caractère. » S'il vivait il trouverait un bien grand nombre de mauvais caractères ! Si douze ou quinze personnes sont rassemblées, ceux qui passent pour être aimables et spirituels (lorsqu'on ne parle pas politique) content tour à tour des histoires satiriques et burlesques ; les autres applaudissent par des éclats de rire si bruyants, que je frissonne toujours à la fin d'un récit, certaine d'avance que les voûtes du salon vont retentir avec un bruit qui a pour moi quelque chose d'effrayant. Les meilleurs conteurs sont ceux qui joignent à leurs récits la pantomime et une

véhémente gesticulation. Quant à la conversation,
elle est absolument nulle, on ne sait plus ce que
c'est. Une chose encore à laquelle je ne m'accou-
tumerai jamais, c'est à la manière intrépide dont
les hommes entrent et sortent d'un salon, et aux
scènes qu'il faut essuyer à leur apparition et à leur
départ ; ils viennent fondre sur vous pour vous
souhaiter le bonjour ou le bonsoir et pour vous dire
adieu. J'ai cherché la raison de cette singulière coutume et je crois l'avoir trouvée : beaucoup de gens,
depuis la révolution, n'étaient pas accoutumés à venir s'établir jusque dans les salons ; lorsqu'ils y
ont été admis, ils ont pensé qu'il fallait surtout ne
pas avoir l'air embarrassé en y entrant et en s'y
établissant ; alors ils se sont armés d'un mâle courage, et de là cette impétuosité et cet air d'assurance et de hardiesse, qui est devenu une habitude
presque généralement adoptée par tous les gens
même qui peuvent, sans étonnement, se trouver en
bonne compagnie.

J'ai aussi recherché l'origine des petits tabourets,
que les maîtresses de maison mettent sous leurs
pieds, et qu'elles font donner aux dames qu'elles
considèrent le plus. Jadis les princesses du sang auraient cru manquer de politesse si elles eussent ainsi,
dans un cercle, établi leurs pieds sur un de ces tabourets. Cette mode fut introduite sous le Directoire,
s'accrédita sous le Consulat et devint universelle sous
l'Empire.

Après y avoir profondément réfléchi, je crois qu'on
doit attribuer cette mode à celle des chaufferettes,
qui élevaient aussi les pieds, et dont faisaient un
usage journalier, et de tout temps, les femmes des
classes inférieures de la société. Une très grande

quantité de dames de ces classes, dont les maris firent fortune, parurent tout à coup dans le grand monde avec d'éclatantes parures de diamants et de magnifiques schalls de cachemire ; mais au milieu de cette pompe elles ne purent s'empêcher de regretter les chaufferettes, et pour se consoler de cette privation, elles imaginèrent ingénieusement de substituer aux chaufferettes les petits tabourets. J'ai trouvé de même l'origine de beaucoup d'autres usages nouveaux ! mais je n'en fais point ici mention, parce que j'en ai parlé dans mon *Dictionnaire des étiquettes*.

Il y a un caractère que je n'ai jamais peint, mais qui est devenu très commun depuis la révolution ; ce sont les gens qui s'érigent en prophètes, et qui prétendent avoir prédit avec détail tous les événements les plus singuliers depuis la révolution ; à chaque chose nouvelle ils vous interpellent tout à coup en s'écriant : « Je vous l'avais dit, vous devez vous en souvenir ? » On ne s'en souvient jamais ; n'importe ; ils l'affirment, le soutiennent, et par politesse il faut se taire ! J'avoue que je n'ai guère cette urbanité, et que, lorsque l'on me demande ainsi à faux mon témoignage, je le refuse nettement ; j'y gagne de ne plus être interrogée sur ce point : on trouve assez d'autres personnes qui ont une mémoire plus complaisante.

On convient bien généralement que la grâce et le bon goût ne sont plus aujourd'hui ce qu'ils étaient jadis ; mais on répète qu'au moins on trouve dans la société plus de naturel, comme s'il y avait de la grâce sans naturel. J'avoue que plusieurs années avant la révolution une grande dégénération se faisait remarquer dans le grand monde.

Tandis que la philosophie moderne corrompait les mœurs et dénouait tous les liens de la société, elle mettait à la mode le langage de la sensibilité, mais dans un langage emphatique, un galimatias ridicule, qu'il fallait avoir l'air de comprendre, et dont personne n'était la dupe ; toutes les démonstrations qui ne prouvent rien, tous les discours affichaient la sensibilité la plus exaltée, presque toutes les actions sérieuses décelaient et prouvaient un profond égoïsme. Cette espèce d'affectation en entraîna beaucoup d'autres et donna à la fin de ce siècle un caractère de fausseté qui devint à peu près général. Ceux qui vantaient le plus les charmes de la solitude et de la vie champêtre n'aimaient que le monde et la dissipation. Les courtisans affectèrent de s'ennuyer à Versailles ; les dames qui avaient le plus désiré et sollicité des places à la cour se récriaient sans cesse sur l'ennui mortel d'aller faire leurs semaines. On intriguait pour se faire inviter à un bal remarquable, à une grande fête ; en même temps on se plaignait amèrement de ne pouvoir se dispenser d'y aller. Si l'on s'amusait dans une nombreuse société, on n'en convenait jamais ; les prétentions à la simplicité des goûts, à la solidité du caractère ne permettaient pas un tel aveu. Si, à un petit souper, à une partie particulière, arrangée dans une société intime, on s'ennuyait, on y affectait la plus grande gaieté, et pendant huit jours on ne parlait que de l'agrément de cet insipide souper. Il en était ainsi de tout : on affectait continuellement une ardente admiration pour les choses que l'on ne comprenait point et pour des arts qu'on était hors d'état de juger. On voyait des gens du monde qui ne sentaient pas la mesure des vers s'extasier en parlant de poésies qu'ils n'avaient jamais lues, et des admirateurs enthousiastes de Voltaire et de Rousseau, qui ne savaient ni le français ni l'orthographe, et qui n'auraient pas été capables d'écrire passablement un billet. Des littérateurs d'une complète ignorance en musique écrivaient et publiaient les plus ridicules dissertations sur le mérite musical des productions de Gluck et de Piccini. On se passionnait sans rien sentir, et, sans étude et sans connaissances, on jugeait tout hardiment et en dernier ressort. Cette affectation eut les plus funestes conséquences ; elle rendit l'esprit aussi faux que les caractères ; on adopta aveuglément toutes les opinions que l'on crut dominantes, et qui pouvaient donner une espèce de réputation, de quelque genre qu'elle fût. Jadis, dans le monde, on se contentait d'obtenir de la considération ; il ne fallait, pour cela, qu'une conduite sage et noble ; mais quinze ans plus tard, l'insipide estime fut abandonnée à la médiocrité ; on voulait de la gloire, ce qui préparait à vouloir des royaumes. On prit un jargon philosophique, c'est-à-dire pédantesque, souvent inintelligible et toujours frondeur. Au milieu des thèses sentimentales soutenues dans la société, on esquissa les droits de l'homme ; on vit naître, avec le galimatias, non les nobles idées d'une sage liberté, mais ce qu'on appela depuis les idées libérales. En même temps on se moqua de tout ; le scepticisme, sous le nom de persiflage, s'introduisit dans le grande monde. Cette affectation ne fut générale et à son comble que très peu de temps avant la révolution.

Sous le règne de la terreur, l'affectation ne conservait que la déraison et l'emphase, mais d'ailleurs changeant de caractère elle devint atroce. On n'affecta plus que la férocité. Alors, tout fut bouleversé, le langage, les mœurs, la signification des mots, l'expression des sentiments, la louange, le blâme, les vices et les vertus ; la crainte, si timide jusqu'alors, quittant son maintien naturel, prit tout à coup un air menaçant ; des hommes qui n'étaient pas nés inhumains prêchèrent le meurtre pour échapper à la proscription ; la lâcheté cacha son épouvante sous un masque affreux souillé de sang !...

Après le règne de la terreur jusqu'à la Restauration, il n'y eut point dans le grand monde d'affectation marquée. En général une ambition démesurée s'empara de tous les esprits ; on ne fut occupé que du soin de trouver les moyens d'obtenir des grades, des emplois lucratifs, de l'argent, des majorats, des royaumes. Les intrigues d'affaires suspendirent celles de l'amour et de la galanterie ; le désir de plaire céda au désir d'élever sa fortune ; les grâces françaises tombèrent en désuétude : il n'en resta plus qu'une tradition incertaine et dédaignée ; l'amitié ne fut plus qu'une association d'intérêts pécuniaires ; elle ne demanda ni soins, ni procédés tendres et délicats, mais des services solides et réciproques : elle fut un calcul, un marché.

Nous avons vu une étrange affectation (dans quelques personnes), celle d'afficher avec aigreur, avec emportement, l'attachement le plus légitime, le plus vertueux et le mieux fondé ; sentiment devenu général, et qui devrait rétablir la paix et l'union dans la société. Ce zèle affecté, ou sincère, n'est pas selon la science. Je terminerai cet article par un trait d'histoire. Un courtisan d'Alexandre le Grand, dans l'intention d'être cité, se trouvant dans une nombreuse assemblée, y débitait d'un ton d'énergumène beaucoup d'extravagances qu'il croyait très flatteuses pour le monarque. Le sage Callisthène, qui l'écoutait, lui dit : « Si le roi t'entendait, il t'imposerait silence. »

J'étais bien fâchée, depuis longtemps, d'avoir perdu la relation de mon voyage en Auvergne. Mademoiselle d'Orléans venait d'y acquérir une terre ; elle y fit un voyage, et j'aurais eu un grand plaisir à lui donner cette relation, qui contient tout ce qu'il y a de plus curieux à voir dans cette province. Comme je lui exprimai ce regret à son retour, elle m'apprit qu'elle avait une copie écrite de sa main de ce petit ouvrage ; elle eut la bonté de me le prêter, et je le relus avec beaucoup de curiosité.

Je fis ce voyage au commencement de la révolution, et j'en revins par Lyon ; je connus à Clermont de quelle manière s'y prenaient les révolutionnaires pour se faire des partisans parmi le peuple. L'Auvergne était chrétienne et pieuse, et l'on n'attaquait point encore la religion. Cependant on avait établi un club à Clermont, et là, par un règlement particulier, tous les laboureurs y étaient reçus sans scrutin ; ce qui est absurde, car un laboureur peut fort bien être un ivrogne et un débauché, et, par conséquent, un mauvais homme. Les assignats qu'on établit dès le commencement de la révolution firent dans toutes les provinces un mauvais effet ; mais à Clermont, quand j'y étais, dès qu'un laboureur appartenait à la Société des amis de la constitution des assignats, il en recevait sur-le-champ l'argent sans aucune espèce de retenue. Je suppose que les amis de la constitution en agissaient ainsi dans toutes les autres provinces. Ces moyens secrets étaient plus efficaces que les discours pompeux et les harangues emphatiques.

Voici un bien joli mot de S. A. R. Madame la duchesse de Berry ; je le tiens d'une personne qui a l'honneur de l'approcher, et qui le lui a entendu dire :

Un garde forestier, pour se faire valoir et obtenir une récompense, un jour où M. le duc de Bordeaux devait se promener en voiture à Bagatelle, jour où l'on avait annoncé la route qu'il devait prendre, alla trouver madame de Gontaut, gouvernante du jeune prince, pour lui annoncer qu'en faisant sa ronde il avait découvert un assassin dans les broussailles, qu'il avait voulu l'arrêter, que l'assassin lui avait tiré un coup de fusil qui avait seulement blessé son cheval, qu'ensuite ils s'était enfui, et que pour courir plus vite il avait jeté son fusil, etc. D'après cette histoire, on voulut détourner madame de Gontaut de mener le jeune prince sur cette route, et malgré toutes les représentations, elle eut le courage et la fermeté de faire toute la promenade annoncée. Quand on en rendit compte à madame la duchesse de Berry, cette princesse approuva la gouvernante en ajoutant : « M. le duc de Bordeaux ne doit jamais reculer, même à un an. »

Cette prétendue conspiration était entièrement de l'invention du garde forestier, qui avoua tout au ministre de la police.

M. le duc d'Orléans voulut bien m'amener M. le duc de Chartres pour me remercier de la dédicace des *Jeux champêtres*. M. le duc de Chartres joint une figure charmante à une raison très prématurée et au maintien le plus intéressant par la douceur et la modestie ; il avait alors onze ans, et je me rappellerai toujours qu'à peine âgé de six ans il écrivit, sous ma dictée, près d'une demi-page sans faire une faute d'orthographe et d'une très jolie écriture.

M. le duc d'Orléans me dit, dans cette visite, qu'il avait hérité de la princesse sa mère d'un superbe tableau représentant, de grandeur naturelle et de la tête aux pieds, madame de Maintenon ; il m'engageait à l'aller voir. Je répondis seulement que je le connaissais, et je parlai d'autre chose. En effet, je connais ce tableau, puisqu'il m'a appartenu pendant sept ou huit ans. Après avoir donné au public le roman historique de *Madame de La Vallière*, une dame de la société, que je connaissais très peu alors (madame Dubrosseron), se passionna tellement pour cet ouvrage, qu'elle m'envoya en présent un beau portrait de madame de La Vallière, que, suivant mon ancienne coutume de tous les temps, je ne manquai pas de donner aussi. L'année d'ensuite je fis paraître *Madame de Maintenon*, et M. Crawford, qui avait une superbe collection de portraits originaux de personnages célèbres, m'envoya le magnifique portrait de madame de Maintenon ; je le gardai plusieurs années, tout le monde l'a vu et admiré dans mon salon. A la restauration, je me suis trouvée tout à coup sans pension, sans possibilité de vendre un ouvrage, parce qu'il n'y avait plus d'argent ; toute la littérature était suspendue. Réduite, pour vivre, à emprunter à des usuriers, j'étais fort embarrassée ; je proposai à M. Giroux, du Coq-Honoré (qui est à la fois un artiste distingué et l'un des plus honnêtes marchands de Paris), de m'acheter le tableau de madame de Maintenon ; M. Giroux me répondit que ce tableau était d'un très grand prix, mais non du genre de ceux dont il faisait l'acquisition ; il ajouta que madame la duchesse d'Orléans, la douairière, cherchait partout des portraits de personnes célèbres ; qu'en le lui faisant proposer elle l'achèterait sûrement ; il me conseilla d'en demander six mille francs, en m'assurant qu'il valait beaucoup plus. J'écrivis un petit billet à M. Folmont, en lui proposant pour madame la duchesse d'Orléans ce tableau, s'il était vrai qu'elle en désirât de ce genre, en citant tout ce que M. Giroux m'avait dit à ce sujet, et ne demandant que quatre mille francs. Sans faire examiner le tableau, on m'envoya sur-le-champ les quatre mille francs, et je donnai aussitôt ce beau portrait : voilà comment il a passé entre les mains de M. le duc d'Orléans, qui ne sait rien de ce détail.

Je fus bouleversée, à cette époque, par la funeste nouvelle de la mort subite de madame la duchesse de Bourbon, qui mourut en une minute dans l'église de Sainte-Geneviève, étant sortie de chez elle en parfaite santé ; elle avait été la veille au Palais-Royal, où elle avait montré sa vivacité accoutumée. Elle portera devant Dieu d'immenses charités faites avec autant de soin que de constance. Je me rappelai avec attendrissement ses charmantes bontés pour moi, et j'éprouvai une espèce de remords de les avoir si peu cultivées depuis dix-huit mois. J'eus l'honneur de la rencontrer chez mademoiselle d'Orléans, quinze jours avant sa mort. Elle me fit les plus aimables reproches sans aucune aigreur et avec une grâce inexprimable. Le jour de ce fatal événement, on fit chez elle, rue de Varennes, à l'ancien hôtel de Monaco, la plus belle de toutes les oraisons funèbres. Ses domestiques regrettaient en elle la meilleure de toutes les maîtresses, et les pauvres qu'elle a établis dans son jardin se désolaient de la perte irréparable de leur bienfaitrice. Elle avait fait bâtir dans ce beau jardin deux hospices, l'un pour six vieilles femmes, l'autre pour seize convalescents sortant de l'Hôtel-Dieu ; charité aussi ingénieuse que touchante, parce que ces convalescents ne sont jamais assez bien rétablis pour pouvoir reprendre sans danger leurs travaux. Madame la duchesse de Bourbon leur prodiguait tous les soins nécessaires, en les fortifiant par une excellente nourriture, et en les accoutumant doucement, par gradation, à se remettre à un travail qu'ils faisaient à leur profit ; elle ne les renvoyait que lorsqu'ils étaient en parfaite santé. Ils emportaient une petite somme d'argent, et ils pouvaient compter sur la protection de la princesse.

Madame la duchesse de Bourbon avait fait creuser dans son jardin un puits pour la commodité de ces hospices, et elle dit un jour qu'on la contrariait à ce sujet, en opposant mille obstacles à la constitution de ce puits, que rien ne la rebuterait, et qu'elle viendrait à bout de le faire (ce qui a été en effet). Mademoiselle Julie Gros, qui avait seize ans, et qui était présente à cet entretien, prit la parole et dit : « Je le crois bien, madame, il y a tant de verres d'eau dans un puits !... » Je ne connais pas de mot plus fin et plus délicat que celui-là.

On ouvrit le testament de madame la duchesse de Bourbon ; elle y donne aux pauvres toutes les choses dont elle peut disposer ; elle charge mademoiselle d'Orléans de prendre soin de ses deux hospices. Elle ne pouvait confier cette bonne œuvre en de meilleures mains. Une chose bien frappante, c'est qu'elle a signé et fini ce testament le jour même de sa mort ; il est daté de ce jour, à dix heures du matin : elle sortit à dix heures et demie pour aller à l'église de Sainte-Geneviève, où elle mourut à une heure après midi.

L'entresol où j'étais logée chez M. de Valence était

une véritable caverne, par le manque de jour et d'air ;
mais il avait de plus l'inconvénient d'un bruit affreux : j'avais deux pompes, une à la tête de mon lit,
et l'autre au pied ; elles me réveillaient en sursaut
dès le point du jour. J'étais encore tourmentée par
le bruit de la porte cochère et de la voûte sur laquelle
posait ma chambre à coucher ; enfin il fallait supporter aussi le vacarme continuel de l'écurie, des chevaux, des voitures, et le frottage du salon et des
appartements suspendus sur ma tête. Toutes ces
choses troublaient, agitaient cruellement mon sommeil, et me donnaient, la nuit, de grandes crispa-
tions de nerfs ; cependant ma santé ne paraissait
pas en souffrir, j'en étais quitte pour des convulsions nocturnes et des insomnies. Je restais par pitié pour l'état de M. de Valence, que j'aurais mis au
désespoir en m'en allant ; il s'avançait chaque jour
vers la tombe ; par une fantaisie de malade, M. de
Valence, qui naturellement n'aimait point du tout
la musique, me conjura de lui jouer de la harpe tous
les jours, seulement deux ou trois heures. Enfin, se
sentant très mal, il demanda son confesseur ; il se
confessa pendant trois grands quarts d'heure, il demanda les sacrements, et il expira pendant l'extrême-
onction. Je m'attendais à sa mort, que m'annonça,
avec beaucoup de ménagement, le général Gérard.
Cette nouvelle me glaça ! J'avais neuf ans de plus
que lui, et il avait l'air si robuste ! L'affliction si
vraie de mes petites-filles et de madame de Valence
acheva de m'accabler.

Je voulais me mettre dans un couvent, mais, dans
tous ceux de Paris, ne trouvant pas un seul logement
qui pût me convenir, je pris la résolution d'aller
pour quelques mois m'établir à Tivoli, maison de

santé si justement célèbre par son jardin, sa riante situation, ses bains si commodes et si bien servis, et pour la politesse et la parfaite honnêteté de ceux qui la gouvernent.

Me disposant, au printemps, à partir pour Mantes, je fis mes adieux à tous mes amis, qui les reçurent avec tendresse, à leur manière : M. de Courchamp, avec sa grâce et son originalité ordinaires, me gronda ; M. Valéry soupira sans se plaindre ; le chevalier d'Harmensen, ne se contraignant point tête-à-tête avec moi, s'attendrit et pleura ; madame de Choiseul me demanda mille fois avec vivacité de revenir bientôt ; Anatole de Montesquiou m'envoya de jolis vers ; quant à ma fille et mes petites-filles, elles allaient elles-mêmes partir pour la campagne et pour longtemps ; madame de Cellés venait d'obtenir une place auprès de Son Altesse Royale madame la duchesse d'Orléans.

J'arrivai à Mantes dans les premiers jours du printemps de 1824. La route de Paris à Mantes est charmante ; j'étais dans une bonne berline avec des chevaux de louage ; le voyage seul me fit beaucoup de bien ; j'arrivai à Mantes fort leste et en très bonne santé.

Je fus enchantée de la ville de Mantes ; la cathédrale gothique est d'une grande beauté, les promenades sont ravissantes ; j'ai sous ma fenêtre un joli jardin qui appartient à la maison, et la plus belle vue du monde ; il y a dans cette maison une belle et grande salle de bains, et précisément vis-à-vis notre porte cochère un couvent de religieuses où l'on dit la messe tous les jours.

Enfin je dîne ici à l'heure qui me convient ; j'y suis exactement le régime qui m'est bon ; je vis dans une douce et profonde solitude, et j'y quadruple, par la retraite, les derniers jours de mon existence.

Ce fut sur la fin de mon premier séjour à Mantes, que notre roi Louis XVIII tomba peu à peu dans un état qui ne laissa plus d'espérance pour sa vie ; cependant l'habileté des médecins et des chirurgiens qui l'entouraient prolongea son existence d'une manière miraculeuse ; à force d'onguents, d'eaux spiritueuses, de quinquina, d'aromates, dont on imbibait son corps chaque jour, on parvenait à ranimer ses forces épuisées et défaillantes ; on peut dire que ce prince fut embaumé vivant. Au milieu de ses maux et de sa destruction visible, ce monarque, véritablement très chrétien, conserva une résignation, une présence d'esprit, un courage et une force d'âme véritablement admirables ; il vécut pour donner à l'Europe l'exemple de la patience et de la dignité dans le malheur, de la clémence, de la reconnaissance et de l'amitié sur le trône, unies au goût éclairé des arts et de la littérature.

Je lisais dernièrement dans un journal la description du tombeau de Bonaparte à Sainte-Hélène ; on a pris les précautions les plus extraordinaires pour que le corps ne pût jamais être enlevé furtivement : on a mis ce corps à une profondeur immense dans la terre ; cette dépouille mortelle redoutée encore est barricadée par des barres de fer et de grosses pièces de bois, fortement croisées les unes sur les autres, etc., etc. Cet hommage souterrain vaut bien une pyramide fameuse et une épitaphe chargée des louanges banales et pompeuses que portent si souvent les pierres sépulcrales.

Je fus obligée de faire un voyage à Paris pour mes mémoires, et ce fut avec beaucoup de regret que je m'arrachai de Mantes, dont l'excellent air, la solitude, la tranquillité parfaite et les personnes qui m'entouraient convenaient si bien à mon cœur et à ma santé.

M. Ladvocat se chargea de tous mes arrangements momentanés ; il me trouva un joli logement rue de Chaillot dans l'enceinte de Paris, mais tellement à une de ses extrémités, qu'on peut se croire à la campagne. Je m'établis là dans une maison de santé chez le docteur Canuet, excellent médecin, dont la famille, bien digne de lui, est également aimable et respectable. La maison est agréablement située et composée de deux pavillons séparés par une jolie cour ombragée par des tilleuls ; de là quelques marches conduisent à un jardin ravissant, tout en arbres verts formant des allées couvertes et des berceaux ; je découvre de mes fenêtres une belle vue, mais qui pourtant ne vaut pas celle de Mantes. J'ai vu avec beaucoup d'intérêt les préparatifs des fêtes pour le sacre ; madame de Choiseul est venue me prendre et m'a conduite dans tous les lieux préparés déjà pour cette grande solennité. J'ai été particulièrement charmée de la décoration de la rue de Rivoli et de celle des Champs-Élysées ; j'ai entendu le bruit du feu d'artifice et j'ai joint mes vœux à ceux de tous les bons Français ; le nombre en est grand, car la joie paraissait être universelle. Le temps pour ce seul jour (celui de l'entrée du roi) a été remarquablement beau ; enfin, pour compléter ma satisfaction, S. A. R., Monseigneur le duc d'Orléans, a bien voulu m'envoyer une énorme provision de pain d'épices de Reims. Malgré ma tempérance naturelle, je n'ai pu résister à ce doux souvenir de ma jeunesse ; j'avais dîné, et j'ai mangé deux ou trois pains d'épice qui m'ont donné pendant plusieurs jours d'assez vives coliques, mais je n'en suis pas moins reconnaissante d'un envoi charmant qui m'a fait tant de plaisir. Dès les premiers jours j'ai senti vivement le bonheur de revoir madame de Choiseul et d'entendre quelques vers nouveaux de son beau poème de *Jeanne d'Arc*. Quel plaisir de retrouver les entretiens tête à tête d'une amie pour laquelle on n'a rien de caché ! Un mot accompagné du regard qui l'exprime et de l'accent qui part du cœur, un seul mot ainsi prononcé dit tant de choses et les dit si bien ! Cette amie parfaite se charge de mes promenades en voiture et vient me prendre, me conduire au bois de Boulogne, à Passy et dans certains lieux déserts que je ne reconnais pas, parce que depuis que je les ai parcourus tout y est changé ; de grands arbres abattus, laissant à nu un terrain immense, permettent de découvrir de tous côtés le plus ravissant point de vue. Là, madame de Choiseul faisait arrêter la voiture, et nous causions avec délices pendant plus de deux heures. Cet exercice en voiture me fait un bien particulier, et surtout fait avec une amie si aimable. C'est dans la grande rue de Chaillot que se trouvait jadis le couvent dans lequel s'enferma la duchesse de La Vallière, lorsqu'elle s'échappa pour la première fois de la cour avec l'intention de n'y retourner jamais ; mais, comme je l'ai conté dans son histoire, Louis XIV eut encore le pouvoir de l'en arracher. Je passe souvent devant la porte de ce couvent, et ce n'est jamais sans une sorte d'intérêt : il me semble qu'il ne m'est point étranger.

J'ai déjà parlé de la fausse magnificence ; mais, comme elle devient chaque jour plus frappante, je veux faire ici une récapitulation de toutes les faussetés de ce genre et dans laquelle se trouveront comprises un grand nombre d'inventions et de charlataneries dont je n'ai jamais fait mention. Outre l'argent plaqué, les faux cachemires, les fausses eaux minérales, les faux clinquants (faits en papier d'or fin), les fausses perles, les fausses dentelles de point, la fausse soierie, on a encore nouvellement inventé les faux tableaux par un procédé qui les imite si parfaitement, qu'il doit nécessairement faire tomber tous les bons copistes dans ce genre ; les fausses gravures (les lithographies si perfectionnées), les faux cheveux faits en soie ; on doit louer cette dernière invention sous plusieurs rapports, cela peut être bon contre l'électricité répandue dans l'air, et ces cheveux sont plus agréables à porter que ceux d'un scélérat mort sur la place de Grève ; le faux vin (fait avec des primevères) ; de faux fruits ; de faux pain (fait avec des pommes de terre et des châtaignes), de fausses odeurs : par exemple, brûlez sur une pelle de l'eau de lavande et du café vous aurez l'odeur de l'aubépine; de faux cailloux d'Égypte, de fausses agates transparentes, de faux lapis, de faux jaspes sanguins et de Sibérie, de fausses herborisations, etc., etc.; et, sans parler du faux marbre (le stuc), de fausses couleurs, de la fausse blancheur, des fausses veines, des fausses dents, on a inventé plus nouvellement de fausses pierres de taille, de faux beaux bras ; j'en ai vu de tels qui m'ont trompée, ces bras étaient couverts d'une mitaine à jour, à travers laquelle on croyait voir un bras bien rond, bien potelé, de la plus belle carnation, et tout était faux ; de fausses porcelaines revêtues de faux or ; de faux acajou, de fausses mosaïques, de fausses anatomies, de faux coquillages, de faux carreaux, de faux madrépores, de sorte que l'on pouvait très facilement former un faux cabinet d'histoire naturelle.

La comtesse Amélie de Boufflers vient de mourir, à soixante-seize ans. Ayant perdu toute sa fortune, elle était réduite, depuis plusieurs années, à une pension de quinze cents livres !... Elle voulut demeurer dans la rue même où se trouvait le magnifique hôtel qui lui avait appartenu et dans lequel s'étaient écoulés les plus beaux jours de sa vie ; elle se retira dans une petite chambre de blanchisseuse, au cinquième étage, et dont la fenêtre était en face de son ancien hôtel. Ne recourant à personne, elle se laissa oublier par tous ses anciens amis. Je n'étais pas de ce nombre ; je l'ai beaucoup rencontrée jadis dans sa jeunesse et dans la mienne, mais je n'ai jamais eu de liaison intime avec elle ; elle était encore dans l'opulence quand je revins en France, je n'allai point la voir. J'appris vaguement, peu d'années après, que le dérangement de sa fortune l'avait forcée de vendre Auteuil, et depuis cette époque je n'entendis plus parler d'elle ; cependant je n'ai appris qu'avec une sorte de saisissement les détails de sa ruine complète et sa fin déplorable. Deux femmes de chambre, bien dignes d'être citées (madame Morta et madame Martin), n'ont jamais voulu l'abandonner ; elles l'avaient servie durant ses derniers jours prospères, elles lui ont été fidèles dans sa détresse et l'ont soignée jusqu'à la mort ; jeunes encore, ayant tous les talents désirables dans leur état, elles auraient pu se placer avantageusement ; la comtesse Amélie les en pressa plusieurs fois en leur répétant ce mot touchant : « Je puis bien mourir toute seule ! » Elles restèrent, non seulement sans gages, mais en mettant au Mont-de-

Piété leurs robes, une partie de leur linge et tous leurs petits bijoux, pour soulager la misère de leur infortunée maîtresse. Un tel attachement doit sans doute adoucir les peines d'un cœur déchiré par l'ingratitude et par une foule de douloureux souvenirs !...

Un jour, madame de *** apprit avec étonnement l'extrémité où se trouvait réduite la comtesse Amélie, qu'elle avait connue jadis et perdue de vue depuis longtemps ; elle se rendit aussitôt chez elle ; madame de *** monta avec un serrement de cœur inexprimable les cinq étages du petit escalier tortueux qui conduisait sous le toit de cette humble habitation, elle entra avec effroi dans la petite chambre devenue l'unique asile de celle qu'elle avait vue jadis si animée, si fraîche, si brillante, faisant les honneurs d'une maison remarquable par son élégance et sa somptuosité ! La malheureuse comtesse Amélie, languissamment étendue dans un fauteuil, semblait ne plus attendre que les derniers instants d'une pénible existence.

Madame de *** entreprit de lui offrir quelques consolations. L'air était pur et serein, elle lui proposa de l'aller respirer dans les champs : « Ma chère amie, reprit la comtesse Amélie, quand on a été forcée de se réfugier ici, quand on peut voir à toute heure du haut de ces étages la maison et les jardins où l'on a passé de si belles années, on ne peut, on ne doit sortir de ce triste réduit que pour aller dans la tombe ! »

Trois jours après cet entretien elle n'existait plus ! Elle ne mourut point sans quelque consolation ; elle expira dans les bras de ses deux héroïques amies. Nulle pompe ne l'accompagna au cimetière du Père-

Lachaise ; mais les larmes de la plus tendre affection baignèrent son cercueil.

Je n'ai appris que ces jours derniers la mort de madame de Krudener, une personne extraordinaire et intéressante, deux choses qui, réunies, ne seront jamais communes, surtout dans une femme. Je la connaissais quand j'étais aux Carmélites, rue de Vaugirard ; elle m'écrivit pour me demander à me voir : j'y consentis avec plaisir ; j'avais lu d'elle un très joli roman intitulé *Valérie*, qui n'annonçait nullement l'exaltation de sentiments que j'entendais attribuer à l'auteur. Je fus curieuse de connaître une personne qui alliait des écarts d'imagination à beaucoup de naturel et de simplicité ; et ce fut en effet ce que je trouvai en elle. Elle disait les choses les plus singulières avec un calme qui les rendait persuasives ; elle était certainement de très bonne foi ; elle me parut être aimable, spirituelle et d'une originalité très piquante ; elle revint plusieurs fois me voir, me témoigna beaucoup de bonté et m'inspira un véritable intérêt ; elle avait de la sensibilité, de la douceur, d'excellentes intentions ; elle était jeune encore ; sa mort me fait beaucoup de peine.

Malgré mon goût pour Mantes, malgré la paix, la bonne santé dont j'ai joui dans cette jolie ville, et le bonheur que j'ai goûté au sein d'une famille si vertueuse et qui m'est si chère, je resterai à Paris, ce qui n'est nullement de ma part une inconséquence, car j'ai toujours eu le ferme dessein de m'établir dans un couvent et d'y finir mes jours.

Après des recherches aussi longues qu'infructueuses, et faites par mes amis et par moi, j'ai enfin trouvé dans un couvent (comme je l'ai dit) un loge-

ment qui me convient. J'ai passé quatre mois pleins
dans la maison de santé si bien tenue par le docteur
Canuet, et j'emporte, en m'en allant, un regret sincère de n'avoir plus pour voisin une famille si vertueuse et si aimable. Me voici établie aux dames de
Saint-Michel ; j'ai été me promener hier dans leur
grand jardin ; je voulais faire une visite à madame
la prieure, et la dame religieuse qui avait la bonté
de me conduire m'a dit qu'elle ne pouvait me recevoir, parce qu'elle était malade des suites d'un violent chagrin causé par la mort tragique et touchante
d'une religieuse qu'elle aimait particulièrement.
Voici le détail de cette mort inopinée. On raccom-
modait, à l'extrémitié du jardin, un grand bâtiment
qui tombait en ruines ; la religieuse dont il est question, et qui était encore dans la force de l'âge,
voulut, par un sentiment céleste, passer dans ces
décombres tout le temps de la journée qui n'est
point employé à dire les offices ; car elle avait remarqué que les maçons se permettaient, dans leurs
entretiens, des expressions et des chants plus que
profanes, et que les pensionnaires en se promenant
pouvaient entendre. Bien certaine que sa présence
contiendrait cette licence, elle allait s'asseoir sur
une pierre dans ces ruines, au milieu d'une épaisse
poussière. Un matin, les maçons lui représentèrent
que la place qu'elle avait choisie était fort dangereuse ; elle imagina qu'ils avaient envie de se débarrasser d'elle et elle resta ; tout à coup une grosse
solive tomba sur sa tête et la blessa mortellement ;
on envoya aussitôt chercher un prêtre et un chirurgien ; elle avait toute sa connaissance, elle n'eut
que le temps de recevoir tous ses sacrements et elle
expira une demi-heure après...

Le jardin est très grand ; on y trouve une immense allée bien couverte. Le reste du jardin est en potager, contenant quatre fabriques, qui sont quatre chapelles, l'une dédiée à la sainte Vierge, la seconde à saint Augustin, la troisième à saint François de Sales, et la quatrième à saint Michel. Je désirerais qu'aux chapelles de saint Augustin et de saint François de Sales on mît des inscriptions tirées de leurs sublimes ouvrages.

J'ai eu la curiosité, il y a deux ou trois jours, d'aller visiter le cul-de-sac Saint-Dominique, qui est à deux pas d'ici et dans lequel j'ai passé les plus brillantes années de ma première jeunesse, depuis l'âge de dix-huit ans jusqu'à celui de vingt-deux ; nous y avions un très bel appartement au premier, donnant sur un joli jardin au bout duquel se trouvait une petite porte en face de l'église paroissiale de Saint-Jacques-du-Haut-Pas ; c'est là que mes trois enfants, mes deux filles et mon fils furent baptisés. Mon beau-frère et sa femme occupaient le rez-de-chaussée de cette maison ; comme elle est la dernière du cul-de-sac Saint-Dominique, j'ai dans l'instant reconnu la porte ; mais en entrant dans la cour, j'ai vu que tout était changé dans la maison ; tout devait l'être en effet depuis plus d'un demi-siècle ; j'ai questionné la portière, qui m'a dit que seulement depuis dix ans les appartements n'étaient plus reconnaissables, et qu'afin de les doubler on les avait tous diminués ; que d'ailleurs le maître était absent et qu'il était impossible d'entrer chez lui. Je suis revenue tristement, regrettant, parce que j'aurais voulu les décrire, des impressions qui eussent sans doute été très vives, ce qui fournit toujours quelques idées neuves et morales, mais qui

n'auraient pu produire en moi que des regrets et des souvenirs douloureux ? Qu'ai-je fait depuis cette époque de ces cinquante-huit ans que la Providence a daigné m'accorder ? Jusqu'ici si peu de bien ! du moins aux yeux de celui qui ne juge les actions que d'après leurs motifs ! et tant de fautes réelles, tant d'imprudences, de fausses démarches, d'étourderies, de puérilités, de vanités romanesques, de folies en tout genre ! et combien n'ai-je pas éprouvé de joies trompeuses, de malheurs véritables, d'espérances mensongères, de dangereuses illusions et de mécomptes de toute espèce !... Hélas ! dans ce lieu l'avenir encore était à moi ! Si je ne l'eusse pas gâté, comme je le reverrais avec délice, comme je serais heureuse aujourd'hui !..........................
Nous devons demander pardon à Dieu de presque tous nos malheurs.

Madame de Choiseul a fait pour moi quelque chose de charmant ; elle voulait aller voir mon ancienne demeure, je l'en ai empêchée en lui apprenant qu'elle était absolument méconnaissable ; mais madame de Choiseul a été faire une prière pour moi dans l'église paroissiale où mes trois enfants ont été baptisés, et de ces trois enfants, il ne m'en reste qu'une ! ....
....

Je me suis remise aujourd'hui à travailler à mon dernier roman historique *Alfred le Grand*, dédié à madame de Choiseul, puisque je lui avais promis la dédicace de mon dernier ouvrage de ce genre, et que *Pétrarque et Laure* ne l'est pas, et celui-ci le sera certainement ; mon âge seul en peut répondre ; d'ailleurs il me serait impossible de trouver un sujet plus beau et un héros aussi parfait. Ce travail, déjà

si avancé, sera entièrement fini dans cinq ou six
semaines au plus tard.

Maintenant j'ai terminé mes mémoires ; je puis
dire, sinon avec les mérites, du moins avec vérité,
ces paroles de l'Apôtre : J'ai bien combattu, j'ai
gardé la foi, j'ai fini ma course.

9 782329 208213